IMFと
新国際金融体制

大田英明

日本経済評論社

はじめに

　2008年のリーマンショックに始まる世界金融危機以降，世界の経済・金融市場は大きく変化した．危機を深刻化させた背景には，国際的な資本・金融自由化に伴う国際市場での金融取引と国際資本移動の大幅な拡大に加え，それを支えるIT技術の格段の進歩がある．資本流出入に伴う通貨・金融・経済危機が同時発生する「資本収支危機」のリスクは常に存在しており，国際経済・市場の安定化に向けた国際金融体制の再構築が今日ほど求められる時代はない．

　現在では先進国，新興国・途上国を問わずグローバル規模での資本移動が各国市場の変動制を拡大し，不安定化させている．そして，各国の実体経済と株式・金融市場の乖離も急激に拡大している．例えば，歴史上稀に見る先進国の金融緩和政策にもかかわらず，各国の景気は依然低迷し，市場は不安定化している．また，2016年6月23日の英国の国民投票でEU離脱派が多数を占め，世界の株式市場や為替相場は大幅に影響を受けた．この背景には通貨・資本取引が自由化されたなかで，世界の金融市場の中心ロンドンを擁する英国の動向がグローバル規模で世界経済に大きな影響を与えるためである．

　新興国・途上国では先進国（特に米国）市場への資本還流により通貨下落が進み，それが金融市場と実体経済のさらなる低迷をもたらしている．一方，先進国でも景気の先行きは不透明となっている．とりわけ日本の景気は依然低迷し，最近の為替相場と株価の変動は非常に大きく，それが経済の不安定性と景気の停滞感をますます高めている．この背景には日本の金融市場が過去20年以上にわたって資本・金融自由化を徹底した結果，ほぼ外国人投資家の投資行動に大きく左右される脆弱な構造となったことがあろう．

　こうした経済・金融面のグローバル化のなか，国際資本移動の急激な拡大によって，新興国・途上国，先進国市場においても株価・債券・為替相場に大幅な変動が加速している現状に対して，国際金融体制を根本的に見直す必要性がある．

　現在，IMFなど国際機関や世界各地域で構築されている地域金融機関および

体制は，危機の深刻化に対する役割は果たせても，根本的な「最期の貸手」機能を持っていない．当該国の資本流出が大規模かつ急激である場合，現在までの IMF など国際金融機関による流動性供給（貸出）では全く不十分となる可能性が高い．実際，世界金融危機以降，いくつかの国々では先進国の中央銀行と当該国の通貨スワップを締結して流動性を確保してきた．また，現在では多様な支援融資のメカニズムが構築されつつある．例えば欧州安定メカニズム (ESM)，アジアのチェンマイ・イニシャティブと ASEAN＋3 マクロ経済調査事務局 (AMRO) に加え，主要新興国を中心とした新開発銀行 (New Development Bank, BRICS Bank) の傘下にある緊急時外貨準備金基金 (CRA) などがある．しかし，こうした枠組みは，国際金融体制の安定化に根本的な解決策を提供するものとは言えない．それは，急激な資本移動によって発生する「資本収支危機」に対してあくまでも「対症療法」としての機能を持つものであり，しかも万全なものとは言えないためである．したがって，現在の国際金融体制を根本から見直す必要があり，単に従来の体制下での修正，例えば IMF のクォータの新興国・途上国への配分を引き上げる「改革」などでは対応できない．

　全ての国の経済・市場が安定的な成長と市場環境を実現するためには，新たな国際金融体制の再構築が必要である．特に危機に面した国が短期流動性の調達を迅速に可能とするシステムの導入に加え，危機発生リスクを根本的に抑制するために国際資本移動の極端な拡大を抑え，秩序ある取引を取り戻すことが重要である．このためには，今後は先進国を含めた世界全体における資本・金融市場の適切な管理と規制導入が望ましい．

　本書のテーマに関わる重要な側面として，先進国が導入する国内金融政策は，資本・金融自由化されたグローバル市場での資本移動によりますます有効性がなくなりつつあることがある．これは，日本銀行が 2013 年 4 月に導入した量的・質的緩和政策に伴う市場への大規模資金供給が，実体経済の回復にほとんど効果がなかったことでもわかる．さらに，2016 年 2 月以降史上初めて新規の日銀当座預金にマイナス金利を適用する政策を導入したが，逆に銀行の収益を圧迫し，市場における国債の流動性を著しく損ない，さらに為替相場は理論と逆方向に振れて政策的意図と逆方向に向かった．これらの事実は，もはや国内市場や経済を主眼として国内金融政策を行っても，国内経済・金融市場をコン

トロールできない状況となっていることを示している．すなわち，国際資本移動に伴う市場動向は，ヘッジファンドや外国金融機関，機関投資家によって大きく左右されるため，先進国における中央銀行の政策も次第に有効性を失っているのである．

現在，国際資本移動の管理は新興国・途上国のみならず，先進国を含む大国経済においても喫緊の課題である．しかし，依然として国際資本移動の適切な管理・規制を有効に行う国際金融体制は存在しない．国境を越えた資本流出入の拡大に伴い，そのリスクはますます新興国・途上国で順循環的（procyclical）な市場の動きを拡張することになる．しかも，国際的に必要とされる反循環的（counter-cyclical）な政策は現実的には実施されない状況にある．

現在新興国・途上国では，IMFプログラム下において国内の経済政策の自由度を束縛されることを回避する傾向がますます強まっている．特にアジアやラテンアメリカの主要国では多数の世界銀行の個別案件は実施する一方，IMFプログラムはほぼ消滅した状況となっている．一方，外貨流動性を伴う国際収支危機に際して，今後とも短期的に流動性の供給が必要とされる場合がある．その場合，国際的な「最後の貸手」は不在のため，本来「基金」であるIMFや地域的な機関（ESMなど）では根本的に対応できない可能性もある．

こうした現状を踏まえ，本書はこれまでのIMFなど国際金融機関の課題，さらに今後の根本的な国際金融体制の改革や有効な方策について提示する．

第1章では，IMF・世界銀行のこれまでの変化や新たな地域金融機関・開発機関や仕組みの構築が進んでいる現状を紹介する．また，IMFプログラムや運営の改革の問題や世界銀行が現在直面する問題・課題を提示する．

第2章では，IMFプログラムの一般的な特徴と問題点に加え，分析フレームワークを世界銀行のそれと対照しながら今後の課題について指摘する．特にIMFのファイナンシャル・プログラミングが金融・資本自由化されたグローバル市場のもとで今日でも依然として適用されている矛盾を指摘する．

第3章では，IMFプログラムの過去の経験を地域別に分析する．アジア地域ではアジア危機（1997/8）で深刻な影響を受けた国々（タイ，インドネシア，韓国）の経験を採りあげる．続いてラテンアメリカの危機についてIMFプログラムの適用と矛盾について指摘する．さらに，欧州でのIMF支援の問題点

や課題について，返済不能状況にあるウクライナや資本規制を導入して成功したアイスランドのケースを採りあげる．

　第4章では，世界金融危機の背景となった国際資本移動の急拡大と，その前後の日米量的緩和政策実施に伴う国際市場での流動性の拡大のもたらすさまざまな現状と問題点を指摘する．さらに，日米量的緩和政策による相互の因果性や影響をVAR（ベクトル自己回帰）分析を用いて，各国の金融政策の有効性の低下と当該国以外へのリスクの波及について指摘する．その上で先進国，新興国などでの資本規制策の有効性について改めて指摘する．

　第5章では，2000年代以降のIMFの改革と進捗に加え，コンディショナリティやガバナンス改革の課題を指摘する．また，IMFプログラムを評価する独立評価室（IEO）による過去の危機や，資本自由化，緊縮財政プログラムなど重要な問題に関する報告書について評価する．

　第6章では，ポスト・ブレトンウッズ体制において，IMFや世界銀行など既存機関の対応や今後の可能性について論じる．さらにアジアにおけるASEAN＋3マクロ経済調査局（AMRO）やアジア開発銀行（ADB）およびアジアインフラ投資銀行（AIIB）などを含めた地域的な課題について論じる．

　第7章では，資本規制・管理に関する議論をまとめ，国際的な「最後の貸手」不在の根本的な国際金融体制の改革のため，中長期的に国際準備制度および新機関の設立が有効な手段であることを提言する．

　本書の出版にあたり，立命館大学国際関係学部特任教授の奥田宏司先生にはさまざまな助言をいただいた．さらに，出版企画や校正面において日本経済評論社の清・梶原両氏の助力により本書が出版できた．関係者の方々にはここに改めて御礼を申し上げる．

　　2016年7月18日

　　　　　　　　　　　　　　　　　　　　　　　　京都衣笠の研究室にて
　　　　　　　　　　　　　　　　　　　　　　　　　　　　　大田　英明

目次

はじめに iii
略語一覧 ix

第1章　世界金融危機後のワシントン・コンセンサス崩壊……………1

1. 金融・資本自由化の進展と「資本収支危機」としての世界金融危機　1
2. 新国際機関設立とポスト・ブレトンウッズ体制　6
   [Box 1] アジアインフラ投資銀行（AIIB）と中国の戦略　13
3. IMFの現状：進むIMF依存回避と問われる役割・機能　14
   [Box 2] 低所得国向けのIMF支援スキーム　21
4. 2000年代以降のIMFの形式的「改革」と変化　22

第2章　IMFプログラムの本質と問題点………………………………35

1. 一般的なIMFプログラムの特徴　35
2. IMF経済プログラムの一般的な問題点　44
3. IMFの基本分析モデル　58
4. 世界銀行モデル　67
5. IMF, 世界銀行分析モデルの総合評価：安定経済成長実現に向けて　76

第3章　IMFプログラムの実態—重なる失敗と経済悪化—………87

1. IMFプログラムと危機対応　87
2. アジア　88
   [Box 3] IEO報告書：IMFと資本収支危機
   　　　　　　　　　——インドネシア，韓国，ブラジル　105
3. ラテンアメリカ：自由化プログラムの破綻　108
4. 欧州　126

5．サブサハラ・アフリカ：低所得から抜け出せぬ国々　138

第4章　世界金融危機の衝撃とパラダイム変換…………………………147

　　1．金融・資本自由化の進展と世界金融危機　147
　　2．国際資本移動と先進国の金融緩和政策の無効化と独立性喪失　149
　　3．資本自由化と規制を巡るIMFの課題　159
　　4．世界金融危機以降の資本・金融・為替取引規制・監督へのスタンス　162

第5章　問われるブレトンウッズ機関の意義…………………………175

　　1．2000年代以降（世界金融危機以前）のIMFの変化　175
　　2．世界金融危機後のIMF改革　179
　　3．変貌する世界銀行　193
　　　　［Box 4］世界銀行チーフエコノミストと世銀の方針　204

第6章　ポスト・ブレトンウッズ体制における課題………………211

　　1．IMFが直面する課題　211
　　2．世界銀行が直面する課題　215
　　3．新しい国際金融の方向性と対応　217

第7章　新しい国際金融の課題と展望……………………………231

　　1．国際金融市場の安定化と各国の安定成長に向けて　231
　　2．資本・金融規制の方向性と背景　232
　　3．望ましい世界市場監視体制および金融規制のあり方　234
　　4．長期的な国際金融システムの構築と再検討　238
　　　　［Box 5］中国人民元と国際化　241
　　5．新しい国際金融体制の構築　244

参考文献　257
索引　277

略語・用語一覧

ABIF	ASEAN 銀行統合フレームワーク（ASEAN Banking Integration Framework）
ADB	アジア開発銀行（Asian Development Bank）
AfDB	アフリカ開発銀行（African Development Bank）
AIIB	アジアインフラ投資銀行（Asian Infrastructure Investment Bank）
AMRO	ASEAN＋3 マクロ経済調査事務局，アムロ（ASEAN＋3 Macro-economic Office）
ASEAN	東南アジア諸国連合，アセアン（Association of South-East Asian Nations）
BCBS	バーゼル銀行監督委員会（Basel Committee on Banking Supervision）
BIBF	バンコク・オフショア市場（Bangkok International Banking Facility）
BIS	国際決済銀行（Bank for International Settlements）
BRICs	ブラジル，ロシア，インド，中国（Brazil, Russia, India, China）
BRICS	ブラジル，ロシア，インド，中国，南アフリカ（Brazil, Russia, India, China, South Africa）
BULOG	食糧調達庁［インドネシア］（Badan Urusan Logistik, Bureau of Logistics）
CAC	集団行動条項（Collective Action Clause）
CAS	国別援助戦略（Country Assistance Strategy）
CCL	予防的信用枠［クレジット・ライン］（Contingent Credit Lines）
CCP	セントラル・カウンターパーティ（Central Counter Party）
CE	市民の関与（Citizen Engagement）
CFMs	資本移動管理手段（Capital Flow Managemnt Measures）
CGFS	グローバル金融システム委員会（Committee on the Global financial System）
CIPS	人民元国際返済システム（China International Payment System）
CLRs	完了・教訓レビュー（Completion and Learning Reviews）
CMI	チェンマイ・イニシャティブ（Chiang Mai Initiative）
CMIM	（マルチ化された）チェンマイ・イニシャティブ（Chiang Mai Initiative Multilateralisation）
CPF	国別支援フレームワーク（Country Partnership Framework）
CPMI	決済・市場インフラ委員会（Committee on Payments and Market Infrastructures）
CRA	緊急時外貨準備金基金（BRICS Contingent Reserve Arrangement）
DDO	繰延引出オプション（Deferred Drawdown Option）
DPL	開発政策融資（Development Policy Lending）

EBF	株式担保融資	(Equity Back Finance)
ECB	欧州中央銀行	(European Central Bank)
ECF	拡大クレジット・ファシリティ	(Extended Credit Facility)
EFF	拡大信用供与措置	(Extended Fund Facility)
EFSD	ユーラシア安定成長基金	(Eurasian Fund for Stabilization and Development)
EFSF	欧州金融安定ファシリティ	(European Financial Stability Facility)
EIB	欧州投資銀行	(European Investent Bank)
ESAF	拡大構造調整ファシリティ	(Enhanced Stuructural Adjustment Facility)
ESM	欧州安定メカニズム	(European Stability Mechanism)
ETF	上場投資信託	(Exchange Traded Funds)
FAO	国連食糧農業機関	(Food and Agricultural Organization of the United Nations)
FCL	弾力的信用枠［フレキシブルクレジット・ライン］	(Flexible Credit Line)
FLAR	ラテンアメリカ準備基金	(Fondo Latinoamericano de Reservas)
FP	ファイナンシャル・プログラミング	(Financial Programming)
FRB	連邦準備理事会	(Federal Reserve Board)
FSB	金融安定理事会	(Financial Stability Board)
FSF	金融安定化フォーラム	(Financial Stability Forum)
FTT	金融取引税	(Financial Transaction Tax)
GAB	一般借入取極	(General Arrangements to Borrow)
GCAB	アルゼンチン債券者世界委員会	(Global Committee of Argentina Bondholders)
GECC	世界経済調整委員会	(Global Economic Coordinating. Council)
GEP	世界経済見通し［世界銀行］	(Global Economic Prospects)
GFSR	国際金融安定性報告書	(Global Financial Stability Report)
GIIPS	ギリシャ，アイルランド，イタリア，ポルトガル，スペイン	(Greece, Ireland, Italy, Portugal, Spain)
HIPC	重債務貧困国	(Heavy Indebted and Poor Countries)
HSBC	香港上海銀行	(Hong Kong Shanghai Banking Corporation)
IAIS	保険監督者国際機構	(International Association of Insurance Supervisors)
IASB	国際会計基準審議会	(International Accounting Standards Board)
IBRD	国際復興開発銀行	(International Bank for Reconstruction and Development)
ICSID	投資紛争解決国際センター	(International Center for Settlement of Investment Disputes)
IDA	国際開発協会	(International Development Asspociation)

略語・用語一覧 xi

IDB	米州開発銀行（Inter-American Development Bank）
IEG	独立評価グループ［世界銀行］（Independent Evaluation Group）
IEO	独立評価室［IMF］（Independent Evaluation Office）
IFC	国際金融公社（International Finance Corporation）
IFS	国際金融統計［IMF］（International Financial Statistics）
ILO	国際労働機関（International Labour Organizations）
IMF	国際通貨基金（International Monetary Fund）
IMFC	国際通貨金融委員会（International Monetary and Finance Committee）
IOF	金融取引税［ブラジル］（Imposto sobre Operações Financeiras, Portuguese）
IOSCO	証券監督者国際機構（International Organization of Securities Commissions）
JBIC	国際協力銀行（Japan Bank for international Cooperation）
JICA	国際協力機構（Japan International Cooperation Agency）
KAOPEN	金融開放度（Chinn-Ito Index）（Capital Account Openness）
LLR	最後の貸手（lender-of-last resort）
LOI	趣意書（Letter of Intent）
LTCM	LTCM（Long Term Capital Management）
LTRO	長期資金供給オペ（Long-term Refinancing Operations）
MDGs	ミレニアム開発目標（Millenium Development Goals）
MIGA	多国間投資保証機関（Multilateral Investment Guarantee Authority）
MTBF	中期予算枠（Medium-term budget framework）
NAB	新規借入取極（New Arrangements to Borrow）
NAIDP	自動車産業開発計画［ガーナ］（National Automotive Industry Development Plan）
NDA	純国内資産（Net Domestic Asset）
NDB	新開発銀行（通称「BRICS銀行」, New Development Bank BRICS）
NDC	純国内信用（Net Domestic Credit）
NDF	ノンデリバラブル・フォワード（non-deliverable forward）
OCR	通常資本財源（Ordinary Capital eserve）
PLL	予備的流動性枠（Precautionary and Liquidity Line）
PLRs	成果・習熟レビュー（Performance and Learning Reviews）
PPP	官民連携事業（Public-Private Partnership）
PRGF	貧困削減・成長ファシリティ（Poverty Reduction and Growth Facility）
PRGT	貧困削減・成長トラスト（Poverty Reduction and Growth Trust）
PRSC	貧困削減支援融資（Poverty Reduction Strategy Credit）
PRSP	貧困削減戦略文書（Poverty Reduction Strategy Papers）
PSI	政策支援インストルメント（Policy Support Instrument）

QAB	適格ASEAN銀行（Qualified ASEAN Banks）
QE	量的（金融）緩和政策（Quantitative Easing）
QE2(3)	量的金融緩和第2/3弾（FRB）（Quantitative Easing 2(3)）
QQE	量的・質的緩和政策（日銀）（Quantitative and Qualitative Easing）
Quota	出資割当額（クォータ）
RAL	リザーブ・オーグメンテーション・ライン（Reserve Augmentation Line）
RCF	ラピッド・クレジット・ファシリティ（Rapid Credit Facility）
RMSM	RMSM（Revised Minimum Standard Model）
RMSM–X	RMSM–X（Revised Minimum Standard Model-eXtended）
SAC	構造調整融資（Structural Adjustment Credit）
SAF	構造調整ファシリティ（Structural Adjustment Facility）
SAL	構造調整融資（Structural Adjustment Lending）
SBA	スタンドバイ取極（Stand-By Arrangement）
SBI	インドネシア中銀証券証書（Sertifikat Bank Indonesia, Bank Indonesia Certificates）
SCD	体系的国別診断（Systematic Country Diagnostic）
SCF	スタンドバイ・クレジット・ファシリティ（Stand-By Credit Facility）
SDR	特別引出権（Special Drawing Rights）
SDRM	構造債務再編（Structural Debt Restructuring Mechanism）
SWF	政府系ファンド，主権国家資産ファンド（Sovereign Wealth Fund）
SWIFT	国際銀行間通信協会（Society for Worldwide Interbank Financial Telecommunication）
TLTRO	対象を絞った長期資金供給オペ（targeted longer-term refinancing operations）
UNDESA	国連経済社会局（United Nations Department of Economic and Social Affairs）
UNDP	国連開発計画（United Nations Development Programme）
UNIDO	国連工業開発機関（United Nations Industrial Development Organization）
URR	［中央銀行］強制準備制度（unremunerated reserve requirements）
VGF	事業収益補助（Viability Gap Funding）
voting power	議決権［IMF/世銀］
WB	世界銀行，世銀（World Bank）
WDR	世界開発報告［世界銀行］（World Development Report）
WEO	世界経済見通し［IMF］（World Economic Outlook）

（注）邦訳は国際機関および日本政府による公式文書に基づくが，一部は定訳がないため，筆者の判断による．

第1章
世界金融危機後のワシントン・コンセンサス崩壊

1. 金融・資本自由化の進展と「資本収支危機」としての世界金融危機

　国際的な資本の自由化推進とIT技術の各段の進歩に伴い，現在では国際市場での金融取引とそれに伴う資金フローは大幅に拡大している．なかでも世界金融危機ほど国際金融体制に課題を突き付けている事象はない．2008年9月以降，米国のみならず欧州先進国や新興国・途上国には全面的に危機が拡大し，世界の金融市場は一時凍結した．この危機は世界的な資本・金融自由化なしには実現しなかった．しかし，その後欧州を中心とした危機経験国に対するIMF（国際通貨基金）の融資プログラムは，融資対象国（ギリシャ，ウクライナなど）の経済状況の改善を達成しないばかりか，債務返済も債務再編しない限り不可能な状況にある．こうした背景からグローバル経済・市場の安定的な成長と市場環境の実現に向けて国際金融体制を根本的に変革し再構築することが現在ほど求められている時代はない．

1.1　世界金融危機発生と国際資本移動の拡大

　2008年の世界金融危機はその後の世界経済と市場にさまざまな課題を投げかけている．本来，世界金融危機の発生の背景となった米国国内で発生したサブプライム問題が世界的に拡大し，金融機関に大きな打撃を与えたのは，グローバル市場におけるサブプライム関連のデリバティブの売買であり，これは欧米間の金融資本移動の完全な自由化がその背景となっている．1980年代後半の日本のバブルとその崩壊による金融危機や経済低迷が世界的に波及しな

かったのは，それが，国内金融市場にとどまっていたからである．当時，国際金融市場を通してデリバティブなどを含む金融商品が海外市場で売買されることはなかったためである．しかし，現在では国際金融市場は急激に拡大し，各国の資本・金融自由化が徹底されてきた．

そもそも世界金融危機（2008）発生前の2000年代に入ってから06/7年までの世界的な過剰流動性の状況の背景には，グローバル市場に豊富な流動性を供給してきた日本銀行（日銀）の量的緩和策（2001-06）なしには考えにくい．それは世界の主要中央銀行でマネーサプライを急速に拡大し，しかも他の先進国に比べ格段に低い金利（ゼロ金利）で資金供給してきたのは日銀以外なかったからである．量的緩和政策の期間には米国連邦準備理事会（FRB）や欧州中央銀行（ECB）のマネタリーベース（MB）はほとんど増加していない（図1-1-1）．それに対して，日銀は当座預金の目標値をそれ以前に比べ拡大に大きい30兆円と設定し実際にそれを達成した．その期間に大量の低利かつ豊富な資金が日本から米国に「キャリー・トレード」された．これが欧米先進国や新興国市場において過剰流動性を生じさせ，国際的な金融取引は2000年代半ばには以前に比べ大幅に拡大した（図1-2-1，1-2-2）．

米国内のサブプライムローン問題は2006年から07年にかけて深刻化し，その結果，07年夏には顕在化し，世界的に波及したのが08年9月のリーマンショックに始まる世界金融危機である．欧米金融機関の破綻とそれに続くユーロ危機は，米国FRBの量的緩和（QE1,2,3）をはじめ日米中央銀行の流動性供給を極端に拡大した状況を生み出した．しかし，14年10月のQE3終了後は日銀からのマネタリーベースの伸び率は著しい（図1-1-2）．

こうしたなか，これまで豊富な流動性を供給してきた米国FRBは，2014年10月末でQE3を終了したが，それと同時に日銀は13年4月からの大幅なマネタリーベースをさらに拡大し「量的質的緩和第2弾」として14年11月から実施した．これにより，12年までのマネタリーベース規模の5倍程度，GDP比70%程度（2015.12, 推定）まで拡大している．これが今日のグローバル市場の資金供給に大きな役割を果たしているとみられる．

一方，長引く欧州景気の低迷に伴いECBはそれまで長期資金貸出にとどめていた金融政策を修正し，国債買取により市場への資金供給，量的質的緩和政

第1章　世界金融危機後のワシントン・コンセンサス崩壊

策を2015年春より導入し17年まで継続する予定である．加えてECBは14年6月よりマイナス金利を導入したが，全体的に資金は不動産や株式などに向けられ，実体経済，景気は依然として低迷している．日銀も16年1月末に新規日銀当座預金の金利をマイナスとしたが，その影響は国内実体経済に向けられる可能性は低い．

図1-1-1　マネタリーベース

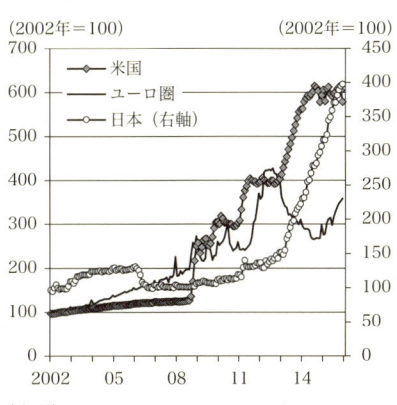

(出所)　International Financial Statistics [IFS] (IMF)．

図1-1-2　マネタリーベース（米，日，欧，中）

(出所)　IFS (IMF)．

図1-2-1　経常・金融収支（先進国）

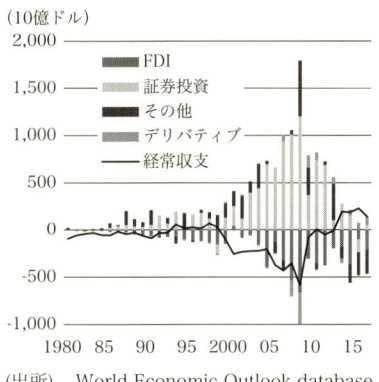

(出所)　World Economic Outlook database (IMF)．

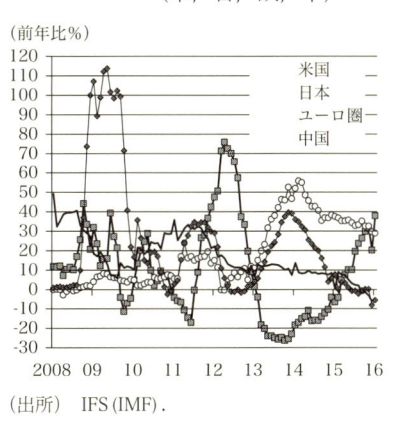

図1-2-2　経常・金融収支（途上・新興国）

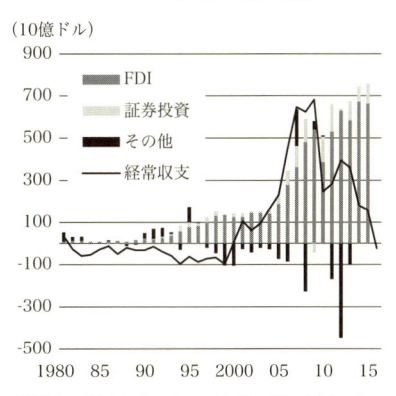

(出所)　WEO database (IMF)，World Bank database．

国際金融市場では，先進国の中央銀行からの新興国市場向けの融資は既にピークアウトしている．国際決済銀行（BIS）は，2015年まで約15年間拡大してきた新興国・途上国への信用供与は拡大基調が変化しており，債務返済負担が増加していると指摘している．こうした背景に加え，15年夏に顕在化した中国市場での株価崩壊と人民元下落にみられるバブル崩壊は16年以降も継続しており，それまで世界経済に大きな影響を及ぼしてきた中国はじめ主要新興国（中国，ブラジル，ロシア，インドなどBRICs）では，おおむね成長率は鈍化し，市況は悪化，為替下落も顕著となっている．

本来米国の量的緩和政策は先進国・新興国などを含む世界の経済・市場に大きな影響を与えている[1]．すなわち2014年10月の米国のQE3終了とその後の日銀の量的質的緩和第2弾も先進国，新興国にも大きな影響を与えている．これらは国際資本移動の拡大に伴う世界的なボラティリティの拡大に伴うリスクが現在ではますます増加していることを意味している．

以上から，先進国，途上国・新興国を含む全てのグローバル経済・市場が安定的な成長と市場環境を実現するためには，国際資本移動の極端な拡大を抑制し，秩序ある取引を取り戻すことが重要である．

1.2 資本収支危機とポスト・ワシントンコンセンサス

1990年代後半のアジア危機（1997/8），アルゼンチン危機，トルコ危機（2001）など資本収支危機の発生を契機としてそれまで有力であった市場経済に信頼を置き，できるだけ市場の適切な配分機能に任せるとの新自由主義的考え方への見直しが急速に広がってきた．しかも，この考え方は1980年代に一般化したが，それが典型的に定式化されたものが1989年にJ. Williamsonが初めて使用した「ワシントン・コンセンサス」という用語であった[2]．これは貿易・資本・金融自由化により国境間の障壁を取り払い，さらに民営化を推進し，公的部門の縮小をうたっている．このワシントン・コンセンサスは，実際には80年代のラテンアメリカの債務危機の経験を反映したものである．その背景には，米国のインフレ抑制のため金利を大幅に引上げたことでラテンアメリカ通貨の対米ドル為替レートの下落と輸入拡大による貿易赤字，対外債務拡大，さらに国有企業の労組などの圧力によって物価と賃上げのスパイラルが生じた

ことなどがあった．このために，ワシントン・コンセンサスに含まれるような国営企業の民営化や規制緩和，構造改革が提唱されたのであり，その一連の政策は本来，ラテンアメリカのような特定地域の経済処方箋として述べたものであった．しかし，アジアなど他の地域で急激に資本自由化が進展した 1990 年代の状況は，80 年代のラテンアメリカとは全く経済・市場環境が異なるものであった．それにもかかわらず，米国金融界および財務省などの利害を反映した IMF の経済プログラムが，ほぼそれに沿ったかたちでどの地域にも適用されてきた[3]．

世界銀行（World Bank, WB）は構造調整融資（Structural Adjustment Lending, SAL）を 1980 年に開始したが，86 年に IMF が同様の構造調整ファシリティ（Structural Adjustment Facility, SAF），87 年に拡大構造調整ファシリティ（Enhanced Structural Adjustemnt Facility, ESAF）を採用して以来，両機関は経済面のコンディショナリティを一体化して政策支援型融資を実施してきた．当時，経済政策では IMF のコンディショナリティが世銀のそれに優先されてきたため，新自由主義的コンディショナリティが適用されてきた[4]．

1990 年代に史上初めてのメキシコ危機（1994），アジア危機を経て本格化した「資本収支危機（Capital Account Crisis）」は，資本が流出し為替下落とともに通貨危機を派生，さらに対外債務が拡大して金融危機，さらに経済危機の深刻化を招いたものであり，80 年代までのラテンアメリカでの危機とは本質的に異なっていた．単に貿易を自由化しても，それが資本移動によって為替が大幅に変動し，通貨が売却され為替相場下落で対外債務も拡大する．しかも通貨危機になれば当局の金融政策はほぼ有効でなくなる．国有企業の従業員のストライキなど労働運動からのコスト高によるインフレというラテンアメリカで顕著であった問題も，多くの途上国・新興国では必ずしも当てはまらない．

IMF は 1980 年代のラテンアメリカで経験した債務危機，およびその背景となっていた経常収支赤字拡大に伴う危機に対応した，市場自由化を最大限に活用した政策の指針として，ワシントン・コンセンサスに基づく政策を採用し，90 年代以降も継続してきた．しかし，アジア危機のような資本収支危機には有効な手段とならなかった．一方，世界銀行では 90 年代に次第に従来の方針を転換して，対象国の公的部門の重要性を重視し，IMF に比べ改革が比較的進ん

できた側面がある[5]．2004年に世銀は「開発政策融資」として IMF とは異なるアプローチで融資対象国の自主性を尊重しつつ，コンディショナリティの簡素化・合理化を進めてきた点で，IMFに比べ改革に実質を伴ってきた．

　IMF はアジア危機以降，アジア諸国における資本の急激な流出に伴う危機の現実を認識したにもかかわらず，基本的な資本自由化推進の立場は変更されず，「順序立てた金融自由化」，いわゆる金融自由化の過程における 'sequencing' の議論を中心としていた．これは，資本・金融自由化実施の前に，国内金融市場の強化を図り，漸進的に自由化を進めることが望ましいとの考え方である．アジア諸国，特にアジア危機経験国や東アジア諸国では資本規制の手段がこうした資本収支危機には有効であることは認識していた．危機の際の外貨流動性不足に対処するための域内でのセーフティネットとして，チェンマイ・イニシャティブ（2000）が初めて導入されるなど，地域的な試みとして実現されてきた[6]．

　リーマン・ショックに始まる世界金融危機が欧米金融機関と経済市場に大きな打撃を与えた経験を経て，ようやく IMF も資本の流出入の適切な管理・規制の重要性を認識し，欧州諸国も EU を中心に何らかの規制を導入する動きが実現化している．その意味で，欧米諸国の世界的な金融市場を安定化させるための現状認識は，少なくとも日本や東アジア・東南アジアに比べ遅れていたといわざるを得ない[7]．

2. 新国際機関設立とポスト・ブレトンウッズ体制

2.1 世界金融危機後の金融・資本自由化コンセンサス崩壊

　従来，IMF や世界銀行などワシントンに本部がある国際金融機関はこれまでその運営が依然として米国を中心とした欧米先進国の利害に沿ってきたといえる．例えば，IMF も世界銀行も投票権において重要事項では絶対多数決（85％以上の賛成）の原理があり，両機関で投票権（Voice）を 15％以上保持している米国のみ拒否権行使が可能である[8]．これは制度的にもブレトンウッズ機関の設立以来米国主導の国際金融体制が維持されてきたことを意味する．しかし，

現在では世界銀行や従来の地域開発銀行（アジア開発銀行［ADB］，米州開発銀行［IDB］など）による既存の国際金融体制は着実に変化している．この背景には新興国・途上国の世界経済に占める比率が拡大しており，それに伴い独自の経済政策を導入する環境が整ってきたこと，さらに資本収支危機を経験し，もはやIMFなどに危機対応を依存することは当該国の中長期的発展や成長が実現されないことが広く認識されてきたためであった．

　IMFは，1970年代まで先進国の国際収支不均衡に伴う支援融資を実施しており，米国やイタリアなども対象国であった．しかし，70年代の石油危機以降，途上国において外貨準備不足が生じ，融資規模は次第に拡大した．IMFが最も決定的に影響力を持ってきたのは80年代のラテンアメリカの債務危機以降であり，その後90年代に入りメキシコ危機（1993/4）に始まり，アジア危機（1997/8）で本格化した資本収支危機発生後は決定的な影響力を持った．さらにラテンアメリカ主要国のブラジルやアルゼンチン，トルコなどの新興国危機により，2000年代初めまでIMFプログラムの拡大は続いた．

　しかし，現在では新興国・途上国の経済力の拡大を背景として，これまでの在り方を根本的に見直す必要に迫られている．その背景には，これまでのIMFや世界銀行を中心とした国際金融機関は必ずしも途上国に対する中長期的な支援に寄与していないことが明らかとなってきたことがある．特にIMFは，短期の国際収支上の困難に陥った国に対する流動性支援（貸出）が主な役割であるが，構造調整政策や短期での緊縮政策をコンディショナリティとして融資条件に組み込んできたため，当該国の中長期的成長に寄与するどころか逆に成長を抑制してきたからである[9]．そもそもIMFの用いるファイナンシャル・プログラミングで用いられるモデルは半世紀以上前の資本自由化が進んでいなかった世界を前提としているため，今日ではそのまま適用することは不適切である[10]．それにもかかわらず，緊縮政策を短期に適用する運営方式は現在に至るまで変わっていない．

　こうしたIMFの変わらぬ運営方針，米国を中心とした先進国の基準で融資対象国を選定し，融資額でも差をつけるダブルスタンダード，硬直した運営方針などへの途上国・新興国の不満は近年表面化している．IMFプログラムを経験してきた主要な途上国・新興国では既に「IMF離れ」は現実になっており，

そうした背景から主要新興国である中国などBRICS（ブラジル，ロシア，インド，中国，南アフリカ）を中心として，新たな新興国・途上国向けの新開発銀行（New Development Bank [NDB]，通称BRICS銀行）が2015年に設立された．

2.2 ポスト・ブレトンウッズ体制における多様化

上述のとおり，1990年代後半から2000年代初めまでの一連の資本収支危機を経験してアジアやラテンアメリカ主要国では既に「IMF離れ」が生じている．2000年代半ばまでに主な国々ではIMFへの早期借入返済を実施し，IMFプログラム下での状況を脱しており，真の独立した経済（金融・財政）政策が実施可能となっている．こうしたなか，新興国を中心として独自の危機対応フレームワークの形成が着実に進んできた．こうした動きの主なものは①地域金融安定メカニズム，②新興国中心の国際金融機関設立，③世界的な金融安定化に向けた制度化であり，その動きを以下において考察する．

2.2.1 地域的金融安定メカニズムの形成・設立

欧州地域では，2010年12月のEUの決定に基づき12年10月に欧州安定メカニズム（European Stability Mechanism, ESM）が事実上「欧州通貨基金」の役割を果たすものとされた．ESMは，10年に臨時に設立されたユーロ圏への支援を目的とした欧州金融安定化ファシリティ（European Financial Stability Facility, EFSF）の機能を継続する永続的機関であり，設立時の資本金は800億ユーロ，30年債発行などから市場からの資金調達を行っている．

一方，アジア地域では，アジア危機のような短期流動性不足に直面した国に対して外貨流動性を供給する仕組みとして2000年の日中韓および主要ASEAN（東南アジア諸国連合）の間で通貨スワップ取引ネットワークとしてチェンマイ・イニシャティブ（CMI）が設立され，さらにそれが11年にマルチ化され多国間で融通することが可能となり（Chaing Mai Initiative Multilateralization, CMIM），設立当初の融資規模もさらに拡大された．さらに，CMIMを補完するASEAN＋3マクロ経済リサーチオフィス（AMRO, 2011年シンガポール法人として設立）が16年2月正式に国際機関化した．しかし，アジア通貨危機以降，大規模な資本収支危機は発生しておらず，08年の世界金融危

機時でも主要国は主に日米中央銀行との通貨スワップ協定によって乗り切ってきたため，CMIM は実際に発動されていない．この背景には，CMIM は資金の30％までしか独自の判断で融通できず，大半は IMF プログラムにリンクすることが求められてきたためとみられる[11]．これは，アジア危機時の経験からアジア諸国は IMF プログラム下に組み込まれることを好まず，政策の独立性を維持させたいとの意向が反映している．

地域金融安定機関としては，既にラテンアメリカ地域（ボリビア，コロンビア，コスタリカ，エクアドル，パラグアイ，ペルー，ウルグアイ）ではラテンアメリカ準備基金（Latin American Reserves Fund〔Fondo Latinoamericano de Reservas, FLAR〕, 1978 年設立），アラブ中東・北アフリカ地域ではアラブ通貨基金（Arab Monetary Fund, AMF, 1977 年設立，授権・振込資本 34 億ドル）があり，さらに旧ソ連地域（アルメニア，ロシア，ベラルーシ，カザフスタン，キルギス，タジキスタン）ではユーラシア安定成長基金（Eurasian Fund for Stabilization and Development, EFSD, 2009 年設立，資本金 85 億ドル），などがあるが，いずれも資金は小規模である．その中で実際に長く融資活動が行われている FLAR や AMF の活動は注目され，実際に FLAR ではペルーでは IMF 融資プログラムと並行して有効に機能した実績がある[12]．

2.2.2　新興国主体の国際金融機関設立
(a) 新開発銀行（NDB）

新興国が主体となって途上国・新興国向けに融資する機関として，2015 年 7 月に主要新興国であるブラジル，ロシア，インド，中国，南アフリカが共同して設立されたのが新開発銀行（NDB［BRICS 銀行］）である．

こうした新機関を設立する動きに拍車をかけているのは IMF のガヴァナンス改革の遅れであり，2010 年に合意されたクォータおよびそれに伴う投票権の改革が米国議会の反対で全く進んでいないことである[13]．

NDB の本部は中国（上海）に置き，初代総裁はインド人であるが，アフリカ地域のニーズに対処するために南アフリカに「新開発銀行アフリカ地域センター」としてアフリカ本部を置く．NDB の資本金は 500 億ドルであるが，将来は 1000 億ドルまで増資する予定である．最初の 500 億ドルは，ブラジル，ロシ

ア，インド，中国，南アの各国が 100 億ドルずつ拠出する．NDB は他国の新規加入を認めるが，BRICS 5 か国の出資比率が 55％を下回ることはない．同銀行は IMF 融資額に比べ多様性はまだ乏しく，融資限度額は小規模であり，融資額の上限は 1 年当たり 340 億ドルである．したがって，大規模な投資案件に対処するには協調融資か，他の規模の大きい国際金融機関（世銀など）や二国間支援融資に依存するほかない．

　NDB 傘下の「緊急時外貨準備基金」(BRICS Contingent Reserve Arrangement, CRA) は，国際収支危機に直面した国々に対する緊急時の短期資金融資の基金として 2014 年 7 月 15 日設立合意された．いわば，新興国・途上国のための非 IMF 基金である．これは，創設時の 1000 億ドル（うち中国 410 億ドル，ブラジル・ロシア・インド 180 億ドル，南ア 50 億ドル）に加え，追加資金 400 億ドルが予定される．この資金規模は現行の IMF に比べ小規模であるが，将来的にはさらなる資金基盤の拡大が見込まれる．しかも，当面主要新興国ではアジア危機時のような外貨準備不足の国は減少していること，各国とも何らかの資本・金融規制を導入し，為替取引の厳格化や金融取引に関する監視監督は全般的に強化されている．

(b) アジアインフラ投資銀行（AIIB）

　アジアを中心に急速に拡大するインフラ需要を背景として，アジアインフラ投資銀行（Asian Institutional Investment Bank, AIIB）が設立されている[14]．2016 年 1 月に正式に業務を開始した AIIB は中国が主導し，最大の資本を握り，本部も北京であり総裁は中国人であるため，中国を中心とした運営であるとの警戒感もある．これは，2 つの新シルクロード構想（「シルクロード経済ベルト構想」，「21 世紀海上シルクロード構造」）に基づく「一帯一路」の方針に沿って実現されたものであり，政策面のみならず，インフラ全般，貿易促進，資金の融通促進などが目的とされる．AIIB とは別に「シルクロード基金」が特定の目的を持つ中国独自の機関として資本金 100 億ドルで設立されている．

　AIIB は国際機関として既に EU 首脳国を含む 57 か国が加盟しており，さらに 24 か国が加盟申請している[15]．設立時の資本金は 1000 億ドルで，出資のシェアは中国 298 億ドル，インド 84 億ドル，ロシア 65 億ドル，ドイツ 45 億ド

ル，韓国・オーストラリア37億ドルとなっている．フランス34億ドル，ブラジル32億ドル，イタリア26億ドルであり，新興国，EUでもそれぞれ比率は異なっている．注目すべきは，重要事項の決定には75％以上の支持が必要であるため，AIIBでは中国のみが事実上の拒否権を握っている．AIIBと中国およびそれを取り巻く環境については，以下のことに留意が必要であろう．

第1に，中国と欧米の関係についての見通しに関するものである．AIIB設立前には，日本をはじめ欧米諸国も加盟しているアジア開発銀行（ADB）との関係についてさまざまな憶測があった．たしかにAIIBの設立の意義は，①中国などの蓄積された外貨準備を有効に活用し，②途上国への影響力の保持と中国ビジネス活動の拡大，③国際金融体制における中国の「正当な地位」の確保，など中国の国益に沿った動きであることは否定できない．しかし，こうした見方は一面的に過ぎない．実際，現在では，AIIBはNDBとともに既存の国際的基準に沿ったオープンな運営をめざしている（CaLiari, 2015）．

AIIB設立に際して当初は表面上反対したとされるアメリカは，実際には参加しないものの，ロンドンのシティを通して設立に必要な資金を中国に提供し，AIIBの設立に資金面から現実的に関わったとされる（髙島，2015）．このように，米国と中国は敵対関係ではなく，米国は中国と政治的・経済的覇権の棲み分けによる協力関係の形成を水面下で加速させている．以上に加え，米国の対アジア・太平洋地域の戦略上，中国との対立を避け，パートナーとして国策に沿って利用する政策に転換しつつあることがAIIB設立の背景にある．したがって，AIIB設立は中国による米国中心の世銀などブレトンウッズ機関の体制に対抗する位置づけという解釈は全く適切ではない[16]．ただし，融資資金を調達する際の格付けは当面取得しないため，国際的な信用力の面では世銀やADBがAAAの最上級の信用格付けであるのと比べ，不透明な要素がある．

第2にAIIB設立に関して英国の加盟はユーロ市場，とりわけロンドン市場を持つ英国が，中国の進める金融開放政策により双方とも利益を得ることが期待されている．中国にとっては2014年11月の上海と香港市場の株式市場一体化に続き，ユーロ市場で最大のロンドン市場と中国市場および香港市場の一体化は，念願の人民元海外展開の一歩となる．ロンドン市場のファシリティは，多少の資本の流出入のリスクはあっても「人民元国際化」には非常に好ましい

表 1-1 BRICS 緊急時外貨準備基金（CRA）

国	出資額 (10億ドル)	利用可能額 (10億ドル)	投票権 (%)
ブラジル	18	18	18.10
中国	41	21	39.95
インド	18	18	18.10
ロシア	18	18	18.10
南アメリカ	5	10	5.75
合計	100	85	100.00

（出所）BRICS Web.

オフショア市場である．実際，人民元は国際的な銀行間の取引では既に第4位の地位を保っている．

第3に既存の地域開発金融機関の機能拡大である．アジアインフラの需要は巨額に上るため，2015年11月，ADBは日本政府と5年間で総額160億ドルのインフラ向け資金を供与することに合意した．この額は，今後アジアにおけるインフラ需要が8兆ドルに上るとみられるなか，その一部に過ぎないにせよ，中国を中心とするAIIBのみならずアジアの中央アジア以外の地域に対しても巨額のインフラ需要に対応するものである．

第4に国際的な金融安定措置の導入である．まずNDB（BRICS銀行）の傘下に置かれた緊急時の外貨流動性の補填のための緊急時外貨準備基金（BRICS Contingent Reserve Arrangement, CRA）である（表1-1）．これは，当該国が短期的な外貨流動性の不足する危機に直面したときに支援融資をするものであり，従来のIMFによる世界的な緊急時の融資の独占的地位に対する新興国および途上国の選択肢の1つとして設立された[17]．

さらに，先進国による投機的金融取引に左右されにくい新興国・途上国間の通貨・為替取引の拡大である．特に注目されるのが拡大する人民元取引と新興国間取引であり，国際的な金融市場の安定に寄与しよう．

第5に，AIIB設立と中国の金融開放政策が共通の利益を持っていることである．通貨面では中国人民元拡大が，中国のAIIB設立と金融開放政策と密接にかかわっている．原則的には経常取引上の為替取引は自由化されているため，貿易・投資の拡大には有効であり，その意味で人民元の国際化が進展している．その一方，IMFのSDRにおける主要通貨として人民元が組み込まれることが決定（2015.11）され，16年11月に正式に導入される．これは，金融・通貨面での象徴的な意味を持つ．

国際的に大規模資金が移動するなか，ユーロ市場の重要性はますます拡大し

ており，人民元市場の拡大はすなわち巨大なインフラ市場への資金供給や調達にとって大きな意義がある．例えば，世界銀行やADBなど開発金融機関が通常当該機関の責任で発行する債券（例：世界銀行債，ADB債）と同様にAIIB債の発行も予定されるが，この点で中国人民元債も当然発行されることになるため，人民元の国際化は必然となる．こうした点で，従来十分な経験を有する世界銀行やADBの協力は欠かせない．

すでに2015年以降，世界銀行と地域開発銀行・投資銀行との協力は始まっており，世銀のJim Yong Kim総裁は15年10月にAIIBの金立群総裁と会談し，今後の協力関係について協調融資などを含めて確認している．

資金面では，債券発行のほか，アジア地域では2020年までのインフラ需要はADB加盟国において約8.5兆ドルと推定され，複数国にまたがる案件は3000億ドルとみられる．したがって，世界銀行はこうした成長著しいアジア地域での資金需要について，世銀のような国際金融機関では対処できず，特にインフラ事業をはじめさまざまな開発案件についてはADB，AIIBなど多くの機関の融資と民間融資を合わせた資金が必要とされることは認識している．

― Box 1　アジアインフラ投資銀行（AIIB）と中国の戦略 ―

　中国がAIIB設立を進めてきた背景には二国間援助での枠組みでの国際案件の指針に限界があったからであるとみられる．特にアフリカ地域では資源開発やインフラ開発で特に力点を置いて関与してきたものの，アンゴラのように中国の支援で経済が安定化した例はむしろ例外で，原油調達をめざしたリビアでは政権が崩壊し，スーダンでは南北に国が分断され，投入した資金の回収がかなわず，開発案件が当初の思惑通りにいかなかった経験があることなども関係している．さらに，当該国でのカウンターパートの誠実な遵守について，一国での交渉に限界があることを認識してきたことがあげられる．すなわち，中国は，進出先の国で契約を守らせる手段がないこと（二国間主義：バイラテラリズムの限界）に苦慮している．したがって，中国はこれまで自国単独では解決できなかった契約履行や債権管理の問題を，AIIBのような国際機関の立場で円滑に進めることが可能

であると考えているとされる[18]．

　新シルクロード構想（「一帯一路」というスローガンを掲げている）のもとに中国のアジア地域を中心とした外交・経済戦略は，極めて政治的である側面は否定できない．中国はAIIBに加え，中国人民銀行の管轄で既に国内法人として「シルクロード基金」を設立し，外貨準備を積極的にインフラ開発に使う仕組みを整えている．主な対象となる中央アジア地域は，地政学的にロシアに依存してきた国々であるが，AIIBやシルクロード基金による案件により中国の影響力を保持でき，外交・軍事的観点からも非常に有益であろう．しかし，最も大きな目的は中国経済の潜在力によって比較的開発の遅れている，1人当たり所得の低い中央アジア（旧ソ連のキルギス，ウズベキスタン，トルクメニスタンなど）に対して経済発展の基盤となるインフラ投資を拡大させることである．中国の豊富な外貨準備を使用し，中国企業が積極的に関与することで官民一体となって同地域の経済発展を推進する側面が強い．中央アジア地域の所得水準が上昇することは中国の中長期的な輸出・投資対象地域の一層の拡大につながるため，対象地域は中国国内の自治区や内陸部からシルクロード地域への投資が拡大する傾向がある[19]．新シルクロード構想はこうした動きを加速させており，AIIBは資金面でサポートする機関として重要になっている．さらに，中国はカザフスタン経由で欧州とつながる国際鉄道やカシュガルとパキスタンを結ぶ国道の整備を進めてきた．AIIB融資資金によるアジアのインフラ整備が進めば，周辺国の経済成長も期待できよう．

3. IMFの現状：進むIMF依存回避と問われる役割・機能

3.1　IMFプログラム：通常プログラムと低所得国向け融資

　従来IMFは通貨危機の際の支援としてスタンドバイ取極（Stand By Arrangement, SBA）や拡大信用供与措置（Extended Fund Facility, EFF）を中心に融資を実施してきたが，当該国の外貨流動性が急減し不足する緊急時に際しての融資機能はどのようにすればよいだろうか．既に述べたように現行のSBA

第1章 世界金融危機後のワシントン・コンセンサス崩壊

表1-2 IMFの主な融資機能

	対象・目的	利用限度額	実施期間	返済期間	金利	導入時期
[通常融資]						
①スタンドバイ取極 (Stand-By Arrangement, SBA)	短期国際収支支援	年間200%（累計600%）[対クォータ比]	柔軟化 1-2年	5年（据置3年3ヵ月）	通常融資金利＋α（[クォータ300%超] 2%；3% [3年超]）	1952.10
②拡大信用供与措置 (Extended Fund Facility, EFF)	中長期国際収支支援	年間200%（累計600%）[対クォータ比]	半年に1回 3年	10年（据置4年半）	上記と同様	1974.9
③弾力的クレジットライン (Flexible Credit Line, FCL)	経済ファンダメンタルズ良好な国向け；原則融資枠引出時審査不要。	なし（累計1000%程度）	1年で3回まで引出可 6ヵ月～1年	5年（据置3年3ヵ月）	SBAと同様、融資枠契約の手数料（クォータ500-1000%：24-27bp；同1000%超：60bp）	2009.3
④予備的流動性枠 (Precautionary and Liquidity Line, PLL)	FCLと同様、簡素化	年250%（最大500%；累計1000%）	6ヵ月～1/2年	同上	同上	2015.9
⑤緊急融資 (Rapid Financing Instrument, RFI)	災害・紛争等緊急支援	37.5～75%（累計）	原則1回即時	5年（据置3年3ヵ月）	基本金利	2009.7
[低所得国向け]						
⑥拡大クレジット・ファシリティ (Extended Credit Facility, ECF)	低所得国向け中長期国際収支支援（PRGF後継）	合計で年間クォータ比100%（累計300%）（例外150%［同450%]）	繰返し利用可能 3～5年	10年（据置期間5.5年）	0.0%（2011年12月見直し、2年ごと見直し予定）	2009.7（理事会承認時期）
⑦スタンドバイ・クレジット・ファシリティ (Stabdby Credit Facility, SCF)	短期国際収支支援（予防的利用[2010年～]）	貸付残高がクォータ比100%未満；クォータ比120%、100%以上：75%	繰返し利用可能（5年で2.5年迄）1-2年	8年（据置期間4年）	0.25%（同）	2009.7（同）
⑧ラピッド・クレジット・ファシリティ (Rapid Credit Facility, RCF)	緊急国際収支支援	年間クォータ比25%（緊急時50%）累計75%（同100%）	即時	10年（据置期間5.5年）	0.0%（同）	2009.7（同）
参考：[廃止された融資制度]						
貧困削減成長ファシリティ (Poverty Reduction and Growth Facility, PRGF)	中長期構造融資	280%[対クォータ比]	半年に1回（4半期毎）	10年（据置期間5.5年）	低利（年利0.5%）	1999.11
外的ショック・ファシリティ (Exogenous Shocks Facility, ESF)	商品市況悪化、天災等の低所得国対象	150%[対クォータ比]	4半期毎（半年に1回）	10年（据置期間5.5年）	低利（年利0.5%）	2005.11
構造調整ファシリティ (Structural Adjustment Facility [SAF])	中長期支援	50%	半年に1回	10年（据置期間5.5年）	低利（年利0.5%）	1986.3～1987.12
拡大構造調整ファシリティ (Extended Structural Adjustement Facility, ESAF)	中長期規模大	140～185%	半年に1回	10年（据置期間5.5年）	低利（年利0.5%）	1987.12～1999.11
補完的準備ファシリティ (Supplemental Reserve Faciolity, SRF)	補完準備	なし	半年に1回	2.5年-3年	基本金利＋（300bp～500bp）	1997.12～2009.4
補償的融資ファシリティ (Compensatory Financing Facility, CFF)	補償機能	45～55%[対クォータ比]	4半期毎（半年に1回）	5年（据置3年3ヵ月）	基本金利	1963.2～2009.4
予防的信用枠 (Contingent Credit Line, CCL)	予防的・経済ファンダメンタルズ良好国対象	最大500%[対クォータ比]	4半期毎	1年-1.5年	基本金利＋（150bp～350bp）	1999.4～2003.11
短期流動性ファシリティ (Short-Term Lending Facility, SLF)	予防的・経済ファンダメンタルズ良好国対象	最大500%[対クォータ比]	1年で3回迄引出可	1年-1.5年	基本金利＋（150bp～350bp）	2008.11～2009.4

（注） 1. 2016年3月22日現在．基本金利（SDR）は0.12%（US$）．
　　　2. PRGFは、2009年7月にECF、SCFやRCFとともに変更された．
（出所） IMF．

は，緊急時の短期的支援が基本であるが，当該国における景気悪化・社会的問題発生など必要以上に問題があり，プログラム上の問題もある．現在，IMFの融資プログラムは通常予算によるものと低所得向けの基金をベースに融資するものとに大別される（表1-2）．

　通常プログラム（低所得国以外対象）として，①スタンドバイ取極（SBA），②拡大信用供与措置（EFF），③弾力的クレジットライン（Flexible Credit Line, FCL），④予備的流動性枠（Precautionary and Liquidity Line, PLL），⑤緊急融資（Rapid Financing, RFI）が設定されている．また，低所得国向けには09年以降通常予算とは別枠に貧困削減成長基金（Poverty Reduction and Growth Trust, PRGT）に基づく短期融資の⑦スタンドバイ・クレジット・ファシリティ（Standby Credit Facility, SCF），⑧ラピッド・クレジット・ファシリティ（Rapid Credit Facility, RCF），中期融資の⑥拡大クレジット・ファシリティ（Extended Credit Facility, ECF／09年まで貧困削減・成長ファシリティ，Poverty Reduction and Growth Facility, PRGF）がある．

3.2　IMFプログラム離れ

　1990年代のアジア危機から2000年代初めまで「資本収支危機」の発生に伴い，IMFの新興国・途上国向け融資は拡大したが，2000年代半ば以降は各国との資本規制や管理・監督体制が進展しており，経済ファンダメンタルズの改善なども手伝い，IMFプログラムは大幅に減少した．

　現在，IMFの途上国・新興国向け融資は減少，借入返済が進み収入は激減している（図1-3）．近年途上国・新興国では本格的な危機的状況に陥る可能性が低下し，それに伴い「IMF離れ」が進んでいる．2000年代以降，途上国・新興国ではIMF「卒業国」が増加し，前倒し返済が急速に進んでいる．主要資本収支危機経験国である，タイ，インドネシア，アルゼンチン，ブラジル，ロシアに加え，ブルガリア，エクアドル，フィリピンなども前倒し返済を実施し，トルコのSBAも08年5月に終了した．

　2000年代半ば以降の国際的な過剰流動性を反映し，低利な民間資金が豊富に獲得できる状況において，IMFから当該国に不利なコンディショナリティを受け入れてまで借入する状況にある国は少なくなっている．また，過去のIMF

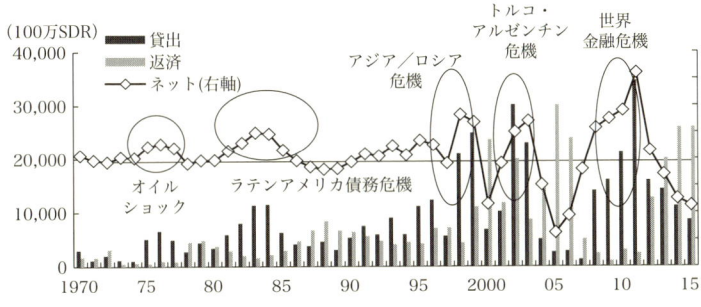

第1章　世界金融危機後のワシントン・コンセンサス崩壊　　　17

図1-3　IMF融資・返済総額の推移

(出所)　IMF Financial Activities より作成.

プログラムの経験は，IMFに対する根強い不信感に繋がっており，積極的にIMF融資を受け入れる国々が減少している．既にIMFのプログラムの失敗や欠陥についてはStiglitz (2003) をはじめ数多くの識者・学者から指摘されており，アジアやラテンアメリカなどではIMFプログラム下での厳しい緊縮政策や短期の構造改革を求めるコンディショナリティを嫌い，利用しないでもすむような体制づくりが進んできた[20]．

しかし2008年以降，世界金融危機とそれに続くユーロ危機などから，主な支援対象国は欧州先進国に移行してきた．現在，大半の融資先は「欧州先進国」となっており，IMF自体の融資プログラムの継続性についても根本的に問い直すべき時期にきている．

これまでIMFは，融資実施の一方，当該国の債務を増加させ，IMFの融資方針の背後にある米国金融業界と財務省を中心とした利害を反映させてきた．この点について，IMFは民営化によって得た資金を返済に回すように仕向けていると指摘されている (Michael Hudson 2015)．

特に途上国・新興国でのIMFプログラムへの風当たりは根強く，多くの国で抗議運動まで広がっている[21]．したがって，現在までに融資額の大半を占めるギリシャ・ウクライナ2か国が返済可能な国ではないことから，IMFの融資は結局停止され，デフォルトによる貸出損失を被る可能性が高い．しかも，他の国々の貸出額はけた違いに小さいため，ほとんどIMFの収益に貢献しない．このため，通常予算での貸出業務は今後先細りとなる見通しである．

3.3 急減するIMFプログラム
3.3.1 主要途上国・新興国のIMF離れ融資の事実上停止

ユーロ危機ではギリシャをはじめとしてIMFに加えEUからの融資の拡大がみられたが，IMF支援対象国の中で，主に欧米を中心とした国々の利害に沿ったプログラム採用の国々の典型であるギリシャとウクライナのみでIMFの通常予算融資の大半を占めていた[22]（2015年12月末）。最近では対アジアやラテンアメリカ主要国のIMFプログラムはほとんどなくなっている（表1-3）。

過去数年間大半の融資プログラムを占めてきたギリシャでも，2015年12月以降IMFはプログラムを停止しており，15年末まで記載されていたギリシャ

表1-3　IMF案件（通常予算）

(100万SDR)

国名	開始日付	期限日付	融資枠総額	SBA合計比(%)	融資実施額	(%)	未借入残高
スタンドバイ取極（SBA）							
グルジア	30-Jul-14	29-Jul-17	100.0	0.5	80	80.0	20
ホンジュラス	3-Dec-14	2-Dec-17	77.7	0.4	0	0.0	78
ケニア	2-Feb-15	1-Feb-16	709.3	3.2	0	0.0	709
コソボ	29-Jul-15	29-May-17	147.5	0.7	56	38.1	91
セルビア	23-Feb-15	22-Feb-18	935.4	4.2	0	0.0	935
スリナム	27-May-16	26-May-18	342.0	1.5	0	0.0	342
6 SBA案件			2,312	10.5	136	5.9	2,176
拡大信用供与措置（EFF）							
アルバニア	28-Feb-14	27-Feb-17	295	1.3	209	70.9	86
アルメニア	7-Mar-14	6-May-17	82	0.4	35	42.8	47
ジャマイカ	1-May-13	30-Apr-17	615	2.8	474	77.0	142
パキスタン	4-Sep-13	3-Sep-16	4,393	19.9	3,960	90.1	433
セイシェル	4-Jun-14	3-Jun-17	11	0.1	7	57.1	5
チュニジア	20-May-13	20-May-20	2,046	9.3	227	11.1	1,818
ウクライナ	11-Mar-15	10-Mar-19	12,348	55.9	4,728	38.3	7,620
7EFF案件			19,791	89.5	9,640	48.7	10,151
SBA/EFF案件総額			22,103	100.0	9,777	44.2	12,326
弾力的クレジットライン（FCL）							
コロンビア	13-Jun-16	11-Jun-18	11,500	—	0	0.0	11,500
メキシコ	27-May-16	26-May-18	62,389	—	0	0.0	62,389
ポーランド	14-Jan-15	13-Jan-17	13,000	—	0	0.0	13,000
3FCL案件			79,259	—	0	0.0	79,259
予備的流動性枠（PLL）							
モロッコ	28-Jul-14	27-Jul-16	3,235		0	0.0	3,235

(注）2016年6月13日現在。
(出所）IMF.

向けのプログラムは 16 年に入りリストから外されている．しかも，最大の対象国ウクライナも，政府がプログラムの実施にあたるコンディショナリティに基づく政策実施は困難な状況にあり，事実上棚上げされている．したがって，IMF 通常プログラムは，小国の融資案件を除けば「開店休業」の状況となっている．

また，通常予算とは別枠の低所得国向けの「貧困削減・成長トラスト（Povety Reduction and Growth Trust, PRGT）」はサブサハラ・アフリカ諸国の主要国は既に「脱 IMF」しており減少傾向にある（表 1-4）．これも近年の IMF 融資案件の減少に危機感を抱いた IMF がプログラム誘致を拡大した結果，非常に少額にせよ案件数には貢献する意味で小国を中心にまだ残存している．

表 1-4 IMF 案件（低所得国向け PRGT）

(SDR mn)

国名	開始日付	期限日付	融資総額	％割合	実行額	(%)	未借入残高	実施残高*
拡大クレジットファシリティ（ECF）								
ブルキナファソ	27-Dec-13	26-Dec-16	51	2.5	28	55.0	23	145
チャド	1-Aug-14	31-Jul-17	107	5.2	54	50.6	53	45
ガーナ	3-Apr-15	2-Apr-18	664	32.6	249	37.5	415	616
グレナダ	26-Jun-14	25-Jun-17	14	0.7	8	57.3	6	20
ギニア	24-Feb-12	31-Oct-16	174	8.5	156	89.6	18	161
ギニアビサウ	10-Jul-15	9-Jul-18	17	0.8	3	16.7	14	14
ハイチ	18-May-15	17-May-18	49	2.4	7	14.3	42	47
キルギス	8-Apr-15	7-Apr-18	67	3.3	21	30.9	46	134
リベリア	19-Nov-12	31-Dec-16	84	4.1	69	82.4	15	116
マラウィ	23-Jul-12	22-May-16	104	5.1	65	62.5	39	112
マリ	18-Dec-13	17-Dec-16	30	1.5	22	73.3	8	94
ニジェール	16-Mar-12	31-Dec-16	120	5.9	95	79.4	25	107
サオトメ・プリンシペ	13-Jul-15	12-Jul-18	4	0.2	1	14.3	4	3
シエラレオネ	21-Oct-13	20-Oct-16	187	9.2	138	73.8	49	183
イエメン	2-Sep-14	1-Sep-17	365	17.9	49	13.3	317	141
15ECF 案件総額			2,037	100.00	962	47.2	1,075	1,938
スタンドバイ・クレジット・ファシリティ（SCF）								
ホンジュラス	3-Dec-14	2-Dec-16	52	—	0	0.0	52	—
ケニア	14-Mar-16	13-Mar-18	136	—	-219	0.0	355	606
モザンビーク	18-Dec-15	17-Jun-17	204	—	85	41.7	119	170
3SCF 案件			611		85	13.9	526	776
18 PRGT 案件			2,648		1,047	0.0	1,600	2,714

(注) 2016 年 5 月 31 日現在．実施残高は，過去のプログラムを含む．
(出所) IMF．

3.3.2 IMF 収支バランスの危機

IMF では，2004 年以降融資案件は急激に減少し，2007 年の経常運営収入 10 億 4900 万 SDR に対し，支出は 11 億 5700 万 SDR で，赤字は 1 億 800 万 SDR となった[23]．実際，2007 年ごろには世界的に IMF 融資（ネット）で大幅に減少し，返済(repurchase)する国々が借入(disbursement)を上回りマイナスとなったため，当時の運営予算を削減するために大幅な人員整理が実施された．ユーロ危機以降 IMF 貸出は増加したが，最近では返済額が融資額を大幅に上回っており，このような傾向が続けば，IMF の主要の収入源である金利収入が激減し累積赤字額は拡大しよう[24]．

そもそも IMF 融資額は 1990 年代までそれほど大規模ではなかった．これが拡大したのは 2000 年代に入り，リーマンショックに始まる世界金融危機とそれに続くユーロ危機以降である．すなわち，これまでの途上国・新興国向けの融資額は，現在のギリシャなど欧州先進国向け融資額より絶対額でははるかに小さかったのである（図 1-3）．

2008 年に発生した世界金融危機以降，ギリシャなどユーロ圏諸国のみならず，中東欧・旧ソ連諸国に対する融資が増加したため，再び IMF のネット融資が増加したものの，近年では新たな大規模融資対象国が激減している．このため，ネットの貸出は再度マイナスに転じ，今後とも長期的に IMF の通常予算による融資は拡大が見通せない．

低所得国向けの案件は IMF の通常予算による融資機能とは別であり，それは別建ての基金によっているが，それは主な収入源とはなりえない．しかも，最近ではサブサハラ・アフリカの低所得向け融資スキームにおいても，実際に融資を利用している国が減少している．

以上から，今後 IMF の収入源は大幅に減少する見通しである．2015 年 7 月の報告書によれば，16 年度は運営に関わる収入は 6 億 6000 億 SDR に対し支出は 7 億 6300 億 SDR であり，1 億 300 万 SDR の赤字が生じる見通しであり，15 年度の収入 14 億 5500 億 SDR，支出 7 億 5400 億 SDR，7 億 100 万 SDR の黒字に比べ大幅に悪化する．これはあくまでギリシャおよびウクライナの通常予算がまだ継続するという前提で実施されているものであるため，両国プログラムが進捗せず，特に最大の融資先であったギリシャプログラムは停止状況にある

ことから，通常予算に基づく IMF の運営収入は非常に厳しいものとなろう．
　したがって，仮に現在の組織の規模を維持するのであれば早急に収入源を確保する必要があろう．IMF の資金問題についての最終報告書（通称 Crocket Report）[25]によれば，将来的に IMF が採るべき方策に関する検討課題として，①部分的な資金運用（投資）の解禁，②寄付金の拡充による固定運営費の確保，③ 650 億ドル相当の保有する金の一部売却，④融資以外の新規活動分野での収益獲得，⑤クォータ（Quota，出資割当額）に基づく定期的審査の合理化，などが提案されている．こうした報告書の提案については，途上国やエマージング諸国の反 IMF 感情が根強いうえ，英国など先進国においても従来の IMF の機能のままでは強い支持が得られない見通しであり，寄付金の拡大も困難である．さらに，金の売却などは国際市場に影響するため，短期の実施は難しい．しかし，新規活動分野での収益確保も困難であるうえ，前記のように，実際に通常プログラムでは借手不在の状況となってきている現状を考慮すれば，組織の大幅リストラは不可避であろう．さらに，IMF の「構造改革」はその機能と役割の根本的見直しや国際金融システム改革の問題とリンクして検討されるべきものである．

Box 2　低所得国向けのIMF支援スキーム

　IMF では，既に 2005 年 9 月理事会での貧困削減・成長ファシリティ（Poverty Reduction and Growth Facility）の過去のレビューにより，必ずしも IMF プログラムが当該国のマクロ経済の実績が 1 人当たり所得等の点で実際に満足する結果を挙げていないことから，「持続的な成長と安定には広範な経済制度が重要であることと，増加する支援の流入の慎重な管理が必要である」ことは認識された．本来，こうしたプログラムは正式には加盟国が自ら策定する包括的な貧困削減戦略文書（PRSP）に沿って作成されることになっている．公式の手続き的には，PRSP は加盟国政府が市民社会と開発協力者の積極的な参加を得ながら策定することになっている．これが作成され，IMF と世銀の両理事会の承認のもとに審議され，プログラムの目標と政策が導かれることになっている．しかし，実際には IMF

や世界銀行などの強い影響力の下で作成されており，当該国の「オーナーシップ」は必ずしも反映されていない．

実際，サブサハラ・アフリカなどの低所得向けプログラムは，当該国の自主性は達成されていない．IMFのプログラムは通常プログラムと同様に常に緊縮的であり，社会生活に不可欠な政府支出に足しても削減し財政収支を均衡させることが求められる．特に長期的な人的資源の投資には欠かせない教育予算についても多くの場合，例えばセネガルの2013年に作成されたPRSPでは，会派に直面するさまざまな経済社会問題を採りあげながら，実際には財政支出の効率化に焦点があてられ，それのモニタリングを厳格にするということと，そのシミュレーションしか書かれていない．

4. 2000年代以降のIMFの形式的「改革」と変化

4.1 アジア危機以降のIMFの債務再編案

1999年先進国のケルン・サミット以降，アジア，ロシア，ブラジルなど一連の危機を経て，IMFも，発展段階の早い時期における資本取引の自由化については慎重に行うべきである，との立場を明らかにしている．また，資本自由化については，ケースごとの対応を基本として，リスク管理を強調するという，従来に比べ慎重な姿勢へと変化してきた．しかし，2001年アルゼンチン危機を経てもなお，IMFがかかげた危機を未然に防ぐことや危機を深刻化させないとする目標は，結局達成されなかった[26]．

こうした状況下，2001年9月より前任Stanley Fischerの後を受け，IMFの第一専務理事に就任したAnne O. Kruegerは，就任直後にアルゼンチン危機と事実上のデフォルトなどの状況を経験した．このため，同氏は，02年に国家的な債務再編を促すSDRM（Structural Debt Restructuring Mechanism，構造債務再編）を打ち出し，その実現に向けてIMFが主導権を握る考えを打ち出した．このSDRM案は各方面のコメントを受け修正されたが，結局，関係する民間金融機関などの同意が得られず，棚上げ（事実上の廃案）に追い込まれた[27]．

なお，新興国の債券に『集団行動条項』（Collective Action Clause, CAC）を盛

り込むケースが 2003 年以来増加しており，これにより，ソブリン債券がデフォルトした際にも，大多数の投資家の意向により債券管理会社（機関）などが代表して政府当局とリストラについて合意できることとなったため，事実上，債券発行を大きく妨げる要因が減少した．しかし，CAC は，債券発行の際に機関投資家や金融機関自体がヘッジのために働くものであるが，根本的にソブリン債を発行した当該国のデフォルトの際での解決策ではない．したがって，今後とも対外債務返済の困難からデフォルトに陥る国に対する根本的な債務再編の必要性は現在でも継続しており，もはや IMF のみならず国際金融機関や国際金融体制を管轄する金融安定理事会（Financial StabilityBoard, FSB）などを含めた総合的な方針が検討される必要性がある．

4.2　表面的なプログラム上の変化

　IMF による「改革」はこれまで表面的なものにとどまっており，本質的に変化していないようにみえる．それは，先進国を中心とした理事会の意向により，特に世界金融危機後，IMF プログラムは深刻化したユーロ圏のなかでもますます特定国（ギリシャ）への支援を深めるなど，プログラム継続が相対的な力関係や重要度で決まってきたことがある．IMF のプログラムはリーマン・ショック以降の欧州諸国（アイスランド，ラトビア，ハンガリー，ウクライナなど）への支援でも基本的には「財政収支削減」重視の姿勢は不変である．

　ただし，以前の IMF プログラムに比べ 2000 年代半ば以降の相違点は，構造調整プログラムにおけるコンディショナリティは「直接関係のある」金融分野に集中し，それ以外の項目は減少する傾向にある．例えば，従来必ず厳しいコンディショナリティであるパフォーマンス・クライテリア（performance criterion）に置かれてきた純国内資産（Net Domestic Asset）の制限，すなわち中銀の通貨供給である純国内信用（NDC）のシーリングを厳しくコントロールしていたが，最近ではより緩い目標値（Indicative Target, IT）の項目に分類する傾向がある．また，構造改革に関連する政府の法案や組織的な改革については，プログラム実施前の条件に設定し，それらも前記 IT に含まれるといった修正はしている．しかし，こうした構造調整プログラムも依然としてコンディショナリティとして残存していることは事実であり，事実上厳しい緊縮プログラムが実

施されてきた[28].

4.3 資本規制を巡るスタンスの変化

IMF は設立より一貫して，国際資本移動については経済の効率性の観点から資本自由化は望ましいとしてきた．本来，国際的に資本・金融自由化を一般化させようとした背景には，1980 年代前半までの米国が国内資金のみで米国国内の投資を賄うことができずクレジットクランチ状況を生んだ状況を鑑みて，当時経常収支が赤字化したため，海外からの資金・資本流入を積極化することを求めたことがあるとみられる．

IMF は，アジア危機時にマレーシアのマハティール首相（当時）が採用した短期資本規制（株式等資産取引の外資による資金国外流出を禁止）に対して厳しい批判をしており，基本的に資本・金融規制導入に反対の立場をとってきた[29]．これは公式には新古典派的な「資源の最適分配」の観点から，国際資本移動の自由化が望ましいということで推進されてきた．

このため，IMF も資本自由化を積極的に推進する立場を鮮明化した．1990 年代に入り多くの途上国で資本自由化が推進され，そのような米国の意図は成功した．IMF も 1997 年 9 月の香港での総会での重要議題として加盟国に資本金融自由化を盛り込む予定であった．

しかし，1997 年 7 月にタイバーツの下落から始まったアジア危機，すなわち「資本収支危機」の本格化に直面して，そうした動きはいったん収まった．しかし，アジア危機のような大規模な資本収支危機が発生した後も，IMF の公式には資本自由化が望ましいとする原則的な立場は変わらず，自由化は金融部門・市場の整備など「順序立てて」(sequencing) 進めることが望ましいという慎重な姿勢に変化した[30]．とはいえ，基本的に規制導入には反対し，特に資本流出規制には慎重であり，原則的に反対であった．アジア危機直後，IMF では資本規制を容認する見解はみられず，1998 年 9 月にマレーシアが導入した短期資本流出規制策については否定的見解を示した．しかし，アジア危機から十数年経た現在では，短期的な流出規制を実施したマレーシアの金融市場への投資は増加しており，現在では発展した株式・債券市場の育成に成功している．したがって，規制策導入当初喧伝された「投資家はマレーシアへの信認を低下させ，

第1章　世界金融危機後のワシントン・コンセンサス崩壊　　25

将来的に資金流入は困難となろう」という予想はみごとに覆されたといえる.

　しかし，2008年秋のリーマン・ショック以降の世界金融・経済危機の根底にある国際資本移動のリスクや金融機関の規制の必要性が認識されるなか，IMFは10年2月19日に至り，ようやく公式に資本流入規制は場合によっては有効でありうるとの趣旨の見解を公表した（IMF, 2010）. これはStaff Noteという論文によって明らかにされたものであるが，短期資本の流入は当該国のバブル要因となり，それがバブル崩壊とともに急速な資本流出につながることから，短期資本流入規制を容認する姿勢に転換したものである. その後，11年4月5日のIMF総会において公式に資本規制を容認する見解が発表された[31].

　ただしIMFは上記論文の題名（Capital Inflows : The Role of Controls）からわかるように「資本流入規制」のみを取り上げており，マレーシアで導入された「資本流出規制」については対象になっていなかった. IMFのGlobal Financial Stability Report（2010.4）は，資本規制についてのコラムで，資本流入規制のみならず資本流出規制についても取り上げているが，その効果については結論できない（mixed）として全面評価を避けていた.

　資本流出規制については，米国の経済学者や金融界関係者には否定的な見解が現在でもあるものの，実際に当該国の経済・金融に安定的効果をもたらしたとの検証がされている.

　さらに，ユーロ危機の余波により深刻な金融危機を経験したアイスランドは，最近では最も有力な資本収支危機に対する資本流出規制を実施し，危機から回復してきた例である[32]. 現在でもユーロ圏の国として対外債務返済に困難をきたしているギリシャでは資本規制を導入してこなかったが，2015年に入り銀行など金融機関において資本流出を防止するための規制策をようやく導入した. その一方，アイスランドではユーロ危機発生以降，現在に至るまで資本規制を実施し，短期に経済安定化に成功している. また，15年8月に深刻化した中国市場の株価下落と人民元の下落は，香港市場と上海市場の一体化を実施した14年11月以降の資本流出入の逆流であるともみられる.

　以上から，危機に直面した国が早期に資本規制を導入することは，資本流出入によって引き起こされる資本収支危機には有効であり，早期導入すればそれだけ回復する可能性が高いことが示されている[33].

4.4 対象地域・国でのダブルスタンダードと差別化

　IMFはアジア危機以降，1999年のケルンサミット以降「改革」を徐々に進めるなか，プログラム策定・実施における「オーナーシップ」重視[34]を打ち出してきたが，最近の欧州の先進国プログラムを除き事実上大きな変化があったとはいえない．現在ではかつてほどIMF案件が世界各国で実施されているわけではないが，途上国向け融資案件ではIMFプログラムはコンディショナリティの簡素化が公式に公表されているにもかかわらず，実際のプログラムでは全く減少していない事実がある．このことは，一部の先進国では実際簡素化した，コンディショナリティの縛りが非常に緩い例（アイスランドなど）と対照的である[35]．

　アイスランドはEUに加盟していないものの，EU加盟国の英国やオランダとの銀行預金問題もあるため，EU諸国が深く関与することとなった．また，先進国である同国に対しては，コンディショナリティも従来に比べ大幅に簡素化し，これまで正式のプログラムに公式には入れられなかった資本規制も，上記のように容認することとなった．アイスランドにみられる一部の国では当該国の「オーナーシップ」を尊重し，資本規制を導入した上でIMF融資を受けていた例もある．しかし，同国の場合，実際に資本流出規制をしなければ，プログラム自体の実施も危ぶまれたこと，さらに政権が交代し，国民投票を実施した上で金融機関によるEU諸国への債務返済が拒否されたという背景があった．これは，IMFの伝統的な「ダブルスタンダード」の一例でもあり，先進国で利害の一致するところには緩いコンディショナリティを適用し，そうでない途上国・新興国には実現が困難な場合でも厳格な姿勢で臨むということが繰り返されている．

　一方，コンディショナリティを遵守できないと予想されながら，長期にわたり支援を継続してきた最近の例外ともいえるギリシャ支援でも同様である．こうした変化の背景には，欧州プログラムにおいてはEUが積極的に関与し，主導権はむしろEUにある例が増加していることも関係しているとみられる．

　IMFを事実上動かしている先進国に対して力関係で弱い立場にある小国や低所得国では，十分な自主性が発揮できず，IMFによる事実上のプログラムの実施が強制され，「自主性」が損なわれる可能性は否定できない．例えば，セル

ビアのプログラム（SBA）では，30億ユーロ融資のコンディショナリティと引き換えに緊縮政策の実施のため，2010年に入り公的部門の労働者の賃金や年金支出が凍結された．また，ルーマニアのプログラム（SBA）では10万人に上る雇用者削減と年金取得資格年齢の引上げを実施している．

さらに，IMFの研究（Ostry et al. 2014）では労働組合運動の促進が最低賃金を引上げ，所得分配の改善に寄与すると公言しながら，一方で実際に実施しているプログラム（ポルトガル，ルーマニア，ギリシャ等）では労働組合に対して厳しいスタンスをとり，依然として旧来の方針を適用している[36]．これもある意味でダブルスタンダードの顕著な例である．

4.5 IMFの役割の変化と主導権の喪失

欧州ではユーロ危機を経て，ギリシャをはじめとしたGIIPS（Greece, Ireland, Italy, Portugal, Spain）危機を教訓にユーロ圏支援基金として欧州安定メカニズム（ESM）を設立しており，欧州中央銀行（ECB）と協力しつつ当面地域の金融安定化の役割を担っている[37]．ESMは事実上欧州通貨基金の役割を担っており，またEUでは財政規律を徹底するフレームワークは導入されてきた．したがって，IMFは欧州において財政，金融面で指導・助言する立場はほぼ失っている．

ギリシャ支援を含む欧州支援に関して現状では，EU諸国の自主的判断が優先され，IMFはあくまでその意向を尊重しているものの，ユーロ圏先進国に対する特別扱いの様相が強い．欧州の場合には先進国のEU諸国が対象であり，当局者との協調が余儀なくされている面がある．そもそも，ギリシャ支援にみられる特別な取り扱いは欧州諸国のユーロに対する信認低下への懸念が背景にあるが，この事例によって，ますますIMFの役割は当面の欧州支援補助機関として局地的，地域的なものに限定されつつある[38]．その意味でIMFプログラムがもっぱら先進国を含む欧州に偏ってきた現在の状況は，着実に変化する現在の世界の状況を反映しており，非IMF，ないし脱IMFによる世界の金融危機対応体制は着実に整備されつつある[39]．

4.6 IMFの部分的改革

2000年代以降，IMFの「改革」プログラムとしては①情報公開と透明性の確保（それに伴う統計の標準規格化），②世界銀行などとともに「最貧国」をはじめとした国々への支援重視などに限られており，実際の融資政策の改善は，一部を除き一般的なものになっていない．それは，情報の公開の徹底と独立評価室（Independent Evaluation Office, IEO）による過去の経済危機で果たしたIMFの役割についての検証であり，もうひとつが人事の変革である．

第1に情報の公開については，以前にはほとんど詳細が発表されてこなかった，ラテン・アメリカ主要国に対する支援の趣意書（Letter of Intent）の公表が2003年夏以降，推進されてきた[40]．この点では進展があったが，本質的なプログラムに関わるものではない．

第2に，2003年9月には，IEOによって，これまでのコンディショナリティの適用などを含む融資方針が検討されている[41]．アジア危機を経験したインドネシア，韓国や99年のブラジル危機，2001年のトルコ危機のケースなどを03年以降取り上げ，ケーススタディを始めたが，こうした姿勢はこれまでのIMFに見られなかったものである．2000年代半ばまではIMFの融資方針を根本的に見直すものではなく，概してIMFの自己弁護に陥っている感は免れなかった．しかし，10年代に入り，世界金融危機後の世界情勢が大幅に変化したことを背景に以前の調査報告書を見直す動きも見られた[42]．

第3に，IMFの調査局長の交代と調査傾向の変化である．これは上記のIEOの報告書の内容などにもある程度影響を与えているものとみられる．2003年9月に，ニューケインジアンでありながら旧来のIMFのプログラムを擁護し，批判に反論するなどしていたKenneth Rogoff[43]にかわり，アジア人では最初となるインド出身のRaghuram Rajanシカゴ大教授（当時，現インド準備銀行総裁）が就任し，それまでに比べ，エマージング諸国の実情を理解する姿勢を打ち出した[44]．Rajanは，途上国，新興国の現実を直視し，現実的な見解を発表してきた．例えば，途上国への国際機関の支援は長期的に必ずしも成長を創始してこなかったことを明らかにした．Rajanの後任として就任したOlivier Blanchard（2008.9-2015.10）がチーフエコノミスト兼調査局長の時代には，IMFの公式調査報告や見解に大きな変化があった．例えば，所得分配の問題[45]

や過度な緊縮政策の影響，さらに資本規制・管理の有効性を認める論文などについて一定の見解を公表した．現在の Maurice Obstfeld（2015.9-）は国際経済学が専門であり，途上国・新興国を含む世界経済のリスクをグローバル規模で分析してきた．

以上の 2003 年以降の 4 名の IMF チーフエコノミストはいずれも，それまでの新古典派に基づくフレームワークではなく，ニューケインジアンに属しており，2000 年代初めまでの緊縮政策を比較的に厳格に守ってきた IMF プログラムのサポートとなる調査を公表していた時代とは異なっている．チーフエコノミストがいずれも比較的現実的な見方をする経済学者によって歴任されてきた点は，それまでのと一線を画している．ただし，調査部門と現場の運営部門ではしばしば乖離がみられ，調査報告書で柔軟な姿勢を打ち出したとしても，実際のプログラム運営では旧来通りの方針が貫かれている例もある．方針の見直しなどにはつながっていない．

4.7 進まぬ IMF のガヴァナンスとクォータの見直し

IMF による「改革」はこれまで表面的なものにとどまっており，根本的な改革として必要な問題（例：絶対的多数条項，途上国・新興国の出資割当額（クォータ）と投票権のシェア拡大などについてはほとんど進んでいない．それは，先進国を中心とした理事会の意向，特にこれまでは米国の意向が強く反映されてきたからである．

現在 IMF プログラムは中所得国ではなく，低所得国支援が主体となっている．しかし，現在の IMF・世銀は途上国の意見が適切に反映されていない．IMF・世界銀行は米国がそれぞれ 16.8％，16.4％の投票権を持ち，総数 85％以上の賛成が必要な最重要条項の改定には米国が事実上拒否権を有している[46]．従来クォータに沿って理事会の投票権を配分しており，先進国が 60.6％を占めているのに対し，途上国・移行経済諸国は 39.4％に過ぎない[47]．

このように途上国・新興国と先進国の投票権配分には歴然とした出資比率による差以上の格差があるため，途上国からは早急に是正するよう求められている．現在，IMF 加盟各国のクォータの見直し，すなわち，投票権を伴う配分の見直しが進められている．さらに，IMF では組織全体の見直しの一環として，

各国のクォータと投票権割合の格差是正をはかるため,まず2006年10月に中国,ブラジル,トルコなど比較的規模の大きい中所得国の投票権を引き上げた.しかし,他の途上国については引き続き検討中であり,インド,タイ,マレーシア,フィリピン,シンガポール,ハンガリー,ポーランドおよびボツワナなど主要エマージング諸国の投票権が若干引き上げになる程度である.総じてガヴァナンス問題に関しては,IMF理事会を中心に議論されているものの,大きな変革は実行されていない[48].国際通貨金融委員会(IMFC)元議長のトマソ・パドア=スキオッパ(Tommaso=Padoa-Schioppa)は,欧州諸国が結束してクォータの比率に応じて発言権を確保するよう提案した[49].これに似た考え方はIMF内部でもある.例えば,アジア諸国,特に日本を除く東アジア諸国やASEANなどが結束することで相当の発言力を持つため,現行の投票権の制度でもかなり先進国,特に米国の独占的な発言権や支配力を軽減できるとするものである.

2010年10月に合意された修正案は,2016年2月ようやく米国議会の承認が得られ,発効したものの,現状を十分に反映した配分となっていない(表1-5).

表1-5 各国別IMFクォータと投票権

国	クォータ		投票権	
	SDR(100万)	(%)	現行	(旧)
米国	82,994.20	17.75	16.80	(16.75)
日本	30,821	6.59	6.26	(6.23)
中国	30,483	6.52	6.19	(3.81)
独	26,634	5.69	5.41	(5.81)
仏	20,155	4.31	4.10	(4.29)
英国	20,155	4.31	4.10	(4.29)
イタリア	15,070	3.22	3.07	(3.16)
カナダ	11,024	2.36	2.26	(2.56)
ロシア	12,904	2.76	2.64	(2.39)
インド	13,114	2.80	2.68	(2.34)
ブラジル	11,042	2.36	2.26	(1.72)
サウジアラビア	9,993	2.14	2.05	(2.80)
その他	193,257	46.49	-	
合計	467,653	100.00	100.00	100.00

(注) 第14回レビューに基づく配分.2010年の合意に基づき米国議会承認(2015年12月)により2016年1月26日発効.
(出所) IMFより作成.2016年3月16日現在.

新興国については,特別増資は07年5月に第一段階として中国,韓国,メキシコ,トルコ4か国が実現し,クォータ比率が過小である54か国について特別増資は11年3月には発効した.しかし,依然として新興国,途上国のクォータ比率が低く,投票権も低いために引き続きシェアを引き上げる必要がある.

IMFクォータの調

整は根本的解決になるとは考えにくく，米国が事実上唯一の拒否権を握っている根拠である重要事項に関する85%条項（絶対多数条項）を修正し，米国のみ拒否権を独占することを許さないシステムを構築することが重要である．しかし，現実的には米国はこうした条項改正に賛成しないとみられるため，当面 IMF のガバナンスに関する根本的改革は望めない．

注

1) Chen et al. (2015)．米国の QE 政策により米国債の金利低下など米国内への影響より，むしろ他国のスプレッドに影響を与え，世界各国の株式市場への影響が大きくなる傾向を指摘している．大田（2014）は，日米の量的金融緩和政策は相互に影響を与えており，米国および中国市場とも因果性を強めてきたと指摘している（Ohta, 2015）．
2) 一連の市場原理を基本とする10の経済政策であり，財政均衡，税制改革，金融自由化，貿易・投資自由化，適切な為替レート，民営化，規制緩和などを含む．Williamson 自身は，この一般化した用語にこだわっていたわけではなく，それ以降の世界の金融市場や国際機関の動きに配慮した考察をしている（Williamson, 2008 参照）．
3) Stiglitz（2008b）は IMF がこうした一連の自由化政策を各国に適用したことが一層当該国の経済状況を悪化させたと批判してきた．
4) 世界銀行の構造調整融資，その後の開発政策融資の変遷については本間（2009）参照．
5) 特に Stiglitz がチーフエコノミストとして世界銀行で活躍した時期（1997-2000）の世銀の開発報告書にみられるような，従来の方針を大幅に見直す政策も反映してきた．
6) チェンマイ・イニシャティブは，1998年以降，日本政府がアジア通貨基金構想を提唱したものの，米国の反対や中国の容認が得られず挫折したことから，地域的な通貨スワップ協定を拡大することとなった背景がある．2016年2月にアジア通貨基金の前身となる機関として AMRO (ASEAN + 3 Macroeconomic Research Office) が国際機関として成立した．
7) 欧米金融機関はヘッジファンドを含め短期の投機的売買にて収益を確保するため，先進国・途上国・新興国すべての市場の金融自由化が望ましいことは言うまでもない．IMF 等国際金融機関はそうした金融界の利害を如実に反映する組織である．
8) 米国は依然としてこの条項の改正・修正に応じていない．識者のなかには，EU 主要国が結束すれば米国一極集中化は防ぐことができ，拒否権の発動も抑制できるとの意見もあるが，実際の規定自体が根本的な問題を持っていることを重視していない議論である．また，日本は米国についで第二位の投票権をもっているが，日本の外交政策はほぼ米国と同一方向にあるため，実際に日米が IMF や世銀で一致し

9) Stiglitz（2009）は、「途上国の IMF 依存は途上国の反循環的な政策を採用する能力を殺ぎ、結果的に高いコストを支払うこととなる」（同第 2 章）と指摘している。
10) IMF プログラムについては第 2 章参照。
11) ESM は CMIM と異なり、融資枠は IMF とのリンクによって制限されていない。ただし、多くの場合、IMF プログラムが平行して実施され（ウクライナ、ギリシャなど）コンディショナリティは EU、IMF とも同様のものとなる。
12) Kawai & Lombardi（2012）。
13) NDB の副総裁 Butista は以下のような見解を示している。"[o] ne reason for the creation of the NDB is undoubtedly the slowness of the reform process in the Washington-based institutions.（*Euromoney,* Sept. 2015）"。
14) 2013 年 9 月、習近平中国国家主席は、「シルクロード経済ベルト構想」を発表、10 月に「中国と ASEAN 等との経済関係強化」を目的とする「21 世紀海上シルクロード構想」とともに AIIB 構想を提唱した。
15) 2016 年 6 月 25 日の総会で、金立群総裁により新規加盟申請国は 24 か国と公表された。
16) このような論調は多数ある（例えば西村 [2015] 参照）が、主に米国中心の世界と中国中心の世界の対立軸を前提に議論を進めている。
17) CRA はアジア地域で設立されている AMRO の取扱うメカニズムであるチェンマイ・イニシャティブ（CMIM）と同様、独自の判断で融資できるのは全体額の 30％であり、70％は IMF とリンクすることとなっている。したがって、現時点では実際に CRA を利用する新興国はほとんどない可能性もある。それは IMF のコンディショナリティを嫌って、アジアではこれまで CMIM を利用した国は全くないことからもわかる。
18) 金堅敏（2015）。
19) 例えば、新疆ウイグル自治区カシュガルでは中国企業大手（山東如意）による紡績工場が設立されている。この地では製品は周辺地域（インド、パキスタン、中央アジア諸国）の巨大な潜在市場が対象となっている。中国の民営水性塗料メーカー、科天集団は 2014 年、古代シルクロードでも重要な要所だった蘭州に本社と工場を移し起点とした。中国企業の中央アジア進出については日本経済新聞（2016）による。
20) 大田（2008, 2009）。
21) Bretton Woods Project（2014a）。
22) 両国とも米国等西側先進国の政治・外交的な見地から支援を行っていることは明白である。
23) IMF "Review of the Fund's Income Position for FY2007 and FY2008"（2007c）。
24) 1970-80 年代まで 1400-500 人であった職員数は最近ではその倍近い 2700 人以上に膨れ上がっている。
25) "Committee to Study Sustainable Long-term Financing of the IMF：Final Report"（IMF, 2007a）。

26) IMFが危機の未然防止のために導入した1999年に予防的クレジット・ライン (CCL, Contingency Credit Line) も結局利用されないまま，2003年11月で廃止になった．この背景には，利用条件が厳格であること，またこれを利用することによる信任低下を恐れた国々が利用に消極的であったこと，などが考えられる．
27) 特に，米国金融界は，IMFのような国際機関に主権を握られると営業上支障が大きいとして反対した．Fischer元IMF第一副専務理事（当時シティグループ会長）などを含む民間金融機関の強い反対もあり，結局挫折した．現在では，SDRMのような拘束力のあるスキームではなく，行動規範 (Code of Conduct) という借り手にとってのベストプラクティスとガイドラインについて，国際機関や政府関係者の間で検討が進められている．これは，あくまで義務的なものではなく，規範であるため，拘束力はない．民間の代表やエマージング諸国の政府関係者もその草案作りに関係している．
28) 実際のプログラム運営では依然として多くのコンディショナリティの項目が金融財政指標のみならず，構造改革の点でも残されている (Bretton Woods Project, 2015a)．
29) アジア危機当時，マハティール (Mahathir) 政権は，アジア通貨危機の原因はGeorge Sorosをはじめとする欧米諸国の投機筋による，実需を伴わない投機的取引が原因であるとした．マレーシアでは慎重な準備の下，1998年9月に短期資本流出規制（99年に緩和）が導入されたが，当時IMFをはじめ欧米の関係者，マスコミからは非難が相次いだ．しかし，結果的にマレーシアは周辺諸国より早く景気回復を果たし，安定化に成功した．
30) いわゆる資本自由化に関するsequencingの考え方であり，金融市場を整備しつつ慎重に自由化を進めるものである．Johnston (1998) においてIMFの立場が明示されている．2008年時点でも依然としてsequencingを重視する考え方がIMFスタッフから示されていた．Dell'Ariccia, et al. (2008) 参照．
31) ただし，資本規制は一般的に税，金利あるいはその他の手段を使って資金の流出入を規制するため，銀行，ヘッジファンド，投資銀行など金融機関にとっては障害になる．依然として世界的に一致した動きはなくEU主要国（英国，北欧は除く）で金融取引税の導入が合意されているに過ぎない．また，新興国のなかでもブラジルは政策の自由度が制約されるとの観点から，「政策対応の範囲を規定，あるいは標準化し，優先順位を決めたり，制限したりするこうした指針もしくは『行動規範』に反対」した．しかし，大多数の新興国はこうした適切な資本規制は過去の資本収支危機の経験から容認している．
32) アイスランドのIMFプログラムの経験については第2章に詳細に記している．
33) 資本規制の効果については各国の実証分析を行っている大田 (2002) 参照．
34) IMFの融資プログラムでのコンディショナリティィと当該国のownershipについての見解は，Khan and Sharma (2001) 参照．
35) アイスランドでのIMFプログラムの評価については第3章参照．
36) Vollmann (2015) は，IMFはカメレオンのように都合により変化する，と指摘している．

37) ESMの資金規模は約600〜700億ユーロである．ECB（欧州中央銀行）は，2015年3月以降導入した量的緩和政策も期間を限定（2017年まで）しながらも域内に十分な資金供給を果たし，さらに金融機関の安定化を図る目的では手段を選ばないとの立場を鮮明にしている．
38) 2016年1月よりIMFは通常予算による支援プログラムのリストからギリシャを外している．これは，主導権が完全にEU側に移っていることを意味している．
39) 今後の国際金融体制の見通し等については第6，7章参照．
40) 1990年代前半のメキシコ危機の際の支援時にもIMFの支援融資に関する公式文書は公開されていない．
41) IEO報告書については第4章参照．
42) IEOの調査分野や特徴などについては第4章参照．
43) 例えば，アジア危機の対応を巡りIMF批判をするStiglitzに対し，真っ向から反論してIMFを擁護した（2002年7月2日付IMFのホームページ）．また，アジア危機の原因のひとつである資本の急激な流出が，早すぎる自由化の結果であることは現在では明白であるにもかかわらず，Rogoffは資本自由化をその原因と考えるのは適当でないとしている．さらに，同氏はインドや中国が資本制限によって資本の流出や危機を免れた事実に対しては，ほとんど関係のない1人当たり所得の違い（韓国の10分の1）をあげ，資本流出に伴う危機を回避できたことについての説明は否定した．2004年1月29日のジョージタウン大学でのスピーチ（IMF Survey February 2004）参照．
44) Paranjoy Guha Thakurta, "Rghuram Rajan: An economist with difference," (July 5, 2003).
45) 調査局のスタッフによる関連の研究（Berg, Ostry et al. 2011），がある．
46) この点につき，Stiglitz（2007）は「アメリカがIMFで拒否権を行使できる唯一の国であることが，IMFが今日の重要な世界的金融問題——主としてアメリカの責任ある世界的不均衡——にきちんと対処することを難しくしているのである．」(p. iv) と指摘する．
47) 2016年3月16日現在．全ての国が改革案に同意した場合はそれぞれ55.3%，44.7%となる．
48) 元IMF調査局長のR. Rajanは，先進国は他国の影響力が増加することに消極的な姿勢がある点を指摘している（Bretton Woods Project, 2008b）．
49) Bretton Wood Project (2007a).

第2章
IMF プログラムの本質と問題点

1. 一般的な IMF プログラムの特徴

1.1 IMF プログラムの原理

　従来，IMF の融資政策は，世界銀行（世銀）のそれとともに米国政府（財務省）の意向を反映した「ワシントン・コンセンサス」に基づいたほぼ一貫した政策を採用しており，基本的に IMF は最大の出資国である米国政府の意向に反する政策はとれない[1]．1990 年前後の途上国（現在の新興諸国）での資本自由化は，IMF の主導で多くの国々で実施されてきた．これに伴い，米国の金融機関は，株式・債券・為替など投資を急速に拡大させた．これは投資家としての金融機関・機関投資家にとっては重要なことであり，その意向を政策に反映する IMF は，新興諸国の早期の資本取引の自由化への重要な役割を果たしたと言える．

　ただし，IMF 設立当時から IMF のプログラムの基本となっていたのはもともとケインジアンの考え方があった．これは 1970 年代までの主流であったが，70 年代以降 97 年のアジア危機発生まで新古典派のアプローチが主流となり，80 年代には新自由主義的なアプローチが支配的となった．従来の IMF の融資政策における分析に基づく評価は，新古典派の教科書的な処方箋がまだ主流であるが，実際の融資の可否や融資継続を決定付けるのは，従来にもまして政治的な思惑が優先する度合いが強まった可能性が高い．

　たとえば，アジア危機の際の韓国では，IMF は金融・財閥改革構造改革を融資の条件であるコンディショナリティに入れ，その実施を迫った．その背景は

財閥の銀行借入依存を改善するため，企業の海外借入規制を廃止することを主眼にしていた．「財閥解体」は資本の効率化を促進する，としているが，実際には米国など多国籍企業が同国でビジネスを行う環境を有利にするものであった．

アジア危機（1997/8）後，各方面からコンディショナリティに批判を受けたIMFは，「コンディショナリティに関するガイドライン」を公表した．今後の支援プログラムで公平な基準を適用するとし，進める経済プログラムの中心に「持続可能な経済成長」および「マクロ経済目標と関連する構造改革」を取り上げる方針とした．しかし，こうしたガイドラインにある構造改革に関する融資では，専門とされる世銀に助言を受けるという表面的な建前は，実際には運用されていない．

しかも，そのような財政・金融指標の目標値を当該国が懸命に遵守しようとする場合でも，一定の目標値に達していない場合，IMF融資が延期され，危機がさらに深刻化することもある．その典型的な例は，2001年に起きたトルコ危機である[2]．IMFプログラムは概して短期の実施は困難なものが多く，融資を継続するためには短期間で中長期的な構造問題に対するコンディショナリティを順守することが必要とされ，この点は現在でも変わっていない[3]．

IMFのスタッフの多くは，従来米国で主流であった新古典派経済学を経済理論の主柱にしているエコノミストたちであり，そうした担当者が一般的に処方箋を決定しているという面が大きいと考えられる[4]．また，そのような考え方を基本におくマネジメントの意向を反映していると考えられる．IMFプログラムは各国の独特の政治・社会構造をあまり考慮しないで，四半期ごとのコンディショナリティをデスクワークとして決定する例が多いとみられる．しかも，IMFプログラムでは「教科書」的アプローチの適用が支援対象国において半ば実験的に行われてきた側面がある[5]．一方，業務の運営がIMFの組織より柔軟であるとされる世界銀行では，のちにノーベル賞受賞者となるJ. Stiglitzがチーフ・エコノミストに就任した（1997-2000）時期，世銀報告書の経済分析は，少なくとも従来のIMFにはみられない，斬新な切り口からの分析やアプローチがあった[6]．

以上のように，IMFの融資政策は基本的に「新古典派」経済学の原理に基づくもので，これを途上国の現状にかかわらず適用し，しかもそれは当該国に必

ずしも利益をもたらすものではなく，むしろ米国政権，金融界の意向を入れたものといえよう．

1.2 画一的な経済プログラム

IMF プログラムの融資政策面では次に挙げる問題点がある．

第 1 に，当該国の発展段階や個別の事情を十分考慮せず適用する傾向が強く，画一的（one-size-fits-all）的な傾向があった．特に，基本的に IMF は先進国，なかでも最大の出資国として理事会で唯一の拒否権を持つ米国政府の意向に沿う政策を進める傾向がある．とりわけ，IMF は経済自由化を基本とする「ワシントン・コンセンサス」に基づくものであった．特に経済政策では主に，財政緊縮政策，金利引上げを中心としており，これはほぼすべての国に適用される．緊縮政策が従来「画一的」に有意対象当該国に適用されてきたのは，IMF は本質的に融資機関であり，返済を確実視するには当該国の財政収支を改善する必要があるためである．これは IMF のプログラムのフレームワーク自体がそのような経済政策を導入する仕組みとなっているためである（次項参照）．

第 2 に，基本的に緊縮政策によって国際収支の均衡，特に経常収支の赤字縮小により外貨準備の積み増しを促進する．しかし，短期でそれを実現するためには輸入の急速な減少が必要であり，それに最も大きく作用するのは景気の減速，悪化である．これはアジア危機のみならず，多くの IMF プログラム適用国において経験済みである．

IMF はアジア危機において不適切な短期の緊縮政策を実施したため，必要以上の経済悪化を招いたことから多くの批判を受け，コンディショナリティの適用には柔軟性を持つこととなったとされる．だが，最近までのウクライナプログラムでは 2015 年 12 月に融資支援の条件として，緊縮政策（大幅な財政支出削減と税収引上げ）を条件としている[7]．すなわち画一的なコンディショナリティの適用は依然として継続している．

1.3 構造改革と短期目標達成

IMF は，本来各国通貨および国際金融市場の安定化の役割を担い，外貨流動性が不足した国に支援を実施する機関である．しかし，現在まで IMF プログ

ラムではマクロ経済指標のうち財政収支や金融指標の改善，さらに構造改革を重視し，その目標（値）の達成いかんで融資継続あるいは延期（中断）を実施しがちであった．特に，中・長期的な視点で取り組むべき構造改革（国営企業民営化，銀行リストラなど）をコンディショナリティ[8]に組み入れ，その達成には中長期的な取組みが必要であるにもかかわらず，定期的レビュー（原則的に四半期毎）において財政・金融の各指標項目のみならず，コンディショナリティの各項目を綿密にチェックする方式をとり，わずか半年，1年以内の短期間で成果を出すように要求してきた．

IMFの構造改革に関するコンディショナリティについては，これまで各方面からの批判がある．例えば，2000年代以降IMFが構造調整策の整理についてもあまりに狭い範囲に焦点を絞りすぎているため，当該国の自主性（ownership）に配慮が不足していること（Killick, 2002）や，各国均等に構造改革のコンディショナリティの整理縮小が行き渡っていない点（Eurodad, 2006），さらに従来の政策を強要しているに過ぎない（Wood, 2004）との批判がある．これらについてはIMFの独立評価室（IEO）の報告書（2004）でも紹介されている．さらに，低所得向けのIMFプログラム（旧PRGFおよびPRSP）では世界銀行とIMFの両方にまたがって，実際にコンディショナリティが縮小したのかどうかの立証は困難であった．

IMFは最も一般的なスタンドバイ取極（SBA）や，1980年代から導入された構造調整ファシリティ（Structural Adjustment Facility, SAF）などの各スキームにおいても，支援対象国では各目標（値）の「達成度」の遅れを理由として，融資が棚上げされる場合があった[9]．その場合，当該国の信認低下から資本流出が続き，ますます足下の外貨流動性が不足し，危機がさらに深刻化した．その典型的な東欧諸国での例が，90年代後半のブルガリアやルーマニアへのIMFプログラムであった．短期間の金融機関のリストラは逆に企業金融や一般融資が制限され景気悪化に伴う財政収支悪化につながるため，有効な政策手段とはいえない[10]．むしろ，上記のように経済プログラム自体が的外れであり，短期間に目標値を達成しようと「真面目に」プログラムを実施すれば，かえって景気悪化のみならず危機を招くこともある[11]．

緊縮政策と構造改革のためには，社会保障支出や年金関連の財政支出削減に

加え，民営化推進などがプログラムに組み入れられてきた．しかし，こうした構造改革は短期間に実施は困難である．プログラム期間中の数年間に大幅な財政支出削減を実施してきた多くの国では，国民の反発から政権が維持できず，IMF プログラムは最後まで完了せず放棄されてきた．過去の IMF のプログラム（1973-97）において当初の 75％以上の支援融資額が実施された計画は，全体の半分以下の 46％であった．しかし，これは 90 年代のアジア危機発生までの統計であり，過去 20 年間においては，こうした比率はもっと低下している．世界金融危機以降の主要プログラム，特に欧州諸国，ユーロ圏に対するプログラムの大半は中途で停止されている．ギリシャおよびウクライナのように過去数年間に渡り，IMF の通常予算に基づく融資案件の大半を占めてきた国でも，すでに中断されている．あまりに短期的な構造改革を求めてコンディショナリティを実施させようとしたことが，失敗の原因である．また，構造改革に関するコンディショナリティを簡素化するとしながらも，実際には実現しておらず，最近ではむしろ増加しているとの指摘がある[12]．

1.4 「ダブル・スタンダード」と支援の二面性：政治的重点国と，軽視される「小国」への差別

従来から IMF 融資は融資決定や継続に関しては「政治的」側面が強く，支援対象国の戦略的・地政学的な重要性（この場合，多くは米国を中心とした観点）の高い国への支援を政治的に優先し，大規模で迅速な支援を実施してきた．その一方で，国際的な影響度の低い小国などには，支援の優先度は低く，融資の実施はコンディショナリティを理由として棚上げする場合がある[13]．支援対象国のみならず，通貨・為替問題など具体的な内容においても，IMF は米国の国益を代弁する機能を果たしているのである．

対象国によって異なる対応をとる「ダブル・スタンダード」に沿った IMF の支援方針は，実際には「優先国」に対してコンディショナリティの目標値に達成しなくとも，そのクライテリアを緩和しながら継続する方法をとる．こうして本来「短期融資」の性格を持つスタンドバイも繰り返されてゆく例も数多くあった[14]．

アジア危機においては，最も打撃をこうむったインドネシアよりも，むしろ

南北朝鮮の政治外交的背景として韓国に対して最も巨額かつ多面的な支援が実施された．また，アジア危機の余波で発生した 98 年 8 月に起きたロシア危機でも，IMF は世銀とともに度々巨額の支援を継続してきた[15]．

　また，西側におけるソ連に対する地政学的な重要性が再認識されたトルコへの IMF 支援は継続されたが，世界経済や戦略的な影響の少ない国（例：ウルグアイ，パキスタン，ルーマニアなど）には当該国のパフォーマンスの良否にかかわらず支援が遅れがちな場合も多い．特にルーマニアでは厳格なコンディショナリティを適用した結果，経済状況の悪化から政権交代が繰り返され，むしろ非効率的な経済プログラムの実施状況となった．

　2001 年のアルゼンチン危機以前，1990 年代までのラテンアメリカに対する支援には，融資のコンディショナリティが極めて不透明であるか，あるいは甘いとみられる例が多い．特にアルゼンチンに対する支援は 01 年に通貨危機が起きるまで，91 年にハイパーインフレーションを克服するため導入された，通貨をドルに固定するカレンシーボード制が，危機発生まで「成功例」として同国政府当局および IMF からもみられていたこともあり，IMF 側からの政府当局に対する問題の指摘が公式にされていなかった．また，危機は，少なくとも 00 年後半まで表面化しなかったこともあり，アルゼンチンに対する支援の条件としてのコンディショナリティは詳細なもののみならず，概要でさえも最近に至るまで全く公表されていない．実際，IMF の同国へのスタンスは概して甘かった[16]．01 年の危機前後になって IMF はようやく詳細な融資のコンディショナリティをつけるようになったとみられる．

　一方，ブラジルは南米最大の債務国であるが，その債務不履行（デフォルト）の及ぼす影響を鑑みて，IMF はアルゼンチンの場合よりさらに寛容な融資姿勢を示した．99 年初めのブラジル危機に対し同国への巨額の融資を決定した背景には，危機のラテンアメリカ全体への波及を考慮して決定されたものである．

　ブラジルでは，世界的な景気低迷のなか，原油価格低下などによるロシア危機深刻化とそれに続く LTCM 破綻などをきっかけとした，米国資本のエマージング諸国からの資金引上げと一次産品価格の低下などの影響で，経済が悪化した．通貨切下げ圧力の高まりから，1999 年初めにドルにほぼ固定してきたクローリング・ペッグから変動相場制に移行した結果，通貨が大幅に下落し通貨

危機が起きた．危機に際して，当時（98年11月），IMFをはじめ世銀などは，対ブラジル大型支援パッケージを実施した．IMFは，当時1998-2001年の3年で約180億ドル（130億SDR）にわたるスタンドバイ融資を決定した．しかし，同国への支援額はトルコなどへの支援に比べて大規模なものにもかかわらず，その際のコンディショナリティも非常に緩いものであった[17]．2000年4月の趣意書でようやく財政収支基準や金融指標について，他国でも対象となる指標をパフォーマンス・クライテリア（Performance Criteria）やインディカティブ・ターゲット（Indicative Target）として，より具体的な数値を挙げている．しかし，同年11月の趣意書では公的部門のプライマリー収支をPerformance Criteriaに挙げているのみで，政府のネット債務上限はそれより緩いIndicative targetであることにみられるように，コンディショナリティは依然緩やかなものであった．なお，対ブラジルプログラムは03年9月以降同国がIMFから借入を行わないまま05年3月に終了した．

結論的には，90年代まで，アルゼンチンやブラジルなどラテンアメリカ主要国に対しIMFはきわめて「政治的」にIMF融資を決定し，その融資に関しては，詳細なコンディショナリティの達成を求めず，継続してきたとみられる．

こうしたラテンアメリカの例に対し，IMFは対トルコの融資プログラムにおける趣意書は，詳しい項目別の達成基準が詳細極まりなく明記されたものである．トルコはIMFに対しきわめて従順で，その達成に少なくとも非常に努力する「優等生」であったこともあり，IMFもそうした達成を他国に比べより厳格なプログラムとした可能性もある．

ラテンアメリカの主要国に対し概して緩やかな融資姿勢をとったIMFも，2001年のアルゼンチン危機が起きると，同年末の事実上のデフォルトで姿勢を大きく変化させる．すなわち，アルゼンチンが譲歩した姿勢をみせても，IMFは財政赤字是正への具体策などの提示を求め，容易にIMF緊急支援を実施しなかった．結局，アルゼンチン危機は同年末で山を越え，危機の波及が限定的となってくると，アルゼンチン支援は最大の優先課題とみなされなくなり，融資に向けてのアルゼンチン側の条件を必要以上に厳格なものとしたため，結局02年中の支援は実施されず，03年に入りようやく，IMFへの債務返済分を猶予する形で支援を認めた．

また，ユーロ危機以降，政権が安定しないウクライナやギリシャに対する支援は，政治外交的な戦略的重要性から米国など西側欧米の利害を反映したものとなっている．しかも，こうした国では経済・財政上のコンディショナリティが達成せず返済見通しもたたないにもかかわらず，度々支援プログラムを実施してきた．特にウクライナに対する支援は非常に例外的である．従来，IMFはデフォルトした国に対して原則的に融資を実施しなかったが，2015年12月にIMFは方針を変更し，債務返済が困難なデフォルト国でもIMF融資を可能とした．これはウクライナが12月までにロシアに対する対外債務（石油ガス輸入にかかわる債務）の返済を実施しなかったためデフォルト状況となっていたにもかかわらず特例を認めたのである[18]．これは正に「ダブル・スタンダード」の適用の典型例であろう．欧米の利害にかかわるウクライナの維持のためにIMF融資が使われてきたが，さらにそれを引き延ばすものである．ウクライナは経済状況の悪化で債務返済はIMFに対しても困難であり，本来は融資プログラムの停止を行うべきものである．

以上のように，IMF支援姿勢は，国によって大きく異なっているのが現状である．ある国にはコンディショナリティの未達成に伴う融資の延期や中断をする一方，そうでない場合には政治的判断で継続できると考えられる．IMFは本来，緊急時の流動性供給により通貨および国際収支の安定をはかるという重要な役割を果たすべきものである．危機に面した中小国こそ，IMFによる支援が「デモンストレーション」効果（「呼び水効果」）となって当該国の信認を改善するきっかけとなるはずである[19]．

1.5 米国の利益優先

IMF融資を巡るダブル・スタンダードの傾向は，支援融資決定にあたり，米国と政治経済的に緊密な国々が優先される本質的な傾向があることが指摘できる[20]．特に米国金融界の意向，すなわち金融のグローバル市場での展開により，途上国市場を開拓する上では資本自由化を推進する手段としてIMFは格好の国際機関であった[21]．実際，1990年代は米国政府（財務省）とIMFが一体化して対象国への支援融資を実施してきた[22]．

1990年代のソ連崩壊後ロシアに対する支援も「市場経済化」の大義名分が

あったため，優先して大規模支援を行ってきたが，ロシア市場は恰好の金融機関による投資の対象国となった．すなわち金融自由化と為替のクローリング・ペッグ導入により外国投資家は非常に有利なビジネスとなりえた．

　IMF 韓国支援プログラムの場合，危機に乗じて米国系金融機関や多国籍企業による韓国市場への自由な参入を促すことに主眼があったものと思われる[23]．これは，90 年前後から IMF がアジア諸国の資本自由化を急速に進める政策を推奨してきたことと，同じ構想のもとに進められてきたものであるとみられる．

　2001 年の 9.11 テロ以降，米国政府は，テロの温床となりうる途上国の貧困を重視し，「最貧国」などを対象とした支援プログラムに力点を置くようになった．このため，IMF や世銀も貧困削減や低所得国への支援を重視してきたが，米国政府の方針が IMF 融資の方針に大きな影響を与えるという図式自体は従来と全く変わっていないことを示している．

　ラテンアメリカ主要国のアルゼンチンやブラジルでは 2000 年代半ば以降，中道左派政権が誕生し，アルゼンチンは世界金融危機前には大幅な景気回復に成功し，ブラジルも同様に経済が安定化した．両国とも 2000 年代後半以降 IMF プログラムを「卒業」しており，特にアルゼンチンに対しては IMF は年一回の定期的経済調査（サーベイランス）も長らく実施していない．

　こうした中，アルゼンチンに対しては米国が金融面で介入を強めてきた．特に金融規制などに対して反発を強め，デフォルトしたアルゼンチンが返済を予定していた資金の移転を米国の司法当局が認めなかった．さらに IMF は，2013/4 年にアルゼンチン政府・当局に対し，インフレ率などマクロ経済指標の信頼性に疑問を呈した上で改善するように勧告した．このような IMF からの圧力にアルゼンチン政府は当初反発したが，結局加盟国離脱をほのめかす IMF の要求に応じて改善する約束はした．しかし，2015 年末までに改善は十分でないとして再度国別サーベイは延期された[24]．

1.6　情報公開と透明性

　IMF はこれまで必ずしも趣意書の内容を即時公開してこなかった．例えば 2000 年代前半まで（03 年 4 月）アルゼンチン融資案件以降になり，ようやく 2000 年前後の趣意書を公開するようになった．これによれば，Performance criteria などコンディショナリティにおける具体的数値は純国内資産（Net Domestic Asset, NDA），財政収支の GDP 比など，財政・金融関連の数字などをはじめとして明示されていたが，極端に緊縮を目指したものとなっていない．こうしたラテンアメリカ主要国の支援書類の公開，その内容の緩和については，IMF が最近の改革方針に掲げている透明性の確保というテーマに合致する．ただし，こうした情報公開は，危機が既に起きてからのものであり，公開のタイミングはあまりに遅い．しかも 1990 年代のほとんどの対アルゼンチン IMF プログラムの詳細（趣意書等）情報は未だ公開されていない．

2. IMF 経済プログラムの一般的な問題点

IMF の経済プログラムでは，従来「自由な資本移動」の下での資源の「効率的配分」をめざし，基本的に制約のない自由な市場経済における金融・財政政策を実施し，支援に際するコンディショナリティ（貸付条件）では金融・財政緊縮政策および構造改革を推進するなどの特徴が挙げられる．これは，市場経済が正常に機能している先進国における状況が前提となっており，途上国の状況では有効に作用しない．さらに，経済分析フレームワークの基本は，50 年以上前の 1957 年に作成されたものであるが，固定相場制と資本移動を想定しないブレトンウッズ体制下のモデルであるため，資本・金融自由化された現在では多くが基本的に不適切である．IMF 経済プログラムの分析フレームワークの限界があり，その適用は以下のようにさまざまな問題がある[25]．

2.1 IMF プログラムと財政収支

IMF のプログラムにはほぼ全てに財政赤字削減が組み込まれる．これはプログラムの根底となるファイナンシャル・プログラミングのモデルで想定する経常収支改善を目指すための措置の一つである（次項参照）．景気回復が税収増を生み，結局財政収支改善に結びつくにもかかわらず，緊縮政策を金科玉条のように適用するという，「画一的」な経済処方箋をどの国にも適用しようとする．

通常 IMF プログラムで導入される財政緊縮政策が採られるが，財政収支赤

字を短期に削減するためには公務員や国営企業・銀行の短期のリストラや社会保障支出の削減，さらに公共料金の引上げなどが勧告される．しかし，先進国でも経済・社会的に短期に達成が困難な財政収支均衡の達成を，途上国・新興国において要請することは，ほぼ実現困難なプログラムの短期達成を強要することになる．

　財政赤字の急激な削減を目指す支出削減は景気をさらに悪化させ，その結果税収がかえって減少し，財政赤字はさらに拡大する．こうした措置は，途上国のみならず，1990年代の移行経済諸国におけるIMFプログラムで大幅な国営企業部門のリストラが要求され，経済構造の急速な変更が迫られ，経済に大きなショックを与えた点で，他の途上国に比べ一層影響が大きかった[26]．

　こうした経済プログラムは主に当該国の中央銀行や財務大蔵省担当者とIMFの担当者が相談の結果，わずか数週間の出張でプログラム内容を作成，関係省庁は最終的に関与できないかたちで決定され，それをもとに実施される．実態は，IMFの決めた水準（たとえばGDP比3％以下に何年何月までに達成するような目標値）をコンディショナリティとして，当該国政府・当局に事実上強制するものとなっている．

　以上のように，資本収支危機に際して，当該国の経済状況が悪化するような中長期的な「構造改革」を含む財政支出削減をコンディショナリティとして適用するべきではないことがわかる．

2.2　緊縮政策と経済成長抑制

　IMFの経済プログラムは，ほとんどの場合緊縮政策を導入する．これは，短期に経常収支均衡と財政収支均衡を目標としたものであり，必然的に景気は低迷・悪化し，財政収支はむしろ悪くなる傾向がある[27]．これは多くの国で実際に起きており，アジア危機経験国の例でもIMFプログラムによる緊縮政策が実施されなければ，財政収支は現実に起こったほど悪化しなかったはずである．この問題は，既にさまざまなIMFプログラムで明らかになっているが，南米諸国で発生した経常収支赤字拡大に伴う危機と異なり，アジア危機の場合，資本が急速に流出した結果，通貨下落と国内経済の強烈なデフレ圧力をもたらした資本収支危機であった．それにもかかわらず，IMFは画一的な緊縮政策を実施

した．アジア危機発生時のタイでは，当初財政収支は96年まで黒字基調であったばかりかインフレ率はそれほど高くなかった．それにもかかわらずIMFは危機発生（1997.7）後，コンディショナリティとして緊縮政策を入れるという不適切な措置を行ったのである．緊縮政策の導入によって景気は一層悪化し，輸入も減少することで短期的にネットの経常収支（輸入減少が大幅に輸出減少を上回る）の改善によって，外貨準備の減少を食い止める結果となる．これはIMFの経済分析フレームワークであるファイナンシャル・プログラミング（FP）[28]に沿って当該国に適用するためである．一般的にIMFは，各国独自の社会・経済構造や発展段階を考慮せず，「画一的」な経済プログラムを適用してきた[29]．

　従来，資本自由化を推進してきたIMFプログラム下では，中長期的な安定的な経済成長は達成されない．途上国・新興国ではIMFの支援が成長を促進した例はほとんどない[30]．特に90年代の中東欧移行経済諸国（当時），ラテンアメリカやアジア地域でもほぼ同様のIMF経済プログラムが適用された．この結果，各国の実体経済に大きな打撃を与えて，しかも経済社会的側面からも長期にわたり影響をもってきた．例えば，所得分配の悪化や各産業セクターのリストラにより，一国の経済構造も大幅に影響をうけてきたことはアジア危機を経験した韓国やインドネシアでも同様である．

　過去の多くの研究では，IMF経済プログラムは中長期的な成長率にどのような影響があるかについて，負の相関ないし関係があることを示している（図2-1，表2-1，表2-2）．また，もちろん，IMFプログラムは当該国が危機時に実施されるため，因果関係の問題はあるが，プログラム実施期間が長ければそれだけ緊縮政策実施が長いため，当然の結果であろう．表2-2は1970-2000年の期間98か国を対象に実施されたプログラムにおける当該国の関連指標を変数とした回帰分析結果である．これにより，IMF支援プログラムは被支援国の経済成長率を低下させる傾向が改めて確認される（図2-1）[31]．

　一般的にIMFプログラムでは，短期の為替相場と国際収支安定をはかり，外貨準備高水準を維持するためのプログラムに重点が置かれるため，当該国の中長期的経済成長や社会的影響などは重視されない．したがって，IMFプログラムはすでに危機にある当該国経済をさらに悪化させる．

第2章　IMFプログラムの本質と問題点　　　　　　　　　　　　47

図 2-1　IMF プログラム実施期間と成長率

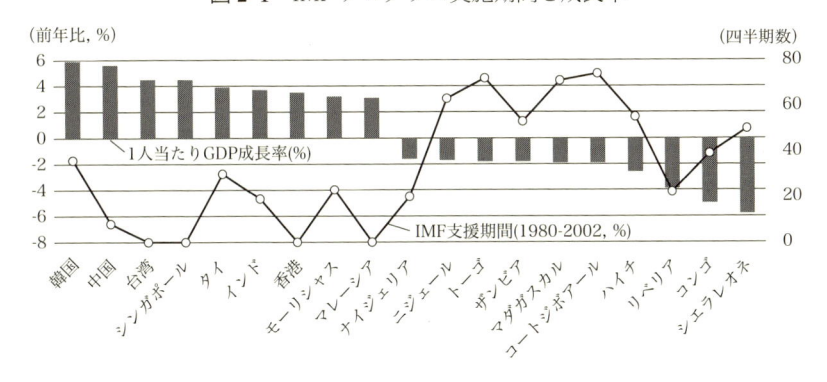

(注)　IMF プログラム実施期間は 1980–2002 年の期間に占める割合.
(出所)　Easterly (2008) Table9 より筆者作成.

表 2-1　IMF プログラムと経済成長率に関する研究

研究	対象期間	プログラム数	国数	経済成長への効果
実施前後の比較				
Evrensel (2002)	1971–97	n.a.	109	なし
Hardoy (2003)	1970–90	460	69	なし
プログラム実施国・非実施国の比較				
Hardoy (2003)	1970–90	460	69	なし
Hutchison (2004)	1975–97	455	25	なし
Atoyan and Conway (2005)	1993–2002	181	95	なし
回帰分析				
Conway (1994)	1976–86	217	73	増加
Bordo & Schwarz (2000)	1973–98	n.a.	24	低下
Dicks-Mireaux et.al (2000)	1986–91	88	74	低下
Przeworski & Vreeeland (2000)	1970–90	465	135	低下
Butkiewicz & Yanikkaya (2003)	1970–99	407	n.a.	低下
Hutchison (2003)	1975–97	461	67	低下
Hutchison & Noy (2003)	1975–97	764	67	低下
Nsouli, Mourmuoras, Atoian (2005)	1992–2000	124	92	なし
Easterly (2005)	1980–99	107	107	なし
Atoyan & Conway (2005)	1993–2002	181	95	なし
Barro & Lee (2005)	1975–99	725	81	低下
Dreher (2005)	1970–2000		98	低下
Eichengreen, Gupta, Mody (2006)	1990–2003	227	17	低下

(出所)　Azel Dreher (2005) Table 2 および筆者作成.

表2-2 IMFプログラムと経済成長（1970-2000）［98か国］

	1	2	3a	3b	4a	4b
IMFプログラム	−5.68***				−8.34**	−6.76**
	(2.75)				(2.24)	(2.09)
IMF融資(GDP比, %)		−0.03*				
		(1.73)				
Compliance			2.83	−5.51**		
			(0.71)	(1.96)		
IMF Program Compliance					0.43**	0.11***
（全期間IMFプログラム実施の場合）					(2.32)	(3.00)
1人当たりGDP(log)	−12.84***	−12.63***	−12.13***	−12.75***	−19.36***	−15.68***
［期首］	(5.68)	(4.27)	(6.11)	(6.05)	(3.88)	(4.05)
政府消費	−0.01	−0.06	−0.02	−0.03	−0.13	−0.09
(t−1, GDP比, %)	(0.21)	(0.94)	(0.27)	(0.62)	(1.47)	(1.16)
グローバリゼーション	1.8***	0.77***	0.88	1.31***	2.68*	2.35*
指標	(2.71)	(1.33)	(1.27)	(2.72)	(1.77)	(1.78)
インフレ率	−0***	−0**	−0**	−0**	−0***	−0***
	(4.12)	(3.34)	(1.97)	(2.60)	(2.71)	(3.77)
No.	318	226	336	198	197	197
R^2	0.45	0.61	0.49	0.44	0.32	0.47

(注) 1. IMF変数による変化, 3SLS (Stage Least Square). Complianceは融資枠に占める際に融資された割合(3a, 4a). 3b 4bはプログラムの継続性を示すEdward's変数を使用した場合.
2. 説明変数は, 上記以外に中等教育進学率, 平均寿命, 投資比率(t−1, GDP比), 交易条件の成長率が含まれるが本表では省略.
3. 括弧内はt値.
4. ***, **, *はそれぞれ1%, 5%, 10%水準で有意.

(出所) Azxel Dreher (2006a) Table 6 より作成.

　通常のIMFプログラムではその分析において一貫して採用されてきたアブソープション・アプローチ[32]に沿って，外貨準備の確保のため，国内アブソープションの削減，すなわち，国内経済活動を低下させ，輸入需要を抑制し貿易・経常収支を均衡化させることを目的として，マネーサプライの縮小と金利引上げが行われる．このため，ほとんどの場合，当該国経済の経済はさらに悪化し，縮小均衡に向かい，輸出入とも減少し，経済成長率を低下させる．このことは，基本的なIMF分析プログラムのいわば本質であり，IMFのフレームワークの基本となっているファイナンシャル・プログラミングのもたらす結果である．経済活動，特に当該国の生産低迷に伴い輸入が大幅に減少し，輸入の減少が輸出の減少を大幅に上回るため，経常収支の改善を達成するものの，生産活動自

体の低迷に伴い当該国の経済成長率は一層低下する．

　1980年代までラテンアメリカで適用した経常収支悪化対応の構造調整プログラムを，90年代にはアジアで本格化した資本の急激な流出と為替下落に伴う金融危機と経済危機が同時に発生する「資本収支危機」に対してそのまま適用したため，ことごとく失敗した[33]．また，IMFは90年代の中東欧・旧ソ連では，長年の社会主義体制の構造（国営企業および国有銀行のファイナンスなど）の制約などを考慮せず，他の途上国と同様に緊縮政策を基本とし，短期間に実施した国営企業民営化とリストラ，さらに財政支出削減により，年金生活者に打撃を与え，工場労働者・勤労者は大量に失業した．

2.3　IMFプログラムと金利引上げ

　IMFのプログラムにおいては，インフレ対策や資本流出防止のため，高金利政策やベースマネーを制限する「画一的な」金融政策を奨励してきた．特にIMF経済プログラムでは，外貨流動性維持および為替レートの下落を防ぐという目的のために，通貨危機に見舞われた国々に対し高金利政策を適用してきた．これはアジア危機などほぼすべての資本収支危機においても適用しており，現在も継続している．現在のように資本自由化が進展し，資本収支危機が起きた国々への処方箋として，金利引上げによる通貨防衛策は不適切である．多くのIMFプログラム下にある国々では危機に際して金利引上げによって通貨安定と資本流出の抑制を図ったが，無効であった．短期に大量の資本が流出する資本収支危機に面している当該国に対する為替安定化の措置として，IMFは「教科書」経済学における金利引上げによる為替レートと資本移動への効果など，通常の先進国間でみられる理論体系をそのまま適用しがちである．問題なのは，こうした金利引上げによる特に中小企業など国内への打撃が大きく，景気をますます悪化させることである．このようなほとんど効果のない金利引上げ措置による為替下落対策は意味がない．

　アジア危機以降の資本収支危機でもIMFは頻繁に金利引上げをプログラムに取り入れている．また現在はIMFプログラム下にないブラジルでも，過去の政策を継続して為替下落圧力への対抗策として導入してきた中銀の利上げは，為替下落の抑制に成功していない[34]．

表2-3 インドネシア危機時の金利の効果（シミュレーション）

		1997年11月	1998年5月(スハルト政権崩壊)	1999年3月
実質GDP	ベースライン（実際の金利引上げ）	1.0000	0.8582(＝－14.18％)	0.9481
	金利引上げなし	1.0000	0.9016(＝－9.84％)	1.0380
為替レート	ベースライン（実際の金利引上げ）	1.0000	1.9304(＝93％下落)	1.6646
	金利引上げなし	1.0000	1.7096(＝71％下落)	1.6139
物価	ベースライン（実際の金利引上げ）	1.0000	1.9805(＝98％上昇)	1.6119
	金利引上げなし	1.0000	1.778(＝78％上昇)	1.6119

(出所) Aziz [2001] "Modelling Crisis Evolution and Counter-factual Policy Simulations: A Country Case Study".

　一般的に金融市場が未熟で信用度が低い国々では，為替下落に利上げは有効ではなく，かえって金利上昇に伴い当該国の実体経済はさらに悪化する[35]．特に短期の急激な資本流出に伴う為替の大幅下落時における金利引上げは，インフレ抑制や為替下落抑制には無効である．信用度の悪化した当該国に金利要因で通貨を買う投資家はなく，実際には為替が下落する局面が数多くあるため，有効ではない．例えば，Aziz（2001）は，アジア危機時のインドネシアの場合，金利引上げの効果は実際に引上げなかった場合の方が為替レートの下落率は少なく，また金利引上げは成長率を必要以上に引下げ，物価上昇率を増大させる可能性があることを示している（表2-3）．

2.4　金融市場と外貨流動性不足の観点

　IMFの分析フレームワークでは，基本的に海外市場からの資本流入に伴うマネーサプライの増加は考慮されていない．アジア危機の本質である資本収支危機は急激な国際間の移動（流出）が基本的なきっかけとなったのであるが，それに対処したプログラムではこうした事実を踏まえていなかった．この点は，IMFプログラムの骨格ができた1950年代の国際資本移動がされていない時代に適合していたモデルであった．しかし，90年代の国際資本・金融自由化のなか，国内のマネタリーベースを制限するプログラムをコンディショナリティとして課している．これは，国際資本移動の拡大に伴い，従来の金融政策は内外

資本移動の拡大によって無力化している事実を無視している．このため IMF プログラム自体が，激変してきた国際金融環境についてほとんど考慮してこなかったことが明白にプログラムに示されている．通常，危機に面した当該国に対し，IMF プログラムは金利引上げや中銀のマネーサプライを重視した緊縮政策を実施しており，ますますクレジット・クランチが深刻化するのが多くの国で共通した結果である．

2.5 為替政策の失敗
2.5.1 概要

為替相場の変動は経済に大きな影響を与えるにもかかわらず，IMF 経済分析フレームワークでは為替相場変動はモデルに組み込まれていない．IMF は，為替安定化を推進する（という名目の）ため，ペッグ制を支援国に適用してきた[36]．例えばアルゼンチンではカレンシーボード制，ロシアではクローリング・ペッグ制などを適用し，海外からの投資家にとって為替リスクを軽減し，外国投資を進めるものであった[37]．しかし，これは通貨変動リスクが過小評価されることになり，結局通貨の実質高となり，ペッグ制は破綻した．このように，欧米金融機関などが投資に有利な為替固定を進めたところに問題が発生したのである．さらに，トルコでは 2000 年に IMF プログラムに沿ってインフレ抑制のために厳しいマネーサプライ制限を実施し，為替下落幅を極端に制限し，1–2 年でそれを達成しようとしたが，クレジット・クランチが発生，景気悪化と資本流出が起き，失敗した[38]．

従来 IMF は，ペッグ制を対象国で導入してきたが，本来「国際金融のトリレンマ」によれば，資本自由化された国では，金融政策の自由度が低下することになる．その一方，通貨固定は当該国に対する投資を促進し，金融機関に収益の対象となる市場が拡大する便益を与えた．こうして IMF はある意味でウォールストリートおよび米国の財務省の利益を供与してきた．すなわち，投資家は当該国への大量の借款や証券売買で利益を上げる可能性を増加させる一方，対象国の対外債務の増加や証券市場の変動リスクを高めてきたといえる．

2.5.2　通貨・為替政策失敗例：トルコの IMF プログラムと危機

トルコでは 1990 年代にインフレ率に応じて為替下落率を調整するクローリング・ペッグ制を維持してきたが，適宜切下げ率を調整してきたため，99 年までの実質実効レートの大きな上昇は避けられた．しかし，恒常的なインフレ率の高さと財政収支赤字拡大がともに維持される構造が続いた．同国では，原則的に為替および資本移動の自由化は進んでいたため，資本の流出入は大きく変動する傾向があった．ただし，民間対外債務の増加に歯止めをかけるため，各商業銀行の資産に応じて対外ファイナンスには一定の制限を設けていた．

トルコ政府は長期にわたるインフレ圧力の抑制や財政赤字改善などを目標として，IMF と合意した経済改革プログラムを 2000 年初めから実施し，01 年前半までは一定の為替下落率を定めたが，特に通貨下落幅の大幅な制限を含むプログラム目標を掲げ，01 年 7 月から変動相場制に移行することとした．しかし，IMF が主導して設定した目標の為替下落率は，現実のインフレ圧力を無視した緩やかなものであった（表 2-4）．

IMF プログラムでは，マネタリーベースである純国内資産（Net Domestic Asset, NDA：中銀のベースマネーからネットの外貨残高を差し引いたもの）を制限することをコンディショナリティの目標値とされた．このため，NDA は 2000 年当初マイナス 1200 兆リラ以下が目標とされたが，トルコ政府は忠実に同年 9 月までに目標を上回るペース（NDA はマイナス 1949 兆リラ）で実施した（表 2-5）．

しかし，2000 年は原油価格が高騰したことでコスト・プッシュインフレ圧力が存在したことに加え，ユーロ安が重なったため，トルコ・リラは割高となった（実質実効レートは前年比 12〜13% 上昇）．折から金利低下に伴う消費ブームで乗用車など耐久消費財輸入が増加し，貿易・経常収支が悪化した．さらに同年後半からインフレ圧力の高まりのなか，中銀当局は，IMF 経済政策路線に沿って，厳しい引き締めをはかった．その結果，市中の資金が不足し，一部の銀行は一般的であった T-bill 売買からレポ取引の比重を高めたため，レポ金利も急上昇し，トルコ市場でのクレジット・クランチが起きた．同時に，資本が急速に流出し，同年 10-11 月に最初の危機が起きた．しかし，IMF が課した NDA 制限は国内の通貨供給を大幅に縮小され，クレジット・クランチに対処

第2章 IMFプログラムの本質と問題点

表2-4 トルコの従来の為替制度と為替下落率目標値

	為替制度	目標月次下落率(%)	平均月次下落率(実績,%)	累積下落率(実績,%)	為替上下幅目標(%)
2000/1Q	クローリング・ペッグ	2.1	3.0	8.37	0
2Q	クローリング・ペッグ	1.7	2.0	13.7	0
3Q	クローリング・ペッグ	1.3	2.6	22.2	0
4Q	クローリング・ペッグ	1.0	0.9	23.5	0
2001/Q1	クローリング・ペッグ	0.9	19.1	55.5	0
Q2	クローリング・ペッグ	0.85	6.4	87.2	0
2H	変動制	-	-	116.3	0〜7.5
2002/1H	変動制	-	-	9.5	7.5〜15
2H	変動制	-	-	14.1	15〜22.5

(注) 下落率は当該月の平均値を使用．為替下落率は年初からの累積値．
(出所) トルコ政府資料，Reuters 等．

表2-5 トルコの純国内資産（NDA）目標値〜危機発生前の緊縮政策

(単位：兆リラ)

年	月	実績値	GDP	GDP比(%)	NDA 1999 12/9	NDA 2000 6/22	NDA 2000 12/18	NDA 2001 1/30	NDA 2001 5/3	NDA 2001 7/31	NDA 2001 11/20
1999	9	-1,401									
	12	-1,437	77,415	-1.9							
2000	1	-1,200									
	3	-1,266			-1,200	-1,200	-1,200				
	6	-1,291			-1,200	-1,200	-1,200				
	9	-1,308			-1,200	-1,200	-1,200				
	12	1,073	124,982	0.9	-1,200	-1,200		1,650	1,650		
2001	1	-458						900	900		
	2	2,442						0	0		
	3	5,117						0	0		
	4	7,780								5,850	
	5	7,942								5,900	9,750
	6	12,943						350		6,050	13,250
	7	16,437									17,250
	8									7,175	
	9	17,933						650		7,550	21,150
	12		178,412	0.0						7,750	22,400

(注) 1. 2002年以降はベースマネーを重視，NDAと区別され，NDAは基本的にインディカティブ・ターゲットとなった．
2. 時期は趣意書の公表年月．太字はパフォーマンス・クライテリア．2001年2月に通貨危機発生．
(出所) IMF 趣意書(Letter of Intent)．

するどころかそれを加速化する結果となった．それでも，当局は，01年初めにかけて国内のベースマネーをさらに厳しく制限したため，NDAはマイナスに転じた．この結果，中銀のネットの資産は外貨準備のみということとなり，通貨供給は外貨準備高に応じる状況と同様となった．つまり，事実上「カレンシーボード制」と同様の状況となった．

こうして，名目為替レートもインフレ圧力の増加にもかかわらず，ほとんど下落せず，国内通貨の流動性が制限され，クレジット・クランチをさらに悪化させた．その一方，実質実効為替レートは大幅に上昇し，経常収支赤字が拡大するなか，一部銀行の経営状況の悪化，政治的対立の表面化などを材料に投資家のアタックを受けることとなった．これが金利高騰を呼び，信認低下に伴うトルコ・リラからのドル需要が殺到したため，為替下落を引き起こした．

2001年2月に資金流出が加速するなか，トルコ中銀は外貨準備高維持を優先し，リラ防衛を断念したため，同月22日に変動相場制に移行し，事実上の通貨切下げに追い込まれ，金融市場は不安定化し対外債務負担も増加し，金利引上げも実施されたため経済・金融危機が一層深刻化した．

これに対し，IMF支援は実施されたが，さらなる金融改革を求められたため，銀行の貸出しは大幅に減少し，実体経済は悪化した．特にIMFプログラムのコンディショナリティには国営銀行の閉鎖などを含む銀行の大幅リストラの実施が課され，実体経済に深刻な打撃を与え，第二次世界大戦後最大の経済悪化をもたらした．

このトルコの経験は，根本的には信用が回復していない時点での必要以上にベースマネーを制限したIMFの失敗を示している．為替・資本取引自由化の下，為替が一時的にせよ固定化され，通貨供給が制限されクレジット・クランチが起きたため，そこに投機アタックが生じた．トルコの経験は，IMFプログラムに沿って忠実に無理な為替下落率の制限をしたため，クローリング・ペッグ制から一時的なカレンシーボード制を経て，最終的に通貨危機を発生させ，為替下落，変動相場制に追い込まれた例として興味深い（図2-2）．

2.6　金融・資本自由化の進展とIMFの役割

1990年前後からIMFの主導で多くの途上国・新興国で資本自由化が実施さ

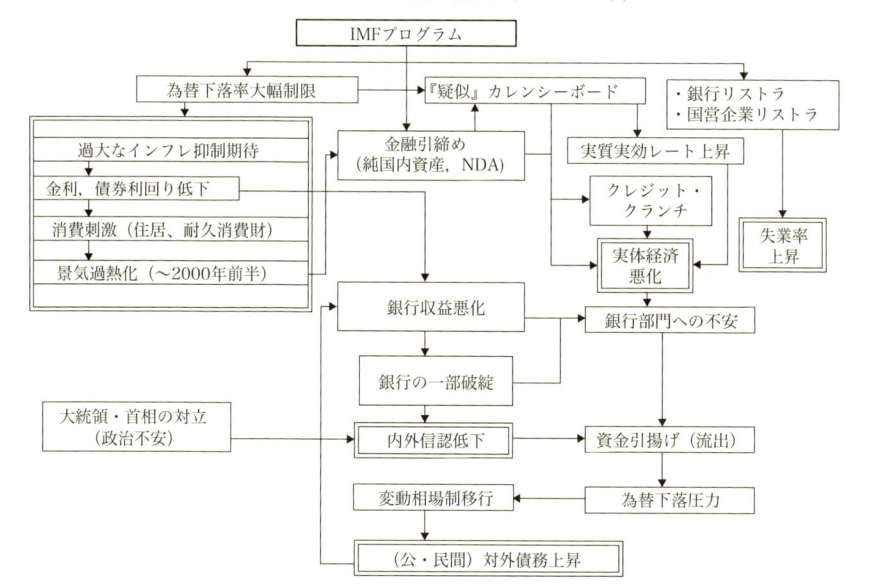

第2章 IMFプログラムの本質と問題点　　　　55

図2-2　トルコ危機の構図（2000-01年）

[図：IMFプログラムを起点としたトルコ危機の構図。主要項目：為替下落率大幅制限、『疑似』カレンシーボード、銀行リストラ・国営企業リストラ、過大なインフレ抑制期待、金利・債券利回り低下、消費刺激（住居、耐久消費財）、景気過熱化（～2000年前半）、金融引締め（純国内資産、NDA）、実質実効レート上昇、クレジット・クランチ、実体経済悪化、失業率上昇、銀行収益悪化、銀行の一部破綻、銀行部門への不安、大統領・首相の対立（政治不安）、内外信認低下、資金引揚げ（流出）、変動相場制移行、為替下落圧力、（公・民間）対外債務上昇］

れてきた[39]．このため，米国を中心とした金融機関による途上国への株式・債券・為替など投資が急速に拡大した．その一方で，資本自由化された小国では国内市場規模が小さいため，国際的な投機マネーの流出入の波に翻弄されやすくなった．資本収支危機は例外なく発生してきた．

基本的に突然発生する通貨下落など相場変動に対し，本来IMFのプログラムは対応できていない．もともとIMFの第6条には加盟国が必要時には資本取引制限を実施できることを規定している[40]．それにもかかわらず，IMFプログラムでは，実需に基づく為替や資本取引を除く短期資本取引自由化によって，途上国の中長期的な安定的経済発展を損なう可能性がある点を見逃してきた．資本取引が自由化されても，いったん当該国の状況が悪化し，投資家の信認が低下すれば一斉に資金が国外に流出する危険性が高く，未熟な金融市場のみならず経済全体に大きな打撃を与える．しかも，資本の急激な流出に伴う危機（資本収支危機）について，もともとのIMFプログラムは経常収支を主体に基づくものであるため，対応できないのである．

1990年以降の新興国・途上国での資本自由化の進展に基づいてさまざまな資本収支危機が発生したが，IMFは97年アジア危機直後の9月の香港での総会で，加盟国全体に資本自由化を義務付ける条項を盛り込む予定であった．すなわち加盟国は必要時に資本・為替取引制限が可能であると規定した第6条の修正を行う予定であった[41]．当時，関連する条項を変更し，すべての加盟国が資本取引の制限を禁止する条項を持ち込もうと意図した米国が主導した勢力であった．しかし，アジア危機の発生によりIMF内部での意見の相違が表面化し，資本自由化の義務化規定は免れることとなった[42]．それでも，この段階ではまだ資本規制の導入は容認していなかった．特にマレーシアが98年9月に短期的措置として資本流出規制を導入した際，IMFは厳しく批判し，同国の信用は損なわれ，今後資本の流入は困難となるとの見通しを示した．当時の米国の関係機関や金融機関や学界でも同様の見解が多数を占めた．しかし，99年以降，同国で次第に資本規制を解除した後に，マレーシアへの信用度は損なわれることはなかった．むしろ，資本・金融収支は安定的に推移し，マハティール首相のイニシャティブで実現した資本規制は結果的に成功した．その後も，マレーシアの例は例外であり，基本的なIMFの立場は変更されることはなかった．

　IMFは1997年のアジア危機以降「資本自由化の適切な順序」に基づく自由化，すなわち国内の金融・資本市場を整備した上で，資本取引自由化を段階的に進めてゆくことが望ましいという見解を示した[43]．こうした立場が根本的に変化するには，リーマンショックに始まる世界金融危機（2008）まで待つこととなった．しかし，金融市場や制度がいかに発展し整備されようと，金融危機は発生してきた．その典型的な例が2008年の世界金融危機であり，その後派生的に起きたユーロ・欧州危機である．国際的な金融取引の完全な自由化が，資本収支危機のリスクをむしろ拡大させている面は否定できない．

　2010年にIMF文書では初めて資本規制導入を短期的措置として容認する方向に転じた[44]．IMFのみならず欧米の関係機関，専門家，学界でも何らかの規制の導入は容認する方向に転じたのは08年の世界金融危機がきっかけとなったとみられる．このことはそれまで基本的に金融・資本自由化を推進してきたIMFの歴史的な立場の転換を意味する．

しかし，IMF の公式見解（IMF 2012a）にみられるような資本規制導入の条件は，以下のように非常に厳しいものである．

①通貨の過大／過小評価がないこと
②十分な外貨準備
③適切な金融財政政策と債務管理

実際に危機に面した当該国がこうした条件を満たし，容易に緊急措置として導入することは困難である．したがって，資本収支危機に際して当該国は，ほぼ例外なく規制措置を導入することが望ましい．この点に関して Gochoco-Bautista et.al.（2013）は具体的な規制の導入についての基準として経常収支赤字に加え，外貨準備が不足しており，資本の流出入が過剰である場合には容認されるべきであると指摘している．

2.7 適切な危機への対処

今後資本の流出に伴う資本収支危機で通貨大幅下落の危機に直面した当該国は，いかなる対処が適切であろうか．望ましい政策として IMF が従来認めてこなかった手法，すなわち短期資本規制を導入することが最も適切であろう．危機的状況では，もともと資本移動は当該国の要因のみならず，世界的な経済・市場環境状況の悪化や先進国の金融機関のリスクの高まりなどを背景に資金を引き揚げる傾向がある．このため，危機に面した当該国が短期に金利引上げをしても効果はない．したがって，緊急時には通貨取引の厳格な監視を実施し，短期間における大規模な資本移動に伴う為替取引を禁止し，自国通貨から外貨への交換には一定期間制限を設け，国内準備に手数料を課することなどにより，短期のパニック的な資本移動が回避されうる．マレーシアは 1998 年，短期間，大量の資本取引に対して手数料を課し，その後の為替市場を安定化させ，結果的に成功した．また，欧州危機後のアイスランドが資本規制によって急速回復した成功例も考慮されるべきである[45]．こうした国々が経済安定化した事実から，緊急時の資本規制が，IMF の通常導入するマクロ経済政策に比べ有効であることを証明している．

3. IMFの基本分析モデル

3.1 IMFの分析フレームワーク

IMFプログラムは最近では弾力性を増しており，コンディショナリティの数が減少してきたとされるが，融資の方針や手段，コンディショナリティ適用方式には根本的な改革はなされておらず，分析フレームワークや適用，対象国の優先順位，内容などの諸問題について根本的な面ではほとんど変化はないと考えられる[46]．

IMFの基本分析フレームワークは「ファイナンシャル・プログラミング (Financial Programming, FP)」と呼ばれ，主に国際収支のマネタリー・アプローチを用いて，外貨準備高を制約条件とした上でインフレ抑制と財政収支均衡に主眼を置いた分析である．基本的にFPでは，国内経済の過熱に伴う輸入拡大による経常収支赤字を縮小するためのモデルが適用される．このモデルは1957年にIMFのJacques Polakによって導入されたが，当時はほとんどの国で資本・金融自由化がされていなかったため，国内金融政策の海外への波及は前提とされておらず，貿易を中心とした経常収支のみが分析の対象となっている．基本的にFPは，経常収支のみを対象としており，資本流出に伴う資本・金融収支の変化はモデルで想定されておらず，1990年代以降本格化した資本自由化後の各国国際収支構造の現状や，急激な資本流出を伴う資本収支危機，さらに移行経済諸国の問題には根本的に対応できない．このため，今日ではFPの基本的なフレームワークは前提が満たされておらず無効となっているといえる．

IMFのスタッフは，「実際にはファイナンシャル・プログラミングを機械的に当該国分析に当てはめているのではなく，国際収支，財政，貨幣バランス・シートのチェックに使われている」(Easterly [2006a] p.965) とするが，分析フレームワークの基礎の前提が当てはまらないものでは，正確な分析やチェックもできないため，結局不適切な金融・財政目標値を設定したプログラムになる場合もあると考えられる．

3.2 IMFのファイナンシャル・プログラミング概要

IMFが目的とするのは主に①外貨準備の増加，②インフレ抑制，③財政赤字の縮小を短期の目標とし，融資の際のコンディショナリティとする．IMFのFPは，金融（特にマネー），財政，為替レートが国内需要をコントロールし，国際収支上の不均衡を調整することを主眼としている[47]．したがって，基本的に国民所得，国際収支，財政・金融の諸統計を基にプログラムを作成する．最も基本的なFPの分析フレームワークは，以下の式を基本とする．

［国民総（可処分）所得］－［国内アブソープション］（消費＋投資支出）
＝［経常収支］　　　　　　　　　　　　　　　　　　　　　　　(1)

［経常収支］＋［純資本流入］＝［外貨準備の変化］　　　　　　(2)

当該国の景気が過熱した場合，輸入増に伴う貿易・経常収支の赤字（したがって外貨準備高の減少）が拡大する(1)．したがって外貨準備の減少を阻止するためには，輸出増加などによる経常収支を改善し，外貨準備高を積増しする必要がある(2)．さらに経常収支の改善のためには当該国の国民所得の増加，または国内のアブソープションを減少させる必要がある．このため，IMFプログラムでは，財政収支改善のための支出削減や財政赤字の要因となるインフレ抑制策をとることが勧告される．これが金融政策面では高金利による引締め政策の導入の背景となる．

以上のようにIMFのプログラムでは引締め政策の導入が前提となっているため，景気は通常悪化する．しかしそれが税収の減少を招くため，財政収支改善という「目標」は結局IMFプログラム下では達成されないのである[48]．

通常，IMFが支援に乗り出す前には，当該国の①外貨準備高の減少，②財政赤字の拡大に伴う信認低下，③通貨下落によるインフレ圧力の増加，さらに④対外債務の増加（返済が困難）となっていることが主な特徴として挙げられる．

3.3 IMFの基本モデル：Polakモデル[49]

IMFプログラムの基本的フレームワークは1957年にJ. Polak（IMF調査局，当時）によって開発されたFPに基づくもので，以下の通りである．

①外貨準備とマネーサプライ：$\Delta M^s = \Delta L + \Delta R$ (1)
　（ΔMs：マネーサプライの変化，ΔL：国内の信用供与の変化，ΔR：外貨準備高の増減）

②国際収支：$\Delta R = X - \alpha Y + \Delta F$　$(0 < \alpha < 1)$ (2)
　（X：輸出，αY：輸入，ΔF：ネット資本流入，α：限界輸入性向）

③貨幣需要関数：$\Delta M^d = \nu^{-1} \Delta Y$，$\nu > 0$ (3)
　（ΔY：所得水準の変化，ν：貨幣流通速度［νは一定］）

④貨幣市場：$\Delta M^s = \Delta M^d$ (4)
　（ΔM^s：マネーサプライの増加　ΔM^d：貨幣需要増加）

　まず，外貨準備高を増加させるため，輸出（X）および純資本流入（ΔF）を外生変数としてマネーサプライ（ΔM）および所得の変化（ΔY）および輸入（J：αY）を内生的に変化させる．本モデルでは国内信用の変化（ΔL）が政策変数である．(1)，(3)，(4) より

$$\Delta R = \nu^{-1} \Delta Y - \Delta L \tag{5}$$

　ここで，外貨準備の変化（ΔR）は，国内信用の変化とマネーサプライの変化の差に依存し，短期にマネーサプライが一定であるとすれば，主に国内信用を減少させることによって外貨準備を増加させることができるため，IMFは経常収支赤字の縮小のために，マネタリーベースを抑制する政策を推奨する[50]．
　さらに，(2)，(5) 式より

$$\Delta L = \nu^{-1} \Delta Y - \Delta R = \nu^{-1} \Delta Y - (X - \alpha Y + \Delta F) \tag{6}$$

　これは，輸出，貨幣の流通速度，および資本流入が外生的に決定されれば，国内信用供与をコントロールすることにより，経常収支の均衡を達成することを示している．したがって，このモデルでは国際収支の構造的な変化（資本自由化に伴う資本・金融収支の変動）については考慮されず，国内信用の変化の

みが対象となっている．その意味で本モデルは実際に機能するのは困難である．

3.4 IMF 修正・発展モデル（拡張モデル）

基本的な Polak モデルでは，物価水準の変化をモデルに取り込んでおらず，実際に IMF のプログラムでは外貨準備高の増加とともにしばしばインフレ抑制が必要な場合があるため，拡張したモデルが必要である．1990 年に Khan らによって基本モデルを修正したモデルが開発されている[51]．本モデルは目標変数を外貨準備に加え，インフレ率を組み込んでおり，資本純流入を公的・民間部門に分け，物価に占める国内財のシェア，輸入性向，生産の民間信用供与の弾力性，物価水準に対する輸入性向などをモデルに入れている．このモデルでは所得の変化（成長率），インフレ率，国際収支が内生変数となる．さらに，外貨準備の増加とインフレ抑制のため，二つの政策変数である国内信用供与（政府の信用供与：ΔL^g）の削減と為替レートの調整（ΔE）によって外貨準備高を増加させる．実質成長率（Δy）を外生変数として名目所得の変化（ΔY）およびインフレ率（ΔP）を内生変数としている基本的なフレームワークは以下の通りである．

$$\Delta P = \delta \Delta P_D + (1 - \delta)(\Delta E + \Delta P^*) \quad (0 < \delta < 1) \tag{7}$$

（E：名目為替レート，P*：外貨で表記した物価水準，δ：国内財のシェア）

$$\Delta R = (\nu^{-1} - \theta) y_{-1} \delta \Delta P_D$$
$$= (\nu^{-1} - \theta)[y_{-1}(1 - \delta)(\Delta E + \Delta P^*) + P_{-1}\Delta y] - \Delta L^g \tag{8}$$

（R：外貨準備高，ν：貨幣流通速度，δ：国内財のシェア，P_D：国内物価水準，L^g：政府向け信用）

$$\Delta R + \eta E_{-1} \Delta P_D = X + \Delta F - J_{-1} - (Q_{J-1} - \eta E_{-1}) \Delta E$$
$$+ \eta \Delta P^* - \alpha E_{-1} \Delta y \tag{9}$$

（X：輸出，J_{-1}：1 期前の輸入，Q_{J-1}：1 期前の輸入量，E_{-1}：1 期前の名目為替レート，η：輸入弾力性，α：限界輸入性向）

第 1 に，(7) 式から，国内物価は海外物価に影響されることを示す．これは，

政府が輸出増加によって貿易・経常収支を改善する手段として通貨切下げが政策的に有効であることが前提になっている．しかし本モデルは資本自由化後の世界を想定しているものではない．突然の資金流出が起こり，通貨アタックによって為替が下落した場合，国内物価水準は上記の式で表されるように国内財と貿易財のシェアによるインフレ率以上の変化となる．この場合，所得変化の内生変数としてではなくモデル外の要素により変化する．このため，IMF は一般的にペッグ制を推奨しており，実際 1990 年代には多くの国の IMF プログラムで採用された．

第 2 に，(8) 式から，外貨準備高は輸出に影響を及ぼす為替レートに依存すると同時に，前期の成長率に依存する．さらに，政府部門への信用供与の増加によって外貨準備が減少するという関係を示している．このことは，新たな資本流入がなければ外貨準備高水準は維持できないことを示す．

第 3 に，国内への資本流入増減 (ΔF) は，民間 (ΔF^P) および政府部門 (ΔF^g) の外生変数として組み込まれているが，当該国から短期に資本が流出する場合は，外生変数として扱えず，むしろ内生的に変化する．このため，ΔF については本モデルによっては全く説明がつかない．

第 4 に，(9) 式から，左辺の変化（外貨準備およびインフレ）は，ネットの輸出および資本流入に依存し，国内の輸入性向，限界輸入性向に依存することを示す．これは，結局，輸出が短期的に増加しない場合，資本流入を増加させるか為替の切下げに伴う輸出増加以外，政策的に採る手段がないことを示す．したがって，仮に資本自由化体制の下で資本が急速に流出する場合には，IMF などの融資や通貨切下げによる輸出増加の効果を待つしかないことになる．このため，しばしば危機発生時には当該国が為替レートの切下げを行う背景となっている．図 2-3 のように，物価上昇率は当初より下落するが，為替下落に伴う輸出拡大により経常収支は改善し，E' に落ち着くことが想定される．

こうした輸入関数に関する「拡張」モデルも基本（Polak）モデルと同様，いくつかの前提条件は非現実的である．例えば，モデルでは輸入の所得弾力性は一定であり，所得の増加はただちに輸入拡大につながるという前提を置いており，これは，基本モデルと同様の問題を持つ．本モデル（拡張モデル）においてもマネタリー・アプローチを基本とした分析を行っており，マネタリーベー

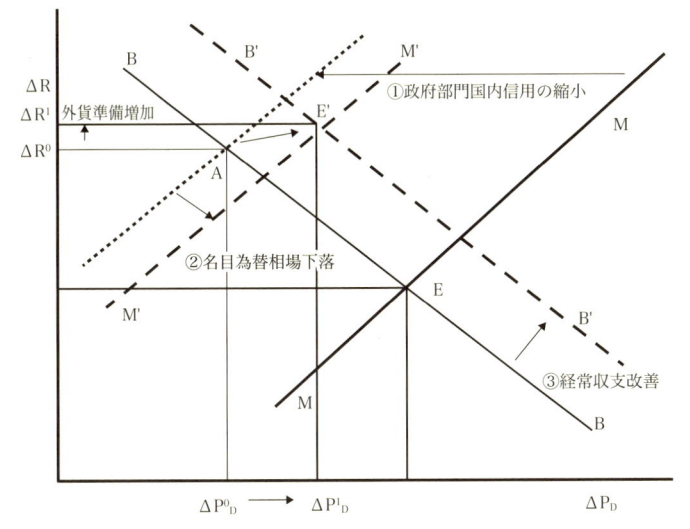

第2章　IMFプログラムの本質と問題点　　　63

図2-3　IMF修正（拡張）モデル

（出所）　Khan, Montiel and Haque（1990, p.161）より作成．

スのコントロールによって外貨準備の水準を決定するという分析フレームワークは変わっていない．したがって，IMFの各国プログラムにおける分析で用いられ，コンディショナリティの数値目標として掲げられる変数は，IMFの支援プログラムが通常実施される危機や経済状況の悪化が著しい状況では少なくとも大きな意味を持たない．

3.5　ファイナンシャル・プログラミングの基本的な問題点

以上のIMFの分析フレームワークは現実の支援対象国にそのまま当てはめることはできない．特に以下の点に注意が必要である．

貨幣需要関数/流通速度

FPでは貨幣需要関数が安定的であるという仮定が置かれている．しかし，これは資本取引が自由化され，国際資本移動が大きな影響を持ち，金融商品も多様化している今日では，成り立ちにくい[52]．特に途上国や移行経済諸国では先進国に比べてインフレ期待が高い場合が多く，貨幣需要関数の変動は大きい．

実際にはしばしば貨幣需要は短期に変動し，資金が急速に流出した緊急時では，この過程は成立しない．

さらに，FPでは貨幣の流通速度が一定であるという仮定が置かれている．

$$\Delta M^s = v^{-1} \Delta Y$$

その場合，インフレ抑制のためにマネーサプライを抑制することになる．しかし，この前提は非現実的であり，一般的に途上国や現実に危機に直面している支援対象国では，多くの場合インフレ圧力が高まっているため，貨幣の流通速度も上昇し，一定であるという前提条件は成立しない．特に，移行経済諸国での価格自由化に伴うハイパー・インフレ状況では全く当てはまらなかった[53]．

物価水準

FPにおいては，「国内物価水準が購買力平価によって外国の物価水準で仮定され，かつ実質所得が短期的に固定している」という前提が置かれている．しかし，実際にIMFの支援が必要とされている国では，ほとんどの場合，外貨流動性が逼迫し，インフレ圧力が高まっている危機的状況にある．そうした状況では貨幣需要関数は安定せず，モデルの想定する結果が現実となっていない．

マネーサプライ

通常，IMFの金融政策面では，インフレ抑制を目的としたマネーサプライ抑制政策が推奨される．しかし，マネーサプライと国内信用の増加の関係について，多くの国においてマネーサプライの増加とマネーサプライに対する国内信用供与の割合とは，ほとんど関係がないとの結果が示されている[54]．実際，日本でも大量の日銀の資金供給にもかかわらず，市中のマネーサプライは増加しなかった．まして，途上国では金融機関が未熟であるため，国営銀行のチャネルで資金供給する以外，マネーサプライ総額に直接影響を与えることは困難である．また，FPにおいて財政赤字の縮小のために国内信用の代替値として国内のマネタリーベース（IMFプログラムでは純国内資産［Net Domestic Asset, NDA］）が使われ，その抑制が推奨される．しかし実際には，財政赤字拡大は必ずしも国内信用の拡大を意味しないことが示されている[55]．したがって，財

政赤字と国内信用の拡大を関連づけることは大きな意味をなさないことになる．
　本モデルでは，当該国の通貨当局が国内のNDAを正確に決定できるという仮定に基づいている．

$$\mathit{\Delta} M^s = \mathit{\Delta} L + \mathit{\Delta} R$$

　しかし，実際には，マネーサプライは外生的に決定されるのではなく，むしろ内生的に決定される．マネーサプライは銀行部門の純対外資産と純国内資産（NDA）および純国内信用（Net Domestic Credit, NDC）などから構成されるため，マネーサプライの変化はNDAの変化に影響され，特に海外からの資金流入によって大きく変化する[56]．上記の式は，貨幣需要の変化は外貨準備高の変化（$\mathit{\Delta}R$）および銀行部門の信用供与の変化（$\mathit{\Delta}L$）に依存することを示すが，中銀のマネタリーベースが，実際には非金融機関や商業銀行にも依存し，民間金融機関の対外借入の増加により過剰の流動性や急激な資本流出入が起きる途上国の危機において，その仮定は成り立たない．

対外バランス

　前述（8）式では［外貨準備高］＝［ネット輸出］＋［資本流入］（資本流入は対外借入，直接投資流入，対外債務などを含む非銀行部門の収支）であることを示す．この場合，資本収支（資本流入＝$\mathit{\Delta}F$）は一定としており，外貨準備高の水準を維持（減少を食い止め）し，短期に経常収支のバランスを調整するためには緊縮政策による輸入を減少させる他ない[57]．この場合，外貨準備高の増加は，輸出増加などに伴う外貨準備積の積増しは考慮されていない．したがって，IMFプログラムでは輸入削減をもたらす引締め政策を実施するよう勧告される．
　FPでは，1990年代以降の資本収支危機の原因となった資本自由化の現状が全く想定されていない．すなわち，国際資本の流出（入）が外貨準備高を急増（減）させ，マネーサプライが増加（減少）することが日常的な現象となっている点がモデルに組み込まれていない．このことはPolakモデルが開発された当時の国際金融市場では各国とも資本規制下にあったため，適合性はあったと考えられるが，現在のように資本・金融自由化が進展した状況では短期に国際資本移動が起きるため，外貨準備高を外生変数とする前提は既に崩れている．

為替制度の不適合

FP では，基本的に固定相場制を前提としているが，それはブレトンウッズ体制下の 1970 年代初めまでは適合したが，現在では多くの国が変動相場制に移行しているため，満たされていない．IMF が支援に乗り出す当該国はその前提となるペッグ制が既に崩れているのである．それにもかかわらず，旧来の手法を適用しているため適切なプログラムが作成できない[58]．

金融諸指標および為替レート

最後に，本モデルでは「ファイナンス・ギャップ (financing gap)」を規定する際に，相対価格や為替レート，さらに金利といった諸要因は捨象されているため，実際のギャップが正確に測定できないという問題点が指摘できる．特に構造変化が急激な途上国や新興国ではしばしば国際収支統計が不正確であり，誤差脱漏が非常に大きい場合がある．

モデルでは，外貨準備高の変化 (ΔR) は，政府資本流入，すなわち対外借入をファイナンス・ギャップとして規定することにも使われる．輸出が外生的な変数であり，輸入が予測されれば，外貨準備は目標変数とすることができ，ファイナンス・ギャップとして決定されうる．ところが本モデルでは相対価格や為替レート，さらに金利といった諸要因は捨象されているため，正確なファイナンス・ギャップが測定できにくい．

3.6　IMF モデルの総合評価

IMF の FP における分析モデルでは，貨幣関数が一定であるとの前提があるために，単純に経常収支とマネタリーベースを結びつけ，中央銀行の純国内資産 (NDA) に上限を設定してマネタリーベースをコントロールすることで外貨準備高とインフレ率をコントロールできるとしている．しかしこうした仮定は貨幣の流通速度が一定であり，内外資本移動の効果を捨象しており，国際資本移動が拡大を背景とした最近までの通貨・資本収支危機の際に適用するのは明らかに非現実的である．

さらに為替レートの変化 (ΔE) を政策変数としてモデル内に組み込んだ IMF 拡張モデル[59]では，為替切下げを政策の選択肢に入れている．しかし，為替

レート変化については，基本的に貿易・経常収支に及ぼす影響のみ考慮されている．すなわち，為替レートの変化は切下げ時の輸出増加による経常収支改善，ひいては外貨準備高の増加をはかる手段としての変数として取り入れられているに過ぎず，資本収支の流出入に伴う問題には対処できない．この点が最もIMFモデルのクリティカルに弱い点である．それは，為替レートの形成には，実需に基づく為替取引よりむしろ短期的な金融取引を含む国際資本移動が大きな影響を与え，当該国の対外債務にも本質的な影響を与えることが，全くモデルに組み込まれていない点である．

したがって，IMFは当該国が資本収支危機の際のスタンドバイ（SBA）では本来適用するべきでない分析フレームワークで経済プログラムを作成していることが大きな問題なのである．仮にFPを多少とも有効に機能させるためには，国際資本移動を厳しく管理し，自国通貨取引の制限を実施し，通貨取引も実需に限定することが必要となる．したがって，IMFは本質的な分析フレームワークの変更より，むしろ厳密な適用を避ける「柔軟化」によってモデル自体の矛盾を回避しながらも支援を継続する傾向がみられる．しかし，これは途上国の「安定的経済成長」の観点からみれば，本質的な改革には程遠いものといえる．

以上のように，コンディショナリティの数値目標として掲げられる変数が現実に即した仮定に基づいたモデルから導出したものとは言えないため，当該国に対する経済プログラムがしばしば有効ではないのは当然の結果である[60]．

4. 世界銀行モデル

4.1 概要

世界銀行の分析フレームワークがIMFと根本的に異なっている点は，外貨準備高のみならず経済成長率を目標変数としていることであり，短期の外貨準備の均衡を主眼とするIMFプログラムと本質的な違いがある．IMFのモデルでは外貨準備の積増を目標として，成長率を犠牲にして輸入削減による対外バランスの改善をはかるのに対して，世界銀行のモデルでは，輸出増加も前提とされており，より経済成長指向が強いといえる．

世銀では1970年代初めに貯蓄と外貨の制約の中で成長の目標値を求める独

自の分析プログラムが開発されており，RMSM (Revised Minimum Standard Model) と呼ばれている．IMF のファイナンシャル・プログラミング (FP) が基本的に需要サイドからの分析であり，金融および財政収支を基本とした国際収支（経常収支）への分析フレームワークであるのに対し，世銀の RMSM は，供給サイドからの貯蓄と外貨準備の二部門ギャップに基づくモデル (Two-gap モデル) を修正したもので，基本的に中期的な成長均衡を求めるものである[6]．本モデルは，投資関数，輸入関数，消費，国際収支，国民所得の恒等式などを組み込み，貯蓄と外貨の制約の中で成長の目標値を求める分析である．したがって，目標変数は実質成長率と外貨準備高の増減であり，政策変数として政府支出と海外からの借入を前提とした資本流入を用いている．その意味で，世界銀行のモデルはより中長期的観点から評価される点で途上国の開発銀行向けのモデルである．

従来，世銀のプログラムは IMF 融資と同時に実施されることが多く，「クロス＝コンディショナリティ」が前提となっている場合，成長を主眼とした世銀プログラムと短期的な経常収支均衡を主眼とする IMF モデルが矛盾し，モデル本来の役割が機能しない状況にあった．このため，現在，世銀ではコンディショナリティに縛られるようなプログラムの適用ではなく，より被支援国の「自主性 (ownership)」を尊重した柔軟な運用を実施してきていると見られる．

4.2 世界銀行基本モデル：RMSM (Revised Minimum Standard Model)

RMSM は，基本的に以下のフレームワークによって成り立つ．

① 投資関数：$I = \Delta y / \sigma$ (10)
  （σ：資本産出係数 ICOR の逆数）

② 輸入関数：$J = \alpha y$ (11)
  （α：限界輸入性向，$0 < \alpha < 1$）

③ 個人消費：$C^p = (1 - s)(y - T)$ (12)
  （s：限界貯蓄関数，$0 < s < 1$）

④国際収支：$\Delta R = (X - J) + \Delta F$ (13)

⑤国民所得：$y = C^p + G + I + (X - J)$ (14)
　　（但し，ΔR：外貨準備高増減，Δy：実質成長率，I：投資，C_p：民間消費，X：輸出，J：輸入，G：政府支出，T：税収，ΔF：対外借入,）

上記から

$\Delta R = X - \alpha(y_{-1} + \Delta y) + \Delta F$ (15)

これらの式から，以下の変数が決定される．
①実質成長率（Δy）および外貨準備高の増加（ΔR）の決定
　(14) から，前年の実質所得（y_{-1}），税収（T），輸出額（X），政府支出（G）が所与であれば，まず実質成長率（Δy）が得られる．さらに，(15) により，輸出額（X），資本流入増加額（ΔF），前年の実質所得（y_{-1}），を所与とすれば，外貨準備高の増加分（ΔR）が決定される．
②必要な資本流入額を導出
　Δy，y_{-1}　T，X，G が所与であれば，ΔR を目標値とするための ΔF が以下のように得られる．

$\Delta F = \alpha(y_{-1} + \Delta \tilde{y}) - X + \Delta \tilde{R}$ (16)

したがって，貿易収支の制約がある場合には，ネットの輸出（X–J）が所与であれば，(16) 式より ΔR に対応した必要とされる ΔF（対外借入額）が得られる．
　また，貯蓄ギャップの制約がある場合には，ネットの輸出（X–J）および ΔF（対外借入額）が所与であれば，(1) 式より $\sigma \Delta y$ が得られる．この場合，消費水準は国民所得の恒等式 (14) からの余剰として示される．
　一方，投資に関して国民所得の恒等式から以下の式が得られる．

$I = (y - T - C^p) + (T - G) + (J - X)$ (17)
　　（$y - T - C^p$：個人部門の貯蓄，$T - G$：公共部門の貯蓄，$J - X$：貿易収支　[=外国の貯蓄]）

これは，一般的に貿易収支と貯蓄ギャップはどちらも国民所得と外貨準備の増減を決定する制約要因になることを示す．

以上から，Two-gap（貿易および貯蓄）が制約条件である場合，成長率と外貨準備を目標値として必要なファイナンス額が得られる．また，いくつかのファイナンス・シナリオのなかから成長率達成の可能性を探ることができる．

通常，RMSM は以下のような順序で分析が行われる．

① 各パラメーター（σ，s，α），前期実質成長率（Δy_{-1}），外生変数（X），政策変数（G，T，ΔF），および政策目標である実質成長率と外貨準備高の目標値を決定
② 必要投資額推定（経済成長率目標値より導出）
③ 貯蓄および貿易制約条件から最低投資額を決定
④ 投資必要額が最低投資必要額を上回るかを参考に輸入必要額を決定
⑤ 外貨準備額の望ましい水準を推定（輸入必要額，輸出の伸び，追加的な外貨借入必要額算出）
⑥ 実質国民所得水準および税水準を考慮し，民間消費水準を推定

このように，RMSM は成長率など実体経済面と外貨準備高の水準を重視した分析フレームワークであるが，以下のような問題点が挙げられる．

第1に，RMSM では，貯蓄・投資ギャップ（I-S ギャップ）に対して投資に必要な資金は外貨準備を増加することでのみ調達できるとの仮定があり，それにより生産増加に結びつくとする．この I-S ギャップは，中長期的に輸入の減少あるいは輸出増加によっても埋められる．しかし，短期的に輸出増加，さらに投資の増加を図ることは困難なため，RMSM でも想定されているように，結局支援資金による外貨準備を積み増すことになる．ただし，経済支援が必要な当該国で構造調整政策が適用され，緊縮的政策を適用した場合，本来成長を目的とした融資との矛盾が生じる．また，本モデルでは，投資による中長期的な経済全体への波及効果までは考慮されず，また投資の質的な側面（投資の効率性など）については考慮されていない．

第2に，RMSM では，政府支出（G）が政策変数とされているが，構造調整融資が IMF の融資プログラムとともに実施される（クロス・コンディショナリティ適用）場合，通常 IMF は政府の財政支出を削減するように当該国政府に要

請する．したがって，目標変数である実質成長率にはマイナスの影響を与えることになる．仮に政府支出が不変とすれば，この RMSM の意図する分析フレームワーク自体の意義が損なわれることになる．ここに，IMF のプログラムと世銀のプログラムの目指すところの食い違いがあり，世銀のプログラムは IMF のコンディショナリティに縛られるため，世銀が本来の意図するところの効果（経済成長率上昇）が得られないことになる[62]．

第3に，本モデルでは資本流入の増加（ΔF）も政策変数であるが，これは(15) 式のように基本的に対外借入の増加を想定している．しかし，外国投資家が突然当該国から資本を引揚げた場合，ΔF は内生的に変化（減少）する．その場合，本モデルが想定している通常の経済における国内資本増加の分析は全く不適切なものとなる．したがって，資本が急激に流出し，通貨危機が起きた場合には適用は困難である．

IMF モデルの重視するマネーサプライの抑制と世銀モデルの政府支出の政策変数は本来対立するものであるため，1980 年代まで一般的であった IMF と世銀のクロス・コンディショナリティを適用すれば相互に矛盾が生じることになる．さらに，RMSM モデルでは，金融関連の変数がモデルに組み込まれていないので，インフレ率の抑制などには対応できず，必ずしも十分な分析ができない．このため，次のように IMF と世銀のモデルを『統合』モデルが開発された．

4.3 RMSM-X (Revised Minimum Standard Model eXtended)

RMSM をより一般化できるように拡張（Extended），修正したものが RMSM-X (Revised Minimum Standard Model eXtended) という分析モデルであり，実際に世界銀行で使われている．政策変数および外生変数が政府の財政と資金流入の変化（ΔF）と輸出に限られていた世銀モデル（RMSM）を修正し，IMF モデルを取り込んだ RMSM-X は，実体経済の動きを見るものとして内生変数として消費や投資を組み込んでいる点では IMF のモデルにない特徴を持っているものの，金融政策の効果が正確に把握できないなどの点で限界がある．

IMF のファイナンシャル・プランニング（FP）の修正モデルでは，目標変数を外貨準備高とインフレ率を対象として金融・財政面の変数を含むが，それに加

えて本モデルでは，RMSM で組み込まれている経済成長率が目標変数として取り入れられている．このため，RMSM-X はいわば IMF に世銀のモデルを合体させたもので，IMF と世銀の統合モデルである．RMSM-X では，4つの経済部門，すなわち公共部門；民間部門；銀行部門；対外部門で構成され，財政面の制約は各部門において関連している．本モデルの概要は以下の通りである[63]．

① 主に経済の四つのセクター，すなわち公的部門，民間部門，銀行システム，そして対外部門（各部門はそれぞれ予算制約あり）によって成り立ち，各部門の総計による国民経済勘定によってモデルが完成
② 2つの金融資産（貨幣，外貨資産）が基本（一部で国内債券を含む）
③ 貨幣需要関数における流通速度は IMF のモデルと同様に一定
④ マネーサプライはマネタリーベース及び恒常貨幣乗数によって導出されたもの（IMF のような国内信用と純外国資産の合計ではない）
⑤ 国内財と外国材の不完全代替性の前提（代替効果は需要サイドから分析）
⑥ 輸入は実質為替レート，実質 GDP や国内総投資（資本財等）などに依存
⑦ 個人消費は可処分所得のみに依存

したがって，目標変数にかかわる式としては以下のようになる．

$$\Delta y = \sigma(1+\Delta P)^{-1}[s(Y_{-1}+\Delta Y)+(1-s)T-G+\Delta Y+\Delta F-\nu^{-1}\Delta Y] \quad (18)$$

$$\Delta R = X - J_{-1} - (Q_{-1}-\eta E_{-1})\Delta E - E_{-1}(\alpha\Delta y+\eta\Delta P_{\text{D}})+\Delta F \quad (19)$$

これは，経済成長率はマネーサプライと国際収支の相応の制約を受けること，為替レート調整に伴う輸出拡大や民間への信用供与の拡大によって外貨準備高も増加し，同時に財政政策によって成長率が高まれば，インフレ率も同時に影響を受けることを示す．インフレ率低下，所得増加および外貨準備増加を同時に達成するためには，民間信用供与増加，為替切下げ，財政支出削減を同時に実施することで達成する（図 2-4）．重要な点はこれらが同時に実施されなければならないことである．

通常，RMSM-X は以下のような順序で分析が行われる．
① インフレ率，潜在 GDP 成長率，実質為替レート，実質金利，外貨準備高の

目標値設定
②必要投資額推定（経済成長率目標値より導出）
③外生変数より需要サイドの関係を分析
④外貨借入必要額推定（外貨準備高，追加的な外貨借入必要額算出）
⑤マネタリーベース，ブロードマネー必要額決定（インフレ率，成長率，通貨流通速度推定値，貨幣乗数等算出）
⑥財・サービス消費，対外借入必要額，銀行信用割当（中銀による非金融公企業向け信用供与）算定→終了

統合モデルも，本来IMFのFPと世銀のRMSMの双方が持っている基本的な問題点を受け継いでおり，対象となる途上国の正確な分析をする上ではいくつかの不備な点が残っている．本モデルでは，特にIMFのフレームワークによるプログラムを実施した場合，以下のような制約がかかり，本来の目的を達成することが困難となる．

第1に，金融政策の実体経済への影響などが無視されていることである．なかでも，①財政赤字のファイナンスの国内金利への影響，②民間資本移動の影

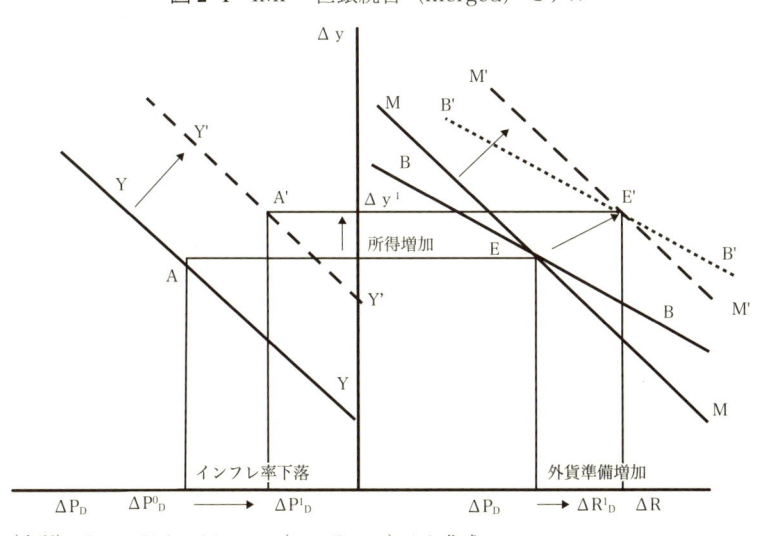

図2-4 IMF・世銀統合（merged）モデル

（出所）Pierre-Richard Agenor（2004,Fig.9.4）より作成．

響，③銀行信用供与と生産の関係，などの点である．例えば，金利変化の影響や物価と賃金の関係などについてはモデルに組み込まれていない．また，マネーが唯一の金融資産であり，途上国にとって重要な点，すなわち，金融政策によるその他の資金調達の方法，例えば債券発行や民間資金の海外からの流入とそれが国内市場に与える国内金利への影響などが考慮されていない．

　第2に，銀行融資と生産の関係は無視され，金融政策が実体経済に与える影響についてモデルでは全く考慮されていない．マネーサプライ増加によって銀行融資が増加し，生産も自動的に拡大するという暗黙の前提がある．このため，構造調整プログラムにおいて，銀行のリストラによって信用供与の減少を通して途上国の実体経済に大きなマイナスの影響を与える可能性をモデル自体が排除している問題がある．

　第3に，公共投資と民間投資の補完性については説明できない．すなわちケインズ的財政政策のフレームワークはモデル内で想定されず，公共投資の増加は単に政府の財政収支を悪化させるだけであり，民間投資をはじめとする経済全体への波及効果が考慮されない．さらに，国内資金不足分は資金援助か輸出拡大に伴う外貨準備増加によってのみ制約が軽減される．しかしこれでは，適切な国民経済全体の分析はできない．公共投資の制約が必ずしも民間投資を制約する（クラウディングアウト）ものではなく，むしろ民間部門の投資が政府部門より収益性が高い可能性があることが示されない[64]．

　第4に，生産関数が固定係数によっているため，技術変化に対応した分析はできない．これは，基本的にモデルが短・中期の分析をするもので，長期の成長をあまり考慮していないためである．しかし本来世界銀行の融資プログラムは中長期的な構造融資を含むものであり，プログラムの性格上，本モデルでは不十分である．

　RMSM-Xでも，ファイナンシャル・プログラミング（FP）とRMSMの双方のモデルの変数を取り入れ，多少拡張された点を除けば，双方のモデルの限界を受け継いでおり，貯蓄・投資ギャップを考慮するのみであり，中長期分析には限界がある[65]．

　実際に世銀が使用しているRMSM-Xでは，物価が輸入財と国内財の不完全代替性を想定し，細分化され，輸入関数もそれに応じて変化するようになる．

また，公共セクターと民間セクターの収入・支出が考慮されており，それに呼応して外国からの借入需要の推定が可能となっている．また，RMSM-X の改良版，例えば教育・厚生・医療や貧困関連指数を取り入れたものも開発されている[66]．世銀モデルでは，成長の達成とそれに伴う外貨準備高の増加を目指しているが，そのためには，中長期的なダイナミックな実体経済の変化を考慮するものでなければならない．最近では，組織面の改革を重視した実効性のある分析フレームワークが目指されている．

表2-6 IMF/世界銀行モデルのフレームワーク

	目標変数	関係式	内生変数	関係式	外生変数	政策変数	規定値	パラメーター
IMF 基本 (Polak)	ΔR	$X-J+\Delta F$ $\nu^{-1}\Delta Y - \Delta L$	J ΔM ΔY	αY $\nu^{-1}\Delta Y = \Delta L + \Delta R$	X ΔF	ΔL	—	ν α
IMF 修正	ΔR ΔP_D	$X-J+\Delta F$	ΔY ΔL^p ΔM ΔP ΔJ $G-T$	$\Delta P y_{-1} + P_{-1}\Delta y$ $\theta \Delta Y$ $\Delta L^p + \Delta L^g + E\Delta R^* = \nu^{-1}\Delta Y$ $\delta \Delta P_D + (1-\delta) \times (\Delta E + \Delta P^*)$ $J_{-1} + \Delta EQ J_{-1} + E_{-1}\Delta Q_J$ $\Delta L^g + \Delta F^g$	Δy ΔP^* X $\Delta F (\Delta F^p + \Delta F^g)$	ΔL^g ΔE	y_{-1} P_{-1}, E_{-1} Q_{J-1}	ν δ α θ η
RMSM	Δy ΔR	$\{(s+\alpha) y_{-1} + (1-s) T - (X+G)\}/\{\sigma-1-(s+\alpha)\}$ $X-J+\Delta F$	I C^p J	$I=(y-T-C^p)+(T-G)+(J-X)$ $J = X + \Delta F - \Delta R^-$	X	G T ΔF	y_{-1}	ρ s α
RMSM-X	ΔR ΔP_D Δy	$X - J + \Delta F$ $(\Delta P/\delta) + (1-[1/\delta]) \Delta E$ $\rho I/(1+\Delta P)$	ΔY ΔL^p ΔM ΔP ΔJ $G-T$	$\Delta P y_{-1} + P_{-1}\Delta y$ $\theta \Delta Y$ $\Delta L + \Delta R (=E\Delta R^*)$ $\delta \Delta PD + (1-\delta) \Delta E$ $Q_{J-1} - \eta E_{-1} + E_{-1} (\alpha \Delta y + \eta \Delta P_D)$ $\Delta L^g + F^g$	X $\Delta F (\Delta F^p + \Delta F^g)$	ΔD^g ΔE GorT	y_{-1} P_{-1}, E_{-1}	ν δ s α θ η

(注) ΔR：外貨準備高変化，ΔP：総合インフレ率，P_D：国内インフレ率，ΔP^*：外国物価指数変化，P_{-1}：前期物価水準
ΔY：名目成長率，Δy：実質成長率，y_{-1}：前期の実質所得，X：輸出，ΔJ：輸入増減，Q_{J-1}：前期の輸入量
ΔF：ネット資本流入，ΔF^p：民間資本流入，ΔF^g：政府部門資本流入
ΔL：国内信用の増減，ΔL^p：民間向け信用増減，ΔL^g：政府部門向け信用増減，ΔM：名目貨幣量変化
$G-T$：財政収支，ΔE：名目為替レートの変化，E_{-1}：前期の為替レート，ΔD^g：政府向け国内信用増減
ΔI：投資増加，C^p：民間消費
ν：貨幣流通速度，α：限界輸入性向，δ：物価指数に占める国内材の割合
θ：所得（生産）に対応した民間信用，η：相対価格に対応した輸入係数
ρ：資本・生産比率の逆数，s：限界貯蓄性向

(出所) Agenor, Pierre-Richard (2004)，"The Economics of Adjustment and Growth (2nd ed.)" より筆者作成．

5. IMF，世界銀行分析モデルの総合評価：安定経済成長実現に向けて

5.1 総合評価

　IMF モデルでは，貨幣関数が一定であるとの前提があるために，単純に経常収支とマネタリーベースを結びつけ，中央銀行の純国内資産（NDA）に上限を設定して貨幣供給を制限することで，外貨準備高とインフレ率をコントロールできるとしている．しかし，こうした仮定は貨幣の流通速度が一定だという前提を置き，内外資本移動の効果を捨象している．これは，途上国の現状を考慮すれば，危機の際のみならず，一般的にインフレ圧力の高い途上国やエマージング諸国全般に適用するのは明らかに非現実的である．

　さらに，IMF 拡張モデルでも，為替レートの変化（ΔE）を政策変数としてモデル内に組み込んでおり，為替切下げを政策の選択肢に入れている．しかし，モデル内において為替レート変化は，貿易・経常収支に及ぼす影響のみ考慮されている．すなわち，為替レートの変化は輸出増加による貿易・経常収支改善，ひいては外貨準備高の増加をはかる手段としての変数として取り入れられているに過ぎず，最近の資本収支の流出入に伴う問題には対処できない．この点が最も IMF モデルのクリティカルに弱い点である．それは，今日世界の金融資本取引の拡大による影響が大きく，経常収支ではなく，国際資本移動が為替レートの変更に大きな影響を与え，当該国の対外債務にも本質的な影響を与えることが全くモデルに組み込まれていないためである[67]．したがって，本来当該国が危機の際のスタンドバイ（SBA）では適用するべきでない分析フレームワークで経済プログラムを作成していることが大きな問題なのである．IMF では既に対外債務などを考慮するバランスシート・アプローチによる当該国への影響を分析する方法が検討されているが，依然として明確なモデルは開発されていない．

　一方，成長率を目標変数に加え，政策変数および外生変数が政府の財政と資金流入の変化（ΔF）と輸出に限られていた世銀モデル（RMSM）を修正したRMSM-X は，実体経済の動きをみるものとして内生変数として消費や投資を組み込んでいる点では IMF のモデルにない特徴を持っている．RMSM-X のよ

うな統合モデルは，通貨危機，資本収支危機のような緊急時ではなく国際貿易取引が行われており，しかも大規模な資本の流出入がみられない（為替取引や資本規制が存在）途上国における平時であれば，ある程度適用できよう．

以上，IMF，世界銀行のモデルを総合評価すると，統合した RMSM-X モデルの方が金融面および実体経済面を考慮した比較的バランスの取れたものとなっており，基本的な分析は実施可能であろう．経済プログラム上からも，IMF が通常の融資機能を継続することは不適切であること，さらに継続的な開発と成長のための支援が必要とされる低所得国を中心とした融資プログラムには，世界銀行のモデルの方が正当性を持つことが示されよう．ただし，RMSM-X でも通貨危機，資本収支危機のような緊急時ではなく，事実上民間の資金が大幅に流出しない資本取引や為替取引が制限された途上国であれば現実的であるが，資本自由化の進んだ国々では適用は困難となっている．また，中長期的に成長に寄与する公共投資の乗数効果を捨象しており，政府向け信用供与が民間信用供与を減らす前提とされるのは，今日のような開放経済においては非現実的である．したがって，資本規制下にある低所得国向けの中長期的な経済プログラム作成であれば，ある程度効果があると思われる．ところが，最も支援が必要とされる低所得国のあるサブサハラ・アフリカでは，多くの国で資本自由化が進んできた．為替・資本取引に制度上の制限がある国でも事実上資本が自由に流出入している国も多い．こうしたなか，世銀案件では上記のような基本的なフレームワークのみでは途上国の十分な分析は困難である．

5.2　途上国・新興国で適合するモデル

RMSM-X も長期的成長の観点からみると分析フレームワークとしては不十分であり，資本以外の諸要素（資源・環境，労働環境・教育・人的資源，技術面など）を考慮していない．

2000 年代以降国際機関が貧困削減のために導入したミレニアム開発目標（MDG）の目標の下，RMSM-X ではカバーされていない「貧困」の要素にも焦点を当てた分析もみられる．B. Granville および S. Mallick は RMSM-X に変数として 1 人当たり所得などを加えた所得分配への影響をみる分析を試みている[68]．また，『RMSM-X + P』として，貧困（1 人当たり所得）および社会指標

（教育，厚生関連支出など）を「貧困関連式」，「教育関連式」，「厚生関連式」として組み込んだモデルもある（Chen et al., 2004）[69]．これにより，成長と貧困削減の問題を部分的ながらモデル化できる．これらは，世銀プログラムである『貧困削減戦略文書（Poverty Reduction Strategy Paper, PRSP）』[70]に適用が可能であり，IMFの貧困削減・成長ファシリティ（PRGF）に比べモデルの適用性を広げる試みをしている点では評価されよう．

このため，途上国の長期成長計画のため各国の実情に即して作成されるThreshold21（T21）というモデルも開発されている[71]．これは，世銀のみならず，関連国連機関，途上国，NGOなどの協力の下に作成された．サブサハラ・アフリカ諸国向けの貧困削減戦略文書（PRSP）の基本となる分析にも応用されてきた．セクター別，工業分野別に考慮して当該国の借款交渉，モニター，評価を行うものである．

一方，世界銀行のエコノミストであったW. Easterlyの『Get Real』モデルは，マクロ経済政策の中長期的な（およそ5年間）影響を考慮している[72]．政策決定係数は，闇市場プレミアム，M2/GDP，インフレ率，実質為替レート，中等教育進学率などが含まれる．また，「ショック」要因としてGDP比交易条件，対外債務返済金利（GDP比），OECD貿易相手国の成長率，初期条件，初期所得，1980年代，1990年代のシフトなどを含む．

さらに，①外的ショック（政策変更によって影響が大きいとみられる交易条件，政府財政支出など），②実質為替レート，③成長率の3つの要素を使ったザンビアを例とした経済分析が世銀を中心として用意されたPRSPのなかで行われている[73]．同分析では，成長によって所得分配が伴わなければ貧困は削減されない，との結論が導かれている．すなわち，高い成長を達成するためには，予算制約のなかでインフラ投資を行い，民間信用を中小企業向けの資金ニーズに振り向け，貧困および債務削減の目的に沿ったマクロ経済政策を行うことが重要であるとのインプリケーションが得られる[74]．

上記のような改良モデルは実際に世銀など国際機関が途上国を支援する場合の分析フレームワークとして有益であり，IMFモデルなどで取り扱われなかった実体経済や社会指標への影響などを考慮している点では評価できる．ただし，こうしたモデルでも根本的な当該国の分析の改善を行うにはまだ不十分な点が

ある．基本的に開発と成長を主眼としているため，通貨の急激な変動や資本流出に伴う為替の変動，それに伴うインフレ率への影響，国内信用供与への影響，実質経済成長率への大幅なマイナス効果など，フレームワークの根幹に関わるモデルの分析をどのように改善するべきかについては，未だはっきりした提示がされていない．特に動学的な視点が組み込めないという欠点に対し，今後多様なアプローチを必要とすると考えられる．

したがって，各国の経済分析には通貨制度および資本流出入の度合いなどによるパターン分けなども必要であり，それに沿って分析フレームワークおよびアプローチを適宜修正・変更する必要があろう[75]．

注
1) もともと「ワシントン・コンセンサス」は，1989年に世界銀行のエコノミストであったJ. Williamsonが最初に提唱した概念で，経済自由化に関する10項目（財政規律，経済成長と分配への財政優先配分，税制改革，金利自由化，競争力のある為替レート，貿易自由化，外国直接投資の自由化，民営化，規制緩和，知的所有権確立）が挙げられている．当初は中南米諸国の経済安定化のために採用され，世界銀行やIMF，米国財務州などワシントンにあった経済関係の諸機関がこの政策を守る方向で合意したものとされるが，1980年代のラテンアメリカの経済処方箋をIMFが作成する上で，経済自由化や貿易自由化の論理はそのまま資本取引自由化へ適用されてきたと考えられる．ただし，「コンセンサス」というものはもともと存在していないとの指摘もある．また実際には，Williamsonはただ経済活動の自由化，財政規律の重要性を主にラテンアメリカ諸国に関して説いたのであって，必ずしも資本取引自由化を優先させるものではなかったとされる．J. Williamson (2004) 参照．
2) 同国では，2000年初めから本格的に実施されたIMFのコンディショナリティに沿った経済・金融政策は緊縮政策の典型例であった．2000年の後半にはネット・マネタリー・ベースは急速に制限され，市場の流動性が極端に不足し，レポ取引が困難となった銀行が出現，資金の急速な引き揚げを誘発した．これが為替下落圧力を強め，ついにフロート化せざるを得なくなった．第3章参照．
3) こうした傾向は，2002年から03年に実施されたIMFの「独立評価室」(Independent Evaluation Office, IEO) による一連の過去のエマージング諸国の危機の際のIMF支援と政策の関係を検証した結果を公表したものをみてもわかる．"Fiscal Adjustment in IMF-supported Programs", Independent Evaluation Office, IMF Sept. 2003 では，財政収支目標値は頻繁に変更し，実際には柔軟であるとしている．しかし，問題となるのは，その設定の変更自体ではなく，危機の際に財政収支目標値を見達成として支援を棚上げにし，危機をさらに悪化させているという事実である．第5章参照．

4) 新古典派を信奉していたエコノミストは最近までにニューケインジアンとして新たに登場している．Gallagher（2015）参照．
5) 1999年のエクアドル危機後に導入された「ドル化」は，小国で世界経済に与える影響が軽微であるため，例えそれが失敗しても大きな支障はない，との考えの下に実施されたとみられる．
6) 米国政府の圧力などからStiglitzは2000年にその地位を追われた．同氏のIMFに対する批判に対しても，IMFは少なくとも瑣末なことに反論するが，本質的な支援・融資方針の反省はみられず，むしろ正当性を強調していた．
7) これは，2016年予算と税制改革がコンディショナリティとされ，酒・タバコ，農産物への課税強化を要求している．こうした方式はアジア危機以降もほとんど同一である．
8) こうした融資のコンディショナリティは当該国の中銀や財務・大蔵省担当者とIMFの担当者など一部の関係者による相談の結果，作成・実施されるかたちをとっているが，実態は，IMFの決めた水準（たとえばGDP比3%以下に何年何月までに達成するような目標値）は支援実施の引き替えとして，当該国政府・当局に目標の達成を事実上強制するものとなっているとみられる．
9) 実際には，米国寄りの国々や優先度の高い国々には少々のコンディショナリティの目標値（パフォーマンス・クライテリア）が未達成でも支援は継続されており，IMFの「ダブル・スタンダード」は顕著である．
10) 中・長期的には銀行セクターの健全化は必要であるが，資本取引の自由化とともに地場の金融機関を整理することが本当に当該国の利益になるかどうかは別問題である．さらに，構造調整融資は，実際に貧困層への経済的な打撃は特に経済成長率がプラスであった場合に大きいという結果がEasterly（2000）によって示されている．このことは，緊縮政策をはじめとする構造調整政策は，もともと貧困層など所得分配に与れない層には有効ではないことを示している．
11) この典型的な例がトルコ危機（2001）であり，ブルガリアのプログラムでも当てはまる．
12) 例えばBretton Woods（2015a）参照．
13) 「戦略的重要性」の点では，黒海の要所を抑えるトルコに対しては一貫してIMF支援は継続している．なお，米国が国益のためにIMFに政治的圧力をかけることがごく普通に行われることは，Rubin（2003）の著書でも明らかにされている．その他には，ウルグアイ，パキスタンなどもこうした例に当てはまる．
14) こうしたIMF融資の不必要な長期化についてEasterlyは"Bailing Yourself Out"（自己救済）と揶揄している（Easterly, 2006b, p.228-229）．
15) これは明らかに市場経済の拡大に意図する米国の意向に沿ったものである．また，主要ラテン・アメリカ諸国は米国の影響も強いため，IMFなど国際機関に特別に待遇されてきた歴史があり，IMFは当時アルゼンチン（2000年まで）やブラジルなどの重点国に対しては優先的に支援，協力してきた．したがって，1990年代のラテンアメリカのアルゼンチンやブラジルなど「大国」に対するIMF支援においては，他国に対するコンディショナリティに比べ厳格なものとはいえず，極めて不透明なも

16) IMF は2001年のアルゼンチン危機前後までの同国に対する支援プログラムの詳細（例：趣意書［letter of intent］は，99年まで現在に至るまでほとんど公表されていないため，このような判断をせざるを得ない．99年5月の趣意書では①連邦政府の累積赤字，②連邦政府の非利払い支出上限，③中銀の純国内資産（Net Domestic Assets）の変化，④公的部門のネット内外債務，⑤短期の公的部門の債務増加，Indicative Target として連邦・地方政府の赤字，などを簡単に示しているに過ぎず，危機直前の2001年5月の趣意書が，連邦政府のプライマリーバランスや地方政府の財政収支などを含む詳細なコンディショナリティを挙げているのと対照的である．
17) 例えば，当時の趣意書では中央および地方政府のプライマリー収支を1998年はGDP比0.4%赤字から99年は同0.4%の黒字，2000, 01年とも同0.5%を目標とする，という大まかなものであった．
18) Bretton Woods Project (2016a).
19) IMF の支援は，従来支援規模よりも IMF が当該国にコミットしているとのメッセージが各国の関係機関や市場関係に伝わり，それが二国間経済支援や民間ベースの資金流入につながるという重要な側面があった．しかし，世界金融危機以降の IMF プログラム，特に欧州向けのプログラムではそうした側面はほとんど信用の上昇につながっていない．ギリシャやウクライナの案件はその典型例といえる．
20) Barro & Lee (2005) は，米国のように多数のクォータを保持し多数のスタッフを擁している国と政治経済的に緊密な国々ほど支援が決定されることを，政治経済変数を入れた回帰分析により説明している．なお，IMF の米国の投票権の比率は17%あり，重要事項決議の85%条項があるため，米国は事実上唯一の拒否権を持っている．
21) 実際，IMF の幹部は金融界と密接な人事交流を続けており，民間金融機関の意向を反映した政策をとりがちである．一方，米国政府も巨額な財政収支赤字を続け，貯蓄・投資バランスの改善のためには海外から資金調達することが望ましい．このワシントンにある米国政府の意向を IMF は反映しやすい環境にある．
22) 例えば，アジア危機以降の危機では「Bail-out」（財政支援積極化）のポリシーの下に主要な新興諸国への多額な融資を実施したが，それは金融業界の利害を顕著に反映したものであった．
23) 米国のコンサルタントが，韓国経済への処方箋として競争的な金融市場の導入を進め，その条件として財閥解体を進め，企業の合併や買収を進めることをしていた (Boose & Allen Hamilton, 2000).
24) 米国金融界からアルゼンチン前政権に対する圧力の可能性は否定できない．
25) IMF のフレームワークの詳細については第4節参照．
26) アジア危機の経験国（タイ，韓国など）では直前の財政収支は赤字ではなかったことに注意する必要がある．財政収支改善は安定的な経済成長が伴って初めて実現する．この点は現在の「失われた10年」を経験した日本でも立証済みである．

27) Przeworski & Vreeland (2000) では，IMF プログラム期間中成長率は抑制され，終了すると成長する傾向を立証している．IMF の独立評価室 (IEO) による財政政策に関する報告書では，IMF プログラムは必ずしも緊縮政策を伴うものではない，と結論付けているが，経済が縮小したため，財政赤字が拡大し，プログラムが追随し，結果的にプログラムを開始した時点より財政赤字が拡大するため，「緊縮的」ではない．しかも同報告書では，通貨・金融危機を経験した国々はほとんど含まれていないため，正確な評価とはいえない．
28) 詳しくは次節参照．
29) Easterly (2002) は，1980–99 年の 20 か国の IMF 構造調整プログラムの調査の結果，対象国になんら成長率に影響がないと結論付けている．
30) 理論的に指摘しているのは Ocampo/Stiglitz (2008)，Chwieroth (2010) らである．IMF も最近では安定的成長を目標として掲げるようになったものの，実態は大きくかけ離れているのが現状である．
31) さまざまな先行研究において，IMF 支援は非支援国の経済成長にマイナスの影響を与えるとの結果が立証されている．Easterly (2005)，Dreher (2006a) 参照．
32) 1950 年代に IMF のエコノミストらにより提唱されたもので，貿易（経常）収支が国内生産と国内消費の差に等しいという事実に注目する．これによれば，経常収支赤字を縮小させるためには国内消費を抑制することが必要となる．したがって，必然的に緊縮政策をとることが必要となる，という考え方．これは，ケインズ経済学の延長上にある国際収支分析の一つである．
33) 第 3 章の IMF プログラムの各地域での経験参照．
34) ブラジルは基本的に急激かつ過度な資本流入に対する間接的規制として金融取引税を導入したが，資本流出規制は導入していない．このため，最近では為替相場下落が進展，経済は悪化となっている．
35) IMF プログラムでは金利引上げに伴う景気悪化の可能性についてあまり重視されていなかった．実際に金利引上げが為替レートの安定に貢献するのは先進国において金融機関が健全で，しかも通貨の対象となる両国において通貨の代替性が保証され，内外金利差により為替レートが決定しやすい条件のある場合に限られよう．日米金融市場のように先進国間でさえも，金利差による為替レートの決定は最近の短期ではみられるが，金利差以外の要因で為替相場が変動する場合が非常に多かった．
36) 実際には，米国金融機関などが当該国への金融投資の為替リスクを回避できるというメリットがあることから，積極的にペッグ制を推進してきたとみられる．
37) 特にアルゼンチンの場合，1991 年のカレンシーボード制はハイパー・インフレを収束する目的で導入され数年後にインフレが大幅に低下し，当初の目的を達成したにもかかわらず 10 年間継続したのは，IMF の同国に対する同制度の信頼と推奨があったことは明らかである．少なくとも 2000 年前半まで IMF はアルゼンチンをある意味で「スターパフォーマー」として賞賛していた．トルコの場合はクローリング・ペッグ制がインフレ率に応じて為替相場が下落するシステムをとっており，2000 年に本格化した IMF プログラムでは変動相場制への移行を目指したが，その

通貨下落の幅を極端に制限し通貨供給を制限したことでクレジット・クランチが起こり，資金流出が加速し，危機が発生した．
38) 第3章のトルコ危機の項参照．
39) この資本取引自由化の背景には，資本の投資先として途上国市場を有望視する金融機関の意向を受けた米国政府の政策を反映したものであるとみられる．IMFの第一副専務理事であったS. Fischer自身も効率的な資源配分の観点から資本取引の自由化を説いてきた（Fischer, 1997）．1997年4月のIMF暫定委員会で資本取引の為替自由化促進が合意され，同年9月のIMF・世銀総会でも採択された．しかし，IMFが現在でも責任について曖昧な姿勢をとっており，最近の独立評価局（IEO）の報告書でも「encourage」したが責任はないという立場をとっている．
40) 第6条（Article VI：Capital Transfer）第3項では，資本移動の制限を規定している．同時に第8条（Article VIII）第2項では経常取引における制限を設けないと規定している．日本は1964年にIMF第8条国となり，経常取引の自由化は実施してきたが，資本取引に関わる自由化は1980年まで実施されなかった．IMFの条項と資本自由化・規制の問題はIrwin et al.（2004）参照．
41) アジア危機前後のIMFの動きについてはWilson（2004）参照．
42) アジア危機前後の第6条修正にかかわる背景についてはGallagher（2015）に詳しい．
43) IMFも資本取引の自由化については「適切な順序」に基づくことの重要性については1997年のアジア危機以降に認めてきた．この問題に関して最初に提示されたのはIMFの機関誌に掲載されたFinance & DevelopmentにおけるJohnston（1998）のペーパーであったが，IMFとして公式に問題点を認識したのは2000年代以降である．ただし，あくまで金融セクターの自由化のコンテクストの中での資本自由化の適切な実施というものであって，IMF自体が資本自由化推進したことにより危機の背景となったことについては認めていない．公式のものとしては，IMF and World Bank（2005}が挙げられる．
44) IMFの調査レポート（2010）で初めて公式に見解が示されたが，正式な容認は2011年4月5日のIMF総会において行われ，新興市場国が国際資本流入に対する規制措置を導入することを70年間のIMFの歴史で初めて公式に認めた．
45) マレーシア，アイスランドの経験については第3章参照．
46) IMFのファイナンシャル・プログラミングの問題点など詳細については大田（2005）参照．
47) 基本的コンセプトについては，Barth, Richard & Hemphill, William（2000），"Financial Programming and Policy: The Case of Turkey", IMF参照．これはIMFが経済プログラム作成の際の参考としていわば「教科書」として作成した資料であり，基本的なPolakモデルを基礎に置く．
48) OECD諸国の過去の例においても財政収支の改善は景気回復によってもたらされることは自明のことであり，日本の「失われた10年」といわれた90年代には財政収支は一貫して悪化してきた．
49) IMF, 世界銀行の分析モデルとフレームワークについては大田（2005）による．

50) 基本的に本モデルでは，外貨準備高およびマネーサプライは中央銀行にのみ保有される前提となっており，マネーサプライはいわゆる「ハイパワードマネー」である．
51) Khan, Haque, Monteiel (1990)．ただし，この修正モデルが実際にIMFのプログラムで使用されているかは定かでない．
52) Box1 におけるトルコ危機の例参照．
53) W.Easterly (2006a) では，82か国中74か国では貨幣の流通速度は安定性を欠くと結論づけている．
54) Easterly (2006a) は，1961-99年の109か国にわたる回帰分析を実施し，マネーサプライの増加はマネーサプライに対する国内信用供与の割合とはほとんど関係がないと結論付けている．特に109か国のうち45か国では両者は無関係あるいは逆相関を示している．およそ3分の2の国では係数が0.5未満であり，これは資本取引規制がある国66か国を除いた場合でも係数はそれほど変わらない（＝0.37）結果となった．国内信用の変化は，マネー関連項目によって相殺されており，準備高の損失などによって信用拡大が妨げられている可能性があることが指摘されている．
55) Easterly (2006a) によれば，国内信用（GDP比）の変化と財政赤字（GDP比）の関係を回帰分析すると，66か国の係数の平均は0.48であったが，66か国中51か国はマイナスあるいは数値が低く有意性はなく相関性は低いと判断された．さらに，日銀の量的質的緩和（2013年4月以降）でも，銀行貸出は巨額の財政赤字とほとんど無関係であることは立証されている．
56) IMFが支援の際に用いる趣意書（Letter of Intent）では，これまで多くの国で経済プログラムでのコンディショナリティとして中銀のベースマネー（中銀のNDAと純対外資産を合計したもの）全体から外貨準備を除いたNDAを採用しており，しかも拘束力が強いパフォーマンス・クライテリア（PC）として採用されてきた．現在ではNDAは拘束力の緩いインディカティブ・ターゲットとし，ベースマネーをパフォーマンス・クライテリアとしている．これは，NDAを縮小目標とすれば，中銀の外貨準備高が減少するときには，ますます国内のマネーサプライを縮小させる必要があるからである．いずれにしてもモデルの本質は何ら変わっていない．
57) ただし，実際には輸入の所得弾力性は途上国ではそれほど大きくない．IMFの各国および中長期を含む異なる分析では，輸入の所得弾力性はHIPC（債務最貧国）では0.3から0.7程度となっている（Easterly, 2006a）．
58) Polak自身，モデルが現在のような変動相場制が多数の国で採用され，資本取引自由化に伴う資本移動の影響をモデル内に組み込み修正する必要性は認めている（Polak, 1997）．IMFの拡張モデルでは為替レートをモデル内に組み込んでいるものの，輸出増加による経常収支改善の手段としての為替レートの調整として取り扱われており，国際資本移動に伴う通貨アタックによる変動などは想定していない．
59) 1990年にKhanらによって開発された修正モデルであるが，実際のプログラムで必ずしも使用されていない．Khan & Haque (1990) 参照．
60) Polak自身は今日の国際経済環境の変化に合わせて価格，生産水準（所得），財政支出，国際資本移動などの変数を取り込むことはできるが，為替相場の変化をモデ

ルに取り込むだけでも変数相互の関連を取り込む作業が大変であることを認めている (Polak, 1997).
61) Easterly (1999) は，世銀モデルも基本的にファイナンスギャップ・モデルに基づくものであり，資本投入をすれば経済成長が実現するという前提に立っているとして，その有効性に対して疑問を投げかけている．
62) 従来 MF 支援の決定，実施が国際金融界では当該国への「信認」を高める作用があり，特に対象国が経済危機に面している場合，構造改革を進める世銀のプログラムもそれに平行して行わざるを得ない場合が多かったことである．しかし，最近では IMF の影響力の低下に伴い世銀の自由度が増大しているとみられる．
63) 実際の RMSM-X はさらに複雑であるが，ここでは基本的な概念を説明することにする．
64) ただし，この生産，貯蓄，投資を含む基本的に 3–ギャップ (Three-gap) モデルにおいては，マネーマーケットは均衡にあっても，他の貯蓄－投資，経常収支，財政収支については不均衡となる可能性がある (Granville and Mallick, 2005).
65) Easterly (1999) は，こうしたモデルが基本的に用いられているファイナンス・ギャップを用いても投資と成長が理論的にも実証されないと指摘している．アフリカやアジアなど途上国 (計 138 か国) を対象として Financing Gap approach によって分析した結果，実際の 1961 年から 1992 年までの投資と GDP 成長率との相関はみられないことを示している．最近では，IMF の前調査局長の R. J. Rajan (シカゴ大教授) らが各国の調査から援助が必ずしも途上国の成長に貢献していないという論文 ("Aid and Growth: What Cross-Country Evidence Shows?" June 2005) を発表し波紋を呼んだ．なお，貯蓄，投資，政府支出の 3 つの制約条件を考慮した 3 ギャップモデル (Bacha, 1990) や国内外の需給バランスを考慮した 1–2–3 モデルおよびその拡張版も 1997 年に世銀の Devarajan らによって開発されている．後者は主に政策変数を考慮して国内税や関税が国内物価及び資源配分への影響や貯蓄・投資バランスの影響を分析できる中期モデルである．
66) D. H. C. Chen et al. (2004) による RMSM-X + P モデルなど．
67) 基本モデルを考案した Polak (1997) は，財政収支が国内金利水準に影響を与える可能性についても認識してはいるが，簡潔なモデルが複雑化すること，新たに加えた数式の係数が大きなものでないと無意味であるとしている．
68) B. Granville and S. Mallick (2003).
69) C. Chen, T. Ranaweera, A. Storozhuk (2004). インフレ率，成人識字率，貿易開放度，所得格差 (ジニ係数) などを変数として採用している．さらに教育 (政府の教育支出，1 人当たり GDP および都市化の識字率への影響) および健康 (幼児死亡率と厚生支出)，1 人当たり GDP および識字率リンクなどの要素を入れた式を用いる．
70) PRSP は対象国政府が世銀および IMF や関連機関と共同して作成する低所得途上国向けの戦略となる基礎資料であるが，実際には世銀の主導で作成されていると見られる．
71) 現在先進国 (米国，イタリア)，途上国 (マラウィ，モザンビーク，バングラデシュ

など）で実際に採用されている．G.O.Barney ら（2005）参照．
72) W. Easterly & R. Levine（2001）．
73) S. Devarajan and D. S. Go（2002）．
74) ただし，上記のさまざまな分析の試みでも成長率を指標として使わざるを得ないため，成長率だけでは本当に低所得国の開発ができるかという問題に答えることはできない．しかし経済学では成長率を援助や経済プログラムの効果を測定する適切な指標は使いにくい．
75) 最近では，IMF のプログラムが低所得国の長期的成長を目標にするか，あるいは短期的な資本収支危機に対処するものかそれぞれ適切な方法が検討されるべきであるとの見解も提示されているが，IMF の公式見解ではない．Ghosh & Qureshi（2006）参照．

第3章
IMF プログラムの実態
―重なる失敗と経済悪化―

1. IMF プログラムと危機対応

　本章では，各国の危機の経験において IMF がどのようにかかわってきたか，IMF の支援プログラムを批判的に検討する[1]．IMF プログラムは国内消費拡大に伴う経常収支不均衡に対し，緊縮政策によって全体的に均衡をはかることを目的としている．この点で，輸入拡大およびハイパー・インフレを経験した1980年代までのラテンアメリカにはある程度有効であったが，90年代以降に本格化した金融・資本自由化に伴う資本の急激な流出による資本収支危機 (Capital Account Crisis) に対しては，ほとんど効果はなかった．

　基本的に IMF は，1980年代に深刻化したラテンアメリカの対外債務危機の経験から，通貨の実質高に基づく輸入拡大による経常収支悪化とインフレ高騰の「経常収支危機」に対する処方箋として形成されてきた政策――すなわち緊縮政策による国内アブソープションを抑制し，さらにネット輸出（経常収支部分）を改善する方針――が基本となっている．しかし，メキシコ危機から始まりアジア危機で本格化した「資本収支危機」，すなわち資金流出に伴う為替下落および対外債務を引き起こし，経済全体の悪化が進んだ新たなタイプの危機に対して，同様の緊縮政策を適用する過ちを犯した．

　最初のメキシコの「資本収支危機」は従来の経常赤字をベースとした危機とは本質的に異なるものであった．1990年代に入りメキシコでは，ほぼ米ドルに固定した通貨制度のもとで自国通貨建て国債を大量に発行し，外国投資家が積極的に保有した．しかし，94年末に大統領選挙の候補者暗殺や地方反乱など政

治・社会不安に加え，米国の金利引上げを契機に一斉に資金が引揚げられたため，メキシコ・ペソは暴落し，対外債務が拡大した．急激な資本流出による通貨下落（通貨危機）と対外債務の拡大に伴う金融危機，さらに実体経済（成長率低下，失業率上昇など）の悪化を伴う経済危機が生じた．こうした複合的な通貨・金融・経済危機は「資本収支危機」と呼ばれる．ただし，メキシコ危機は比較的小規模でIMF等国際機関や日米関係機関の支援で短期に収束し，域外への波及も限定的であった．このように，IMFプログラムは短期で集中的に世銀・二国間資金とともに融資したケースでは比較的回復も早い（例：メキシコ［1994］，ブラジル［1999］，韓国［1997/8］）ことが多い．

しかし，アジア危機は最大規模の「資本収支危機」であり，コンディショナリティ遵守を目安に小刻みに融資する方式は，必要以上に支援対象国の経済状況を悪化させることがわかる．また，1991年のソ連崩壊後の中東欧諸国など，旧社会主義経済の中央計画経済に伴う市場機能を十分に活用しなかったことに対する自由化プログラムの主導をしたのもIMFである[2]．これは基本的に市場原理主義的な自由化と通貨固定化の実施に伴う危機であるが，1997/8年アジア危機発生に伴う原油価格低下により財政赤字が急速に拡大したことが根本的背景にある．そのような状況でも，依然として経常収支危機に対応した旧来のIMFプログラムにおける不適切なコンディショナリティを実施した．

2008年世界金融危機は資本の急激な流出を含む危機としてユーロ・欧州危機が深刻化したが，IMFはEUのプログラムと一体化して従来通り短期緊縮政策が継続されてきた．このため，依然としてギリシャやウクライナなど対象国の景気は低迷し，債務返済がほとんど不可能な状況となっている．

以下，各地域のIMFプログラムの実施とそれに伴う経済状況や当該国の経済構造にいかなる影響を与えたかをみる．

2. アジア

2.1 アジア危機とIMFプログラムの失敗

史上最大規模の資本収支危機はアジア危機（1997/8）であった．アジア危機

で特に深刻な影響を受けたタイ，インドネシア，韓国ではそれぞれ事情が異なるものの，経常収支の赤字を短期資金でファイナンスする構造があり，しかもそれを海外からの資金調達に依存していた．このため，急激な資本流出に伴い通貨が下落し対外債務が大幅に増加した，本格的「資本収支危機」(Capital Account Crisis) であったことは共通している[3]．しかし，その背景には IMF が中心となって推進した金融および資本取引の自由化があった．また，支援に乗り出した IMF は各国で同様の緊縮政策のみならず，金融機関のリストラ，金融市場の自由化や民営化を短期に推進したため，当該国に大きな打撃を与えた．本質的に急激な資本流出に伴う流動性危機に対し，IMF は危機に直接的に無関係な「構造改革」プログラムを適用し，不必要ともいえる経済社会構造への打撃を与えた．

東南アジア地域では 1990 年代に入り一層資本自由化が進展し，タイ・マレーシアなどで自由に外貨と当該国通貨を交換できる「オフショア」市場が拡大した．アジア各国では通貨がドルにほぼ固定していたため，為替リスクが過小評価され，海外からの短期借入が拡大した．加えてインフレ率が高まる中，資金流入が拡大したため通貨が割高となり，輸入増加に伴う貿易・経常収支赤字拡大を引き起こした．これが当時投機的な資金取引で利益を上げてきた「ヘッジファンド」（高い収益を目標にリスクの高い金融取引を行う金融業者）の急激な資金引揚げを招き，1997 年 7 月にタイの通貨バーツの急激な下落をきっかけに危機が発生した．その後，危機は瞬く間に周辺アジア諸国に波及した．こうした危機は基本的に急激な資本流出に伴う通貨下落（通貨危機），対外債務の拡大に伴う銀行等金融機関の金融危機，さらに信用収縮によって実体経済も悪化する経済危機が同時に発生するもので，「資本収支危機」である[4]．もともと，米国を中心とした海外投資家（ヘッジファンド含む）は，投資対象国の資産への投資のために通貨固定を選好する．しかしそれは本来のリスクを過小評価することにつながる．当該国経済・市場が好転している間は，株式投資をはじめ金融投資が急速に拡大し，その投資資金は流入する．しかし，アジア危機ではその資本が「逆流」し，流入減少あるいは流出に転じた．

タイから発生した危機は，周辺アジア諸国のマレーシア，インドネシアのみならず東アジアの韓国まで伝播 (contagion) した．タイ，インドネシア，韓国

では，1997年秋以降IMFプログラム下で厳しい緊縮政策が実施された．各国とも歳出は大幅に削減され，金利も引き上げられたため，経済低迷は一層深刻化した．当初の厳しい緊縮政策を多少緩和したことで次第に経済は回復したものの，危機後の経済・社会への打撃は大きく，人々の不満が拡大し，上記IMF支援対象国ではいずれも政権崩壊や交代が起きた．

さらに，アジア危機の影響で世界的に資源価格は低迷し，石油収入に依存するロシアでも資本の流出に伴う通貨危機（1998.8）が発生した．その後，ラテンアメリカのブラジル（1999）やアルゼンチン（2001/2）でも急激な資本流出に伴い危機を引き起こし，政権崩壊や交代がもたらされた．こうした中，資本規制を継続してきたインド，中国や98年に資本流出規制を導入したマレーシアなどでは危機の影響は軽微にとどまった．この相次いだ危機の経験から，アジアやラテンアメリカの主要途上国や新興国では，2000年代以降国際資本移動の監視監督体制を強化・整備してきた．

なお，2000年代半ばまでにアジア危機経験国は全てIMFへの返済を終了しており，現在では完全に経済政策の自由度を確保している．そのために，危機経験国では資本・金融取引に関して一定の監視強化や為替取引の制限およびプルーデンシャル・コントロールの強化などを通して，急激な資本流出に伴う資本収支危機に対応する体制が構築されている．このため，2008年の世界金融危機後に一部の新興国で通貨スワップを行ったのを除けば，危機的状況には陥っていない．以下においてそれぞれの国における危機の発生の背景とIMFプログラムの関係を明らかにする．

2.2　タイ：アジア危機発祥地

1990年代の特徴である資本自由化に伴い危機が発生したメキシコ危機に続き，大規模なアジア危機を引き起こすきっかけとなったのが，タイである．タイに始まる危機は基本的に「資本収支危機」で自由な国際資本移動の下，資本取引規制がなかったことで短期の大量な資金流出によって外貨流動性が減少したことが背景にある．97年7月2日に同国がバーツ売り圧力の拡大から変動相場制に移行したことから，アジア危機発生の発端となった．タイでは96年から97年にドル高に伴い米ドルに事実上ペッグしていたタイ・バーツの実質

実効為替レートが上昇した（図3-1）．しかし，97年に入り経常収支赤字の拡大などマクロ指標の悪化に伴う国際金融投機筋によるバーツ売りがきっかけとなって，為替の大幅下落が始まった．最も根本的な背景は，①早期に資本取引自由化を実施したことで，一時大量に流入した資金が信認低下によって「逆流」し，歯止めがかからなかったこと，②タイ・バーツの実質実効レートの上昇などがあった．しかし，後者の背景には，IMF等の推進するクローリング・ペッグの採用が背景にあったことは否めない．

タイでは1991, 92年の外国為替管理規制の緩和に続き，93年にバンコク・オフショア市場（Bangkok International Banking Facility, BIBF）が設立された．これもIMFなどが推進してきた資本自由化の方針に沿ったものである．当時事実上バーツをドルに固定化したことで，為替安定によって，リスクが過小評価され，日系金融機関をはじめとする貸付が短期間に増加し資金流入が急増した．危機直前まで流入した直接投資は，主に製造業に向かったが，対外借入の急増によって，同時にノンバンクであるファイナンスカンパニーを中心とした不動産投資も急膨張した．しかし，それに伴い通貨の実質実効レートが上昇し，輸入が急増し，経常収支赤字は96年にGDP比8%まで拡大した．そのため，いったん通貨不安が生じると返済不能に陥る企業が続出し，バブル融資後の不良債権が急速に増加した．

図3-1　実質実効為替レート
　　　（アジア危機経験国）

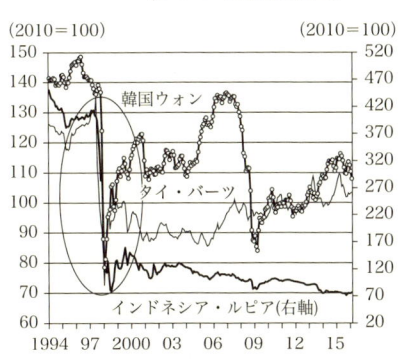

（出所）　BIS (Broad Index of Real Effective Exchange Rate)．

図3-2　財政・経常収支（タイ）

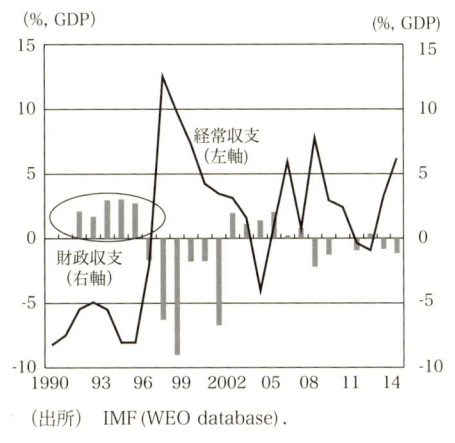

（出所）　IMF (WEO database)．

IMF経済プログラムはここでも画一的な経済パッケージを処方し，財政面では緊縮政策導入（VAT引上げによる歳入増加，歳出削減），金融構造面では脆弱な金融機関の整理・処理，ファイナンスカンパニーへの流動性供与，預金保険機構の設立などが盛り込まれた．

第1に緊縮政策は，短期の方策としては効果的でないことは明らかであった．緊縮政策を導入する理由として挙げられた経常赤字は拡大していたが，主に国内投資拡大に伴う資本財・中間財などの輸入が拡大したものであり，国内直接投資が拡大する局面ではどの国でも起きる現象であった．こうしたなか，IMFプログラムに沿った緊縮政策が導入され，景気は一層悪化した．それにもかかわらず「画一的」にIMFは緊縮政策を導入した．このため，景気が大幅に減速し，98年には税収不足が深刻化，歳入不足で財政収支はむしろ悪化した[5]．

第2に，金融機関の整理については性急な措置によって同国は大きな打撃を受けた．外貨流動性の危機に際して，こうした金融機関のリストラを融資のコンディショナリティに入れることが，本当に短期的な措置として適切であったかどうかは疑わしい．

タイでは銀行融資の50％近くが利払い不能に陥ったにもかかわらず，IMFは銀行に対して自己資本比率の基準を短期に満たすように要求し，リストラを推進させ，経済をさらに悪化させた．大半の銀行がバランスシートを改善させるため，貸出先企業に融資の返済を求めた結果，企業は経営難に陥った．危機発生後，通貨は大幅に下落，形式的には変動相場制に移行し，経常収支は改善したものの，対外債務は拡大し，インフレ圧力が大幅に高まった．

このように，タイでは1998年までに上記のIMF経済処方箋の実施に伴う実体経済への打撃は大きく，景気低迷をもたらした．その結果，もともとASEAN諸国の中でも大きかったタイの所得格差はますます拡大した．そこでIMFは98年以降，セーフティネットの拡充，貧困層・失業者問題など社会問題に対する支出もプログラムに組み込むなど，少なくとも形式的には対応せざるを得なくなった（表3-1）．また，コンディショナリティに組み込まれた経済目標値も実体経済の悪化を後追いするかたちで緩和せざるを得なくなった．このことからも，IMFは後のIEO報告書で「当初の目標値は楽観的過ぎた」と指摘される誤りを犯した[6]．しかし，IMFの指導下に実施された政策が経済・社会

に与えた影響は非常に大きく，その後地方の農村社会の貧困と地域格差拡大を背景としてその是正を訴えたタクシン政権（2001-06）が誕生した背景となったと考えられる．

タイはIMFへの返済も順調に行い，2003年にスタンドバイ融資返済も完了した．それ以降は，IMFプログラムの制約がなくなったため，一部為替取引に規制（非居住者の預金残高規制）を導入するなど，通貨危機の経験を踏まえて，独自の判断で経済政策を行うようになった．これが，むしろ最近の同国経済政策の安定性を増し，為替や景気の安定化を支えているとみられる．

表3-1　各国に対するIMF経済プログラムとその結果（タイ）

タイ	コンディショナリティ導入時期（1997-98年）	マクロ経済数値目標	構造改革政策目標
Phase I	97年8/11月，98年2月	①財政均衡をめざし，VAT引上げ，歳出削減．財政収支は97/98年で対GDP比＋1.0%②脆弱な金融機関の整理，③GDP成長率低め（2-3%台）設定，経常赤字の97年対GDP比5%，98年3%に抑制目標．[97年8，11月]	①16金融会社閉鎖，②金融機関開発基金（FIDF）による金融機関リストラ，監督強化，③金融機関の経営健全化計画策定，④金融機関への外資出資規制緩和
Phase II	98年5月，8/12月	①財政赤字は98/99年の目標値は対GDP比3.0%（5月），5.0%（12月）②98年のGDP成長率はマイナス7%，③98年の外貨準備高は2.6-2.8億ドル，④社会政策に財政支出対GDP比0.5%	①FIDF強化に資金注入，保証，②タイ中銀による銀行監督規制，③国営銀行，国営企業民営化プログラム導入，④社会的セーフティネット強化（98/5）
		導入前後の経済の変化	結末（政権交代等）
Phase I	97年8/11月，98年2月	①流動性危機，金融システムの増幅，②失業者急増，社会不安増大．③経常収支大幅黒字	①97年11月に政権交代，チュアン政権（第2次）発足．その後の経済悪化で同政権への支持率低下，金融改革への批判高まる．②経済危機の深刻化．
Phase II	98年5月，8月	①経常収支は輸入減少で黒字化．②経済は依然低迷．③失業増加	政情不安続き，2001年まで景気低迷．2001年2月に発足したタクシン政権は格差に取り組み農業対策などセーフティネット重視．2002年より景気本格回復．

（注）年月は，趣意書（Letter of Intent），または経済覚書（memorandum of Economic and Financial Policies）の公表時．
（出所）IMF資料より作成．

2.3　インドネシア：IMF経済処方箋最大の被害国

インドネシアはタイの危機が伝播した典型例であり、IMFプログラム初期において不適切な「処方箋」が適用された典型的な例であり、アジア危機経験国で最も打撃を受けた（図3-3）。GDP成長率は96年に前年比プラス7.8%であったが、98年には同マイナス13.1%となり、CPI上昇率も同58%に達した[7]。アジア危機のきっかけとなったタイ・バーツが下落した1997年7月にはインドネシア・ルピアの下落は小幅で対ドル2500ルピア前後であった。しかも、それまでインドネシア経済ファンダメンタルズは堅調で、IMFも直前までリスクについてはほとんど指摘していなかった。

例えば、危機直前の1996年までインドネシアの経常収支赤字はGDP比3%程度に収まっており、財政収支は黒字であった（図3-3, 3-4）。また、GDP成長率は7%程度を維持していた。しかし、タイの危機が波及し、資本流出に伴う急速な為替下落が起きた結果、8月14日に同国ルピアは変動相場制に移行したが、政治的な不安も重なり、他のアジア諸国に比べ長期にわたり為替下落が継続した。このため、インフレ昂進のみならず、資金が急激に流出、為替の下落に伴い対外債務も急速に拡大した（図3-5, 3-6）。

危機の深刻化を受けてインドネシア政府は11月5日にIMF支援を要請、IMFプログラム第1次合意に沿った経済政策が進められた。IMFの100億ド

図3-3　GDP成長率/CPI上昇率（インドネシア）

（出所）　IMF WEO database.

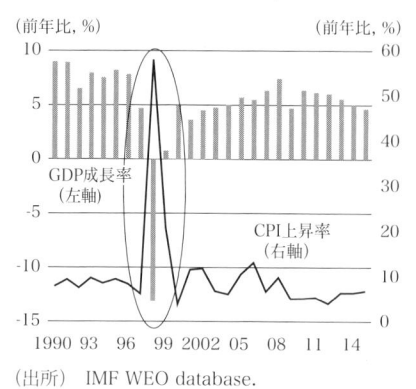

図3-4　財政収支/経常収支（インドネシア）

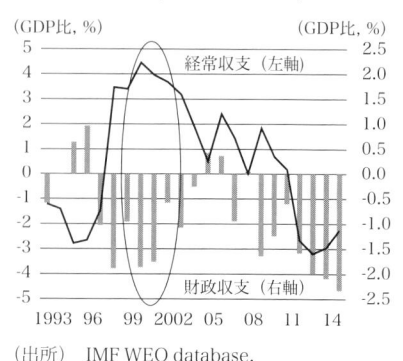

（出所）　IMF WEO database.

ルの他,世界銀行から45億ドル,アジア開発銀行から35億ドル,インドネシア政府緊急準備金から50億ドル,総額230億ドルの融資を受けることとなった.さらに日米,シンガポールから162億ドルの準備金が用意された.IMFのプログラムは総じて緊縮的であったが,特に影響が大きかったのは流動性の確保よりむしろ国営企業や銀行のリストラなど構造問題を優先したコンディショナリティを実施に移したことである.このため,IMFプログラム実施により経済状況が大幅に悪化し,同時に信認低下に伴う大幅な為替下落によって対外債務は拡大した.

さらにIMFプログラムのコンディショナリティには構造改革として銀行の整理・リストラ策を短期間に実施,多数の商業銀行が清算された(1997年11月,16行).この銀行閉鎖につき小口預金者保護がされなかったため,金融セクターへの信認が大きく低下し,一層市場の不安定化をもたらした.この点でIMFプログラムは大きな問題を含んでいた[8].金融危機の最中に銀行の貸出スタンスは大きく厳格化したため,銀行の民間企業への貸出は急速に減少し,市場の環境悪化と実体経済悪化に拍車をかけた.これが,結果的に当初の意図を超えた経済的な悪影響を与えた.銀行の貸出の急減に伴い,インドネシアでは全事業会社の75%が経営難に陥ったとされる.

対インドネシアのIMFプログラムは,第2次(1998年1月15日)に続き

図3-5 金融/経常収支(インドネシア) 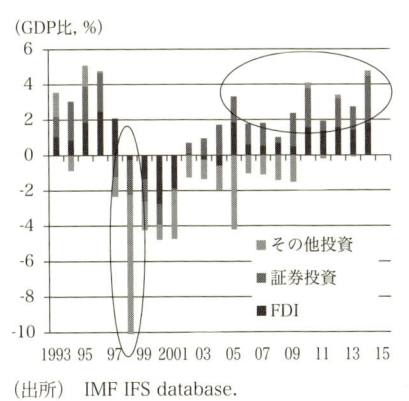
(GDP比,%)
(出所) IMF IFS database.

図3-6 対外債務(インドネシア) 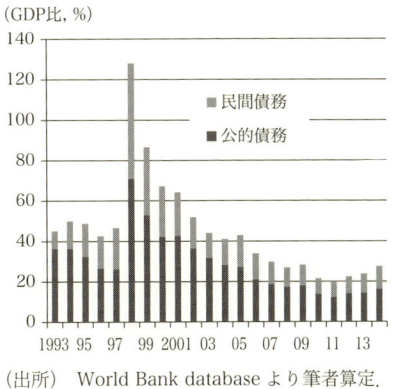
(GDP比,%)
(出所) World Bank databaseより筆者算定.

1998年3月のレビューではコンディショナリティの遂行状況が不十分ということで融資が延期された．このため，危機は一層深刻化した．1998年4月にようやく第3次（4月10日）合意がなされた．対インドネシアIMF支援は総額100億8300万ドルと対韓国の209億9000万ドル億ドルやブラジルの182億6200万ドルに比べて少額にもかかわらず，そのコンディショナリティは大変厳しいものであった．この第3次合意では，コンディショナリティに包括的な銀行セクター対策，国営企業改革と民営化，構造改革（流通改革を含む），民間債務対策に加え，金融・金利政策など多種多様な政策が含まれていた．しかし，これらの多くは中・長期的な課題であり，経済危機に速効性のあるものではなかった．

経済状況が悪化した中で，補助金廃止に伴う燃料価格など生活必需品まで大幅に価格を引き上げた上，構造改革を強行したため，さらに経済状況は悪化する結果になった．また，韓国など他のアジア企業がアジア危機で打撃を受けたため資金繰りが付かず，プロジェクトが相次いで中止されたこともインドネシアの信用を著しく傷つけた．しかも，いったん信用度が落ちると，短期資金の流出は非常に激しく，為替下落幅が大きくなった．これがインフレを加速化し，輸入原材料の値上がりによる生産低迷，信用度低下による貿易の停止などが見られた．

こうした経済危機が政治・社会問題に発展し，国民の不満が一挙に噴出したため，1998年5月にスハルト大統領辞任という政権崩壊も引き起こした．この政権崩壊に決定的な役割を果たしたのは，IMFプログラムに沿った財政赤字削減のためのエネルギー価格引上げと食料輸入自由化による食糧価格の上昇であった[9]．しかし危機前に黒字基調の財政状況下，本来財政支出削減は必要のなかったものである．新内閣とIMFが1998年6月24日に合意した第4次合意では，それまでの合意に比べ貸付条件を若干緩和した[10]．ところが，IMFは実体経済が急速に悪化する中で，目標値を適当に修正してゆくことによって不必要な緊縮政策を一層長引かせることになった．このように，IMFプログラムはそのタイミングと重点の置き方が誤っていたのみならず，実施までの期間や方法などでも政治・社会的な影響を考慮していなかったことは明らかであった．インドネシアにおけるIMFの融資プログラム政策の問題点は，以下の通りで

表3-2 IMF経済プログラムとその結果（インドネシア）

	時期	マクロ経済数値目標	構造改革政策目標
Phase I	97年11月, 98年1/4月	①財政収支を対GDP比黒字1%（1月は1%赤字，4月には3%に緩和），②アルコール，タバコ，間接税引上げ，VAT例外項目の除去，③電力・燃料価格引上げ（70%）	①民営化推進，株式売却②銀行の整理閉鎖（16行），③不良債権処理策，④銀行再建庁（Indonesian Bank Restructuring Agency [IBRA]）設立，⑤中小企業向け優遇融資19（98/1），⑥金融部門への外資参入規制緩和・撤廃
Phase II [1998年5月以降]	98年6, 7, 9, 10, 11月（8月よりSBAからEFF (Extended Fund Facility)に変更）	②財政赤字対GDP8.5%まで緩和，開発支出増加③対GDP比7.5%の社会政策支出，燃料・薬品値上げ凍結（1998/6）	①インドネシア銀行再建庁の権限強化，②銀行資本注入やリストラなど選別化（98/10），③BULOGを通して食料確保強化，セーフティネット強化（1998/6）
		導入前後の経済の変化	結末（政権交代等）
Phase I	97年11月, 98年1/4月	①ルピア下落（対ドル3,000–4,000から10,000台に），②インフレ悪化（年率50%超），③生産低迷，④海外の信用供与停止，⑤経常収支黒字増加，⑥失業率増加（14%, 98/5）	①98年5月下旬の暴動でスハルト退陣，ハビビ副大統領昇格，②IMF処方箋に基づく経済政策の過ちに加え，従来からの貧富の差拡大，③大統領ファミリービジネス等の問題が経済危機で爆発，政変（98/5），④ASEANで最も大きな経済後退
Phase II [1998年5月以降]	98年6, 7, 9, 10, 11月（8月よりSBAからEFF (Extended Fund Facility)に変更）	①一層のインフレ，経済低迷進む（98年GDP成長率はマイナス13.1%）（98/6），②財政収支は対GDP比6.5%，③経常収支は同4.5%程度の黒字	①経済悪化を背景にスハルト前大統領やハビビ大統領への批判高まり，1999年10月大統領選の結果，ワヒド大統領，メガワティ副大統領選出，2001年7月メガワティ大統領就任．②景気は2000年以降本格回復．③2003年12月にIMFプログラム（Extended Fund Facility）終了

(注) 年月は，趣意書（Letter of Intent），または経済覚書（memorandum of Economic and Financial Policies）の公表時.
(出所) IMF資料より作成.

ある．

　第1に，通貨危機の影響が国内経済面において表面化したのは短期的な資本流出に伴う外貨流動性の危機であるため，本来資本流出規制などで対応すべきところを，為替下落に対処するために金利を引上げたことで逆に経済を悪化さ

せたことである．通貨下落に直面した国において IMF は金利引上げを奨励してきた．Aziz（2001）によれば，アジア危機時のインドネシアでは金利引上げは成長率でマイナス 4-5%，為替レートで 22%程度ネガティブな影響を与えており，それにより物価も本来金利引上げしない場合に比べ，2%程度上回っていたと推定されている（表3-3）．

第2に，インドネシアではオフショア市場のシンガポールなどから自由に短期資金を為替ヘッジ無しで調達していた企業も多く，銀行よりむしろ民間企業の対外債務が大きかった．このため，債務増加による利払いの増加が経常収支赤字の主因となり，これがさらに対外債務拡大に繋がったにもかかわらず，IMF プログラムでは銀行のリストラを第1に優先したことから一層混乱が広がった．しかも預金補償は不十分であったため，取り付けが発生した．これは，原因の正確な評価もなしに「画一的な」構造改革をコンディショナリティとして性急に推進したことは明らかに不適切であったと考えられる[11]．

第3に，根本的な背景として，同国は金融資本市場が未熟で低所得国にもかかわらず，1980年代末から 90年代初めに ASEAN では比較的早期に金融・資本自由化を推進し，経常取引のみならず，短期資本取引の自由化に踏み切ったことで，国際収支は順循環的（Pro-cyclical）な構造が強化され，リスクが高まったことである．

インドネシアの場合，従来からシンガポールのようなオフショア市場に近接し，米ドル建て CP がオフショアで発行され，現地通貨ルピアに交換されるな

表3-3　インドネシア危機時の金利の効果（シミュレーション）

		1997年11月	1998年5月(スハルト政権崩壊)	1999年3月
実質GDP	ベースライン（実際の金利引上げ）	1.0000	0.8582 (= -14.18%)	0.9481
	金利引上げなし	1.0000	0.9016 (= -9.84%)	1.0380
為替レート	ベースライン（実際の金利引上げ）	1.0000	1.9304 (= 93%下落)	1.6646
	金利引上げなし	1.0000	1.7096 (= 71%下落)	1.6139
物価	ベースライン（実際の金利引上げ）	1.0000	1.9805 (= 98%上昇)	1.6119
	金利引上げなし	1.0000	1.778 (= 78%上昇)	1.6119

(出所) Aziz [2001] より作成．

ど，基本的に当局の資本規制・管理は行われず，公式・非公式に資金が流出入していた．もともとインドネシアは1990年代まで外国からの資金に大きく依存する構造であったため，タイの通貨危機が最も極端な形で波及し，資本流出が拡大したのである．

第4に，IMFプログラムのコンディショナリティのなかで，財政支出削減のためエネルギー価格の大幅引上げが課されていた．国内のエネルギー価格は政府の補助金によって支えられていたため，危機に際してIMFは補助金削減の方針を打ちだした．しかし，これは本来不適切な政策であった．石油関連の補助金削減は，米国など多国籍企業の競争力強化には有益であり，この意味からも当該国の事情を考慮せず米国を中心とした外国企業の利益が優先されたといえる．

もともとインドネシアの財政は「経常予算」と「開発予算」に分けられ，常に「均衡財政」とすることが憲法上決まっており，後者は主に公的援助（プロジェクト案件などを含む）で占められていた．インドネシアは産油国であり，その資金は国家予算にも貢献しており，同国がこれまでエネルギー価格を低く抑えることが可能であった．しかし，IMFのプログラムでは，そうした仕組みを十分考慮せず，補助金は廃止するとの原則のもとに，短期間でのエネルギー価格の引上げや金融機関や国営企業のリストラがコンディショナリティとして要求された[12]．もちろん，インドネシアの場合，スハルト・ファミリービジネスの問題，貧富格差，金融セクターの脆弱性など構造的な問題があったが，本来短期の危機に対処するべく流動性供給を最優先にするべきIMFプログラムの処方箋を，中長期的構造的な問題解決の手段として適用したことは，不適切であったと言わざるを得ない[13]．

なお，当初IMFはインドネシアの構造的な問題を指摘し，金融機関の強化の正当性を強調してきたが，IMFの独立評価室（IEO）の報告書ではこうした構造的改革が必ずしも通貨危機に対処できたとはいえないとの見解を明確に示している（Box 3参照）．

2.4　韓国：外貨流動性不足と構造リストラのミスマッチ

韓国も，典型的なアジア危機の伝播による危機であった．タイ・バーツ暴落

が始まった1997年7月にはまだ,韓国通貨ウォンはそれほど大きな下落が起きていなかった[14]. しかし,同年12月から急速にウォンの下落が加速し,経済・金融状況が悪化した. それまでは比較的市場は落ち着いていたにもかかわらず,こうした危機的状況になったのは,年末にかけてIMFの調査団などが韓国の財閥企業の運営や資金管理などを厳しく糾弾し,コンディショナリティとして適用を迫ったことがある[15]. また,こうした動きに呼応して,主要格付け会社も韓国のソブリン・レーティングを相次いで格下げした. この結果,国債のスプレッドは拡大し,通貨と共に株価も下落した. 危機の伝播に伴う外的な環境の異変によって,韓国への短期融資は途絶え,財閥企業が依存していた民間対外ファイナンスが困難となった. これが同国の最大の問題であったため,緊急の外貨流動性の補填が必要となった.

2.4.1 危機前後の韓国

韓国は危機前まで比較的良好な経済状況にあり,経常収支赤字はそれほど拡大しておらず,また財政収支も堅調であり,景気状況も悪くなかった. それにもかかわらず,危機の最中にIMFは構造調整政策をコンディショナリティとして,韓国当局に譲歩させたのである.

韓国は,1996年,実質GDP成長率は7.6%,インフレ率は4.9%,財政収支は黒字基調で経済指標は概して良好であった(図3-7). また,対外債務も公的債務は非常に少額であった. 1990年代に入り円高に伴うウォンの相対安から,輸出が大幅に増加し,企業の設備投資が拡大,その資金を銀行と総合金融会社が大量に海外から調達した. このため,「民間」債務が対外債務の中心を占めており,特に財閥(Chaebol,チェボル)の急速な拡大と海外借入の増加が顕著であった. 多くの韓国企業が投資資金を短期債務で賄った結果,まさに「自転車操業」的な企業経営が多かった. 96年に入りドル高に伴う円安・ウォン高への反転や半導体市況の低迷などから,過剰設備投資を行った企業とその不良債権の存在が多くの金融機関,および財閥企業の経営を悪化させた. マクロ経済面では,中間財,特に部品の輸入が増加したため,経常収支赤字幅が急速に拡大した(図3-8).

1997年末に外貨流動性不足に陥り,外貨準備高は急減,同年の輸入カバレッ

ジ（財・サービス輸入比）は2か月未満（1.4か月）となり，対外債務の返済の資金繰りが付かなくなった（図3-9）．その意味では，韓国の場合，短期の民間債務の急増にともなう流動性危機が危機発生の主な原因であった．この本質を見誤って次項で示すように構造調整を含む「画一的」な経済プログラムをコンディショナリティとしたことが根本的なIMFの誤りであった．

2.4.2 IMF プログラム下の韓国

危機に直面した政府は国際機関の支援を要請し，IMFや世銀などからの国際支援プログラム（総額570億ドル）が1997年12月24日に合意された．その結果，政府当局はIMFの経済プログラムに沿って，金利の大幅引上げと財政緊縮措置，金融機関の整理統合や企業のリストラ，民間企業の債務を一括して処理することなどを含む経済政策を進めた．

危機発生後97年末から通貨ウォンは大幅に下落した結果，インフレが昂進し，国民の実質所得を低下させた．一方で信用度の低下によって国際的な資金調達が困難となり，各企業は資金不足に陥ったため，合理化が進んだ．また，為替下落で輸入中間財（部品等）が値上がりし，これが製品価格に反映されたため，為替下落による輸出競争力の改善のメリットは失われた．さらに，折からの（対ドル）円安によって，日本と競合する製品（自動車，電機製品，造船，

図3-7 GDP 成長率（韓国）
（出所） IMF.

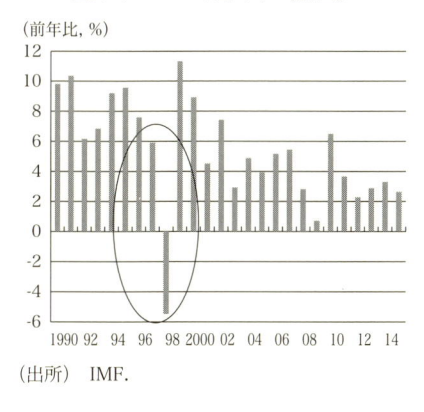

図3-8 財政・経常収支（韓国）
（出所） IMF.

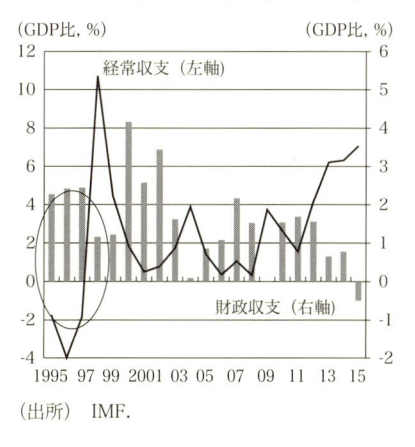

鉄鋼)を輸出している韓国は,大幅な競争力の低下に見舞われ,輸出も減少した.金利上昇の影響で民間企業の貸し出しは低迷し,困難な状況に置かれた.

ただし韓国の場合,タイやインドネシアに比べて当初から大規模な支援が実施され,1997年12月にIMFから210億ドル,世銀およびアジア開銀から140億ドル融資されたため,危機は乗り越えることはできた.このことは外貨流動性の危機に陥った国に対し,短期に大量の資金投入が必要かつ非常に重要であることを示す.しかし,韓国への重点的な資金配分は米国などの国際政治戦略を反映した極めて政治的な背景があったとみられる.

第1に,本質的に韓国危機は信認低下による短期の外貨流動性不足の問題であったが,IMFは中長期的な構造問題をコンディショナリティとして「改革」を強要した.例えば,銀行のリストラや財閥企業の改革,公的部門や労働市場改革に加え,国内金融・資本市場や貿易・投資自由化,外貨制限や外資参入制限の撤廃,労働市場の弾力化,財閥企業の原則的解体と株式持ち合いおよび相互信用保証の解消など,広範にわたる構造改革が求められた.その結果,金融不安と企業への貸し渋りが続いたことも経済危機に拍車をかけた.各企業は収益改善のため,大量の合理化・人員整理を伴い,失業者の増加や国民所得の低下で購買力も低下し,景気が低迷した.

第2に,経常収支悪化に対して,特にIMFプログラムは短期の大幅な金利引

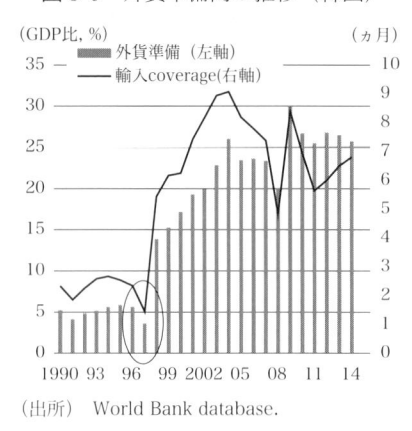

図3-9 外貨準備高の推移(韓国)

(出所) World Bank database.

図3-10 対外債務の推移(韓国)

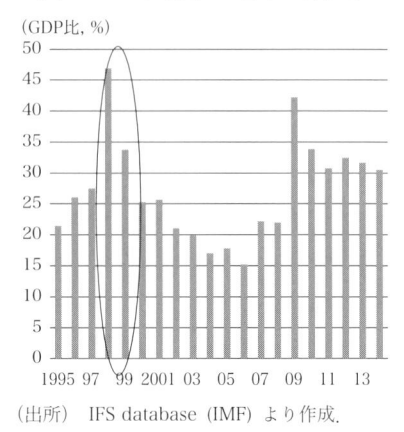

(出所) IFS database (IMF) より作成.

表 3-4 IMF 経済プログラムとその結果(韓国)

	コンディショナリティ導入時期 (97-98 年)	マクロ経済数値目標	構造改革政策目標
Phase I	97 年 12 月, 98 年 2 月	①財政均衡をめざし, VAT 引上げ, 歳出削減. 財政収支は 98 年は対 GDP 比 0.8%黒字 (98/2). ② GDP 成長率低め (2.5%) 設定, 経常赤字の 97 年対 GDP 比 5%, 98 年 3%に抑制目標	①脆弱な金融機関の整理, リストラ, ② WTO 基準の貿易関連補助金廃止, 資本自由化, ③企業補助金の削減, ④所得税・法人税課税強化
Phase II	98 年 5 月	①財政赤字は 98 年は対 GDP 比 1.75% (5 月), ②経常収支対 GDP 比約 10%, ③ GDP 成長率マイナス 2%目標 (5 月)	① CAR8%以上目標 (1999 年 6 月末迄), ②韓一銀行, ソウル銀行の外部民営化アドヴァイザー, ③金融機関規制強化, ④為替・資本取引自由化, 貿易自由化 [以上 5 月]
Phase III	98 年 7/11 月	①純国内資産 (NDA) 目標値緩和 ①財政赤字は 98 年は対 GDP 比 4.0% (7 月), 5.0% (11 月) ④社会的セーフティネット配慮, GDP 比 2.5%支出, ②中小企業向け融資 33 億ドル	① KAMCO (韓国資産管理公社) による銀行への資本注入措置, 銀行再編に公的基金利用 [7 月, 11 月] ②韓一銀行, ソウル銀行入札, ③世銀の構造調整融資と協力 [以上 7 月]
		導入前後の経済の変化	結末 (政権交代等)
Phase I	97 年 12 月, 98 年 2 月	①流動性危機, 金融システム崩壊, ②企業リストラや倒産で失業者急増, 社会不安増大. ③経常収支黒字, 輸出伸び率は大幅鈍化. ④為替大幅下落 (97 年末:1695 ウォン/米ドル)	①不良債権および外貨流動性危機が発生の発端, ②98 年当初は金大中大統領の IMF 受入政策への支持
Phase II	98 年 5 月	失業増加 (8.5%, 98/10), 経済悪化継続. 生産・輸出低下	与党支持率は次第に低下し野党勢力増加, ただし金大統領は政権維持
Phase III	98 年 7/11 月	①輸入減少 (前年比 36.2%減) で経常収支大幅黒字 (97 年 400 億ドル→98 年 404 億ドル), ②対ドルレートは 98 年末 1200 ウォンと下げ止まり, ③ 98 年中は実体経済悪化 (GDP 成長率マイナス 6.7%)	① 99 年 (GDP 成長率 10.9%) より景気回復, 2000 年 (9.3%), 2001 年 (3.1%), 2002 年 (7.0%), 2003 年 (3.1%) とプラス成長維持. ② 99 年以降経常収支の黒字維持, ③ 2002 年末総選挙で盧武鉉大統領当選, 2003 年 2 月就任.

(注) 年月は, 趣意書 (Letter of Intent), または経済覚書 (memorandum of Economic and Financial Policies) の公表時.
(出所) IMF 資料より作成.

上げを勧告したため，景気はさらに悪化したことである．危機時に利上げを実施しても為替下落に歯止めがかかるどころか短期的には下落速度を速め，逆効果となった．

　第3に，IMFプログラムの経済政策の基となる実質GDP成長率，インフレ率，為替レートの見通しなどマクロ経済予測が甘く，プログラム・レビューごとに大きく下方修正された．これはIMFプログラムで共通することであり，過度に緊縮的政策を早急に導入した背景にもなった．

　以上のように韓国では危機後，上記のような「ワシントン・コンセンサス」に基づく新自由主義的な構造改革推進によって，それまで安定していた社会は根本的に変化し，米国流の過酷な競争が進み，所得分配の悪化とともに社会問題が深刻化した[16]．IMFプログラム下での改革の真の目的は外資の利益，特に欧米企業の参入促進であるといえる[17]．財閥の解体や資本金融市場の自由化加速など，すべての多国籍企業の進出にあたって有利な条件となる「改革」をコンディショナリティとしてプログラムに組み込んだ．このように，韓国危機へのIMFの対応は主に外貨準備不足（民間対外債務の流動性の問題）に対して，即効性に乏しい構造改革（金融改革，財閥解体），貿易自由化など，IMFが従来から他国でも適用した処方箋を単にコンディショナリティとして融資したことであり，短期の危機に有効でなかったばかりか，むしろ必要以上に混乱をもたらしたといえよう．

　韓国の場合，債務危機は財閥を中心とした短期民間債務が中心でソブリン債務ではなかったことで，次第に行き過ぎた緊縮政策が緩和されたことに加え，民間企業にも危機への対応能力があったことも手伝って，基本的に為替調整による輸出増加とともに経済も順調に回復した．さらに同国に対する支援はIMF，世銀，日本輸出入銀行（当時）など関係諸機関による大規模融資が実施され，さらなる悪化は避けられた．さらに，タイやインドネシアと決定的に異なるのが，韓国は1996年10月にOECD加盟した比較的に先進国構造をもった経済であり，しかも金融セクターでの処理は比較的迅速であったことである．

Box 3　IEO報告書：IMFと資本収支危機――インドネシア，韓国，ブラジル

　IMFの独立評価室（IEO）は，2003年7月にインドネシア，韓国，ブラジルに関する報告書（"The IMF and Recent Capital Account Crises: Indonesia, Korea and Brazil" July 28, 2003）を公表した．報告書は，比較の対象として公的対外債務の増加と実質実効為替レートの上昇などが危機の背景となり，従来のIMFのマクロ経済処方箋で対処できたブラジルと，資本収支危機のなかでもとりわけ外的なショックに伴う資本引揚げの影響を受け，構造問題へのコンディショナリティを厳しく適用された韓国およびインドネシアを比較するものである．

　本報告書で特に注目されるのは，資本流出に伴う危機下での金利引上げの有効性は必ずしも明確でない点は認めていることである[18]．さらに，IMFのプログラム実施に際しての社会的な配慮については，最近になって「公式的」に重視する姿勢に変わってきていることを反映している[19]．全体的には以下のような反省点・問題点が挙げられている．

①IMFサーベイランスの不十分な機能
②当初の経済予測などが楽観的であるがゆえに緊縮的なプログラムとなった
③構造改革に関する構造改革項目のコンディショナリティが過剰
④経済分析において問題点を正しく認識していない

　まず，サーベイランスの不十分な点については，ブラジルの場合，公的債務の増加や実質為替レートの上昇といったマクロ経済の問題であるため，比較的容易に対処できたが，韓国やインドネシアでは構造問題にかかわる点への対処が不十分であったと指摘している[20]．また，韓国とインドネシアでは金融機関の脆弱性や，銀行や企業の経営財務の悪化など，バランスシートにかかわる構造問題の把握が不十分であり，特にIMFの政策に関する分析においてIMFが問題点を正しく認識していなかった点などを挙げている[21]．

　第2に，当初の経済予測が楽観的すぎたため，結果的に緊縮的なプログラムになったとして反省点を指摘している[22]．この当初の経済見通しが甘

かったという反省は，IMF が使う常套手段であり[23]，必要以上に緊縮政策を導入したという理由付けになる．さらに「楽観的予測」を強調することで，IMF 経済プログラムにおける緊急時での緊縮政策の導入が適切であったかという本質的な問題から，むしろ論点をそらすことに使われる傾向がある．

　第 3 に，対象国における IMF の金融財政政策が緊縮的であった点とその効果の評価に関するものである．報告書は，やはり成長率見通しが楽観的すぎたことをその理由の一つとして挙げ，財政政策についてはブラジルが緊縮的であったのに比べ，韓国およびインドネシアでは比較的緩やかであったと指摘した上で，ブラジルの場合には公的債務が他の危機経験国に比べ規模的に大きかったことから財政緊縮は適切であったとしている[24]．

　第 4 に金融政策においては本質的な緊急時の金利政策についての正当性を疑うものではなく，結果的に従来通りの IMF 政策を基本的に支持している．韓国の金融政策は「適切」であったとしているが，実際には金利引上げは為替下落に歯止めをかけるには有効ではなかったとしている[25]．ただし，同報告書はそもそも危機の際の金利引上げは適切でなかった点についての記述が曖昧であり，1997 年 12 月の時点での韓国の大幅な金利引上げは必要であったことを認めたが，その後数か月高水準に据え置かれた点を反省しているにすぎない．

　第 5 に，資本流出および通貨下落の危機の際に，厳しい銀行リストラ策を実施したこと自体が適切であったかどうかという，本質的な問題について詳しい議論はされていない．これは中長期的な構造問題をコンディショナリティに入れることが，緊急時における支援で適切であったかという問題と関連している．

　報告書は 1998 年 1 月のコンディショナリティでは構造改革項目があまりに多すぎた点については認めている．しかし，韓国の場合は預金保証をした上で銀行再編を実施したのに対し，インドネシアの場合，預金保証が不十分（預金総額の約 20％のみ保証）であるにもかかわらず，1997 年末の短期間に 16 銀行の閉鎖が早急に実施された点で，一層経済に混乱をもたらした．報告書では，全額保証でなく，部分的な預金保証のみで銀行リス

表 3-5 IEO によるインドネシア，韓国，ブラジルのケース・スタディ勧告要旨

項目	内容
①サーベイ強化	資本流出に伴う危機に関する「ストレス・テスト（シミュレーション）」を含む，当該国への通常の（第Ⅳ条に基づく）サーベイなどで実施
② IMF のサーベイの透明化	通常のサーベイの公開，外部の意見を考慮，IMF 政策のレビューなどを推進
③プログラム作成の方針修正	バランスシートへの影響，経済状況の悪化などの考慮，コンディショナリティの有効性の再考
④ IMF の調整機能	IMF が当該国の危機に際して信認回復のための仲介機能を果たす
⑤ IMF の主導的役割	マネジメントによる率直な評価公表とスタッフの政治的中立性維持，IMF の民間部門の関与で主導的役割
⑥人的資源の管理強化	当該国の状況の把握の強化のため組織や支援手法の改善とローカル事務所の役割強化

(出所) IMF (IEO) "The IMF and Recent Capital Account Crises – Indonesia, Korea, Brazil" (September 2003).

トラ策を行ったこと自体が銀行セクターの信認低下につながったとの見方を否定している．むしろ政策の意図を正確に充分説明しなかったインドネシア政府の政策実施能力の欠如や，それを利用するインサイダー関係者の動きなどに責任を転嫁している[26]．また，韓国では金融監督委員会（Financial Supervisory Committee, FSC）が着実に改革を実施したのに対し，インドネシアの場合，そのような組織的なインフラの整備は不十分なままプログラムを実施した点でインドネシアのケースの方が一層深刻であったと指摘している[27]．

さらに，報告書では，構造改革の信認を回復するためには，銀行セクターの改革など根本的な改善策を実施させることが依然としてコンディショナリティにおいて必要であった，としている．また，構造改革に関する IMF プログラムの評価として，①構造改革には当該国の「オーナーシップ」の強さが成功の鍵である，②詳細なコンディショナリティは危機対応には有効でない，と指摘している．これは，IMF が「必要であるが有効ではなかった」との立場をとることを確認しているのみであり，根本的なアプローチが誤っていたことまで認めたものではない．また，過去の対象国（インドネシア，韓国など）の IMF プログラムが，①当該国の現状認識が甘く「楽観的」な経済見通しに基づくものであったこと，②構造問題の把

握が不十分であり，特に政策に関する分析において IMF が問題点を正しく認識していなかった点，③当該国が十分に有効な政策を打てなかった場合には危機がさらに悪化した（韓国とインドネシアの対比）ことなどの極めて一般的な問題を指摘している．最後に構造改革についてインドネシアなどの経験から当該国の当局や関係者のプログラムの理解を深めること（オーナーシップ），透明性のある情報の開示，緊急時の構造改革のコンディショナリティの実施などさまざまな問題点を認めながらも，平凡な評価にとどまっている[28]．

　報告書は全体として，経済分析プログラム自体や分析手法に問題があることや，危機の発生の背景となった早期における資本自由化の是非など，根本的な点を指摘していない不十分なものであり，結果的にアジア危機経験国の特殊性を強調し，反面ブラジルの例を挙げて従来の IMF の処方箋を正当化する印象を与える．さらに，アジア危機発端となったタイのケース・スタディを含めるべきであったが，全く採り上げていない．このこと自体，IMF がケース・スタディを通してこれまでの経済プログラムに対する反省を誠実に行う意思がないか，あるいは政治的に配慮し，あえてタイを対象からはずしたとみられる[29]．この点からも，IEO は本来あるべき「独立的」で「中立的」な立場から IMF プログラムを評価するという本来の役割を十分果たしていないことは明らかである．

3. ラテンアメリカ：自由化プログラムの破綻

3.1 ラテンアメリカ概要

1960-70 年代まで，ラテンアメリカ諸国は総じて工業化には輸入代替政策をとり，保護主義に基づく経済運営を行った．70-80 年以降は各国とも輸出振興策に転換したが，60 年代までの輸入代替政策時代に工業生産の基礎が築かれていた可能性が高い．特にブラジルの場合，国内市場も大きく，過去の輸入代替政策はその後の輸出促進政策成功の基礎となっていたとも言える．そのため，アジアでは緊縮政策に基づく輸入抑制策は工業生産や輸出に大きなマイナスと

して働くが，ラテンアメリカ（マキラドーラ輸出加工区を持つメキシコは中間財輸入が多いため除く）では，消費財輸入がアジア途上国に比べ多いため，消費加熱を抑制するというプラス効果が期待できたという違いがある．

一方，従来の大土地所有制が残り貧富の差が大きいラテンアメリカでは，自由化や規制緩和という市場主義政策のなかでその格差がますます拡大し，失業増加や社会不安の拡大がみられる．これが社会的・政治的不安定さを生み，ポピュリズム政治や軍事政権成立の背景となったことは否めない．しかし，各国とも1980年代の債務危機とそれに対応する世界銀行，IMFによる構造調整策を経験している．ラテンアメリカでは，もともと強力な労働組合を背景に，財政事情を考慮しない制度（例：物価上昇率に比例した賃金と物価のインデクセーション等）などの財政赤字の構造的な問題が根底にあり，それに起因するインフレ問題などが改革の障害となってきた．財政収支悪化は単に国営企業民営化の遅れやポピュリスト的な賃上げのみならず，景気低迷による税収不足も原因となった．また，賃上げ抑制がされないため，消費の拡大が輸入の増加と経常収支悪化に繋がった．短期的なインフレ抑制や財政収支などのマクロ経済指標は改善しても，根本的な構造問題である貧富格差是正や成長の問題，さらに債務問題は解決しなかった（図3-11，3-12）．

1990年代に入り，ブレイディ・プランによる元本金利削減と証券化により対外債務問題は解決したが，さらに根本的な経常・財政赤字およびハイパー・イ

図 3-11　対外債務比率の推移

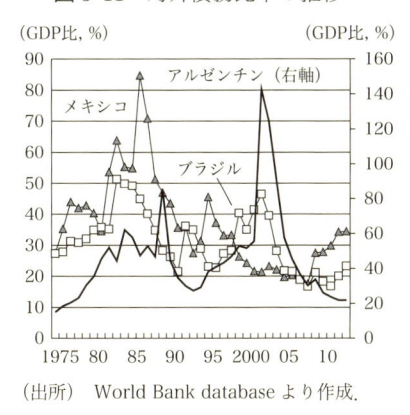

（出所）　World Bank database より作成．

図 3-12　Debt/Service 比率の推移

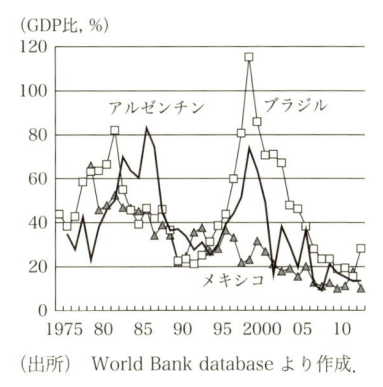

（出所）　World Bank database より作成．

ンフレ問題が課題となった．そこで，1980年代までのラテンアメリカの経験も，IMFが基本的に構造調整融資におけるプログラムでインフレ抑制と緊縮政策を一層強化した背景となった．こうした「ワシントン・コンセンサス」に基づく自由化や民営化を基本とする政策が，世界各国に適用されるきっかけとなった．しかし，これは80年代のラテンアメリカの経験が基本となっており，他地域には必ずしも当てはまるものではなかった．

　IMF経済プログラムが有効に機能しうるのは，短期的な国際収支均衡を達成するために経常収支赤字の削減対策としての国内アブソープションを縮小する政策である．その前提は内外資本流出入がほとんどない閉鎖経済では，経常収支削減に緊縮政策が機能しうる．しかし，資本・金融自由化された世界（アルゼンチンをはじめ多くのラテンアメリカ諸国は1970年代に海外からの金融収支を自由化）では，基本的に資本移動が活発化しており，一層有効性が低下している．さらに，いわゆる構造融資プログラムにおける経済プログラムも基本的に成長促進するものではなく，短期的な貿易収支を改善するためのプログラムであった．こうしたIMFプログラムは，当初経常収支改善についてはそれなりに機能したものの，本質的な緊縮プログラムがますます当該国の成長率を低下させ，結果的に財政収支は改善されなかったため，対外債務返済が困難となる，いわゆる過重債務（debt overhang）状況となった．結局，ラテンアメリカ諸国の債務問題は，80年代末にブレイディ債を発行することで最終的に解決をはからざるを得なかった．ラテンアメリカ主要国の経験は，IMFプログラムが基本的に以下の点で特徴および問題があったことを示す．

　第1に1980年代の経常収支危機には従来のIMFのアプローチでインフレ抑制はある程度成功したが，構造調整融資のプログラムは成功しなかった．

　第2に，通貨を基本的に米ドル・ペッグにしたため，資本の流出入の拡大に伴いメキシコ（1994），ブラジル（1999），アルゼンチン（2001/2）とも崩壊し，新しいタイプの「資本収支危機」としての通貨危機が起きたことである．特にいったん成功したかに見えたアルゼンチンのカレンシーボード制の導入（1991）は10年後に資本自由化と固定相場制の下，実質実効相場の上昇により，「金融のトリレンマ」の理論どおり破綻した（図3-13）．

　第3に，ラテンアメリカ主要国として米国の意向を受けてメキシコやブラジ

第 3 章　IMF プログラムの実態

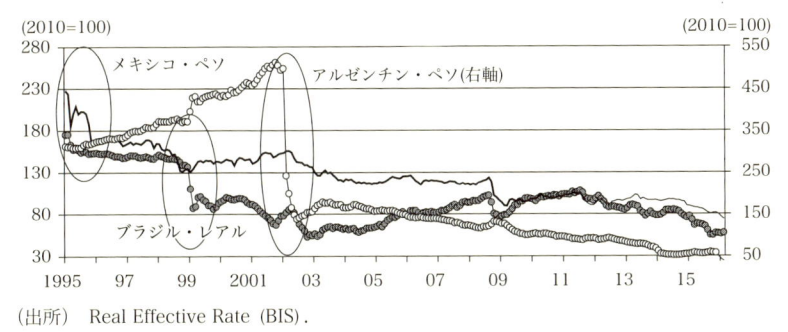

図 3-13　実質実効為替レート推移（ラテンアメリカ）

(出所)　Real Effective Rate (BIS).

ルに対して強力な支援パッケージが組まれ，大規模支援が短期に実施されたため，外貨流動性の問題を短期に乗り切れたことである．この点，アジア危機 (1997/8) ではコンディショナリティの厳格化とパッケージ支援がなく，迅速な対応ができなかった例と対照的である．

最近では上記 IMF プログラムに対する反省により，ラテンアメリカ主要国では経済政策の非 IMF 化が進んでおり，経済ファンダメンタルズの改善に加え，各国とも一部資本規制を導入し，資本移動による為替・金融政策などへの影響を抑制していることが，最近のサブプライム問題での影響を最小限にとどめ，通貨危機に発展していないと考えられる．以下に，ラテンアメリカ主要国における IMF プログラムの影響につき検討する．

3.2　ブラジル：為替調整と大型支援パッケージ

1983 年に財政・経常収支赤字で経済危機に直面したブラジル政府は，IMF との政策協定に基づき，公共料金引上げや補助金削減を進めた．当時「コレソン・モネタリア」(貨幣価値修正制度) というインデクセーションの制度に基づき賃金の物価スライド制があったため，インフレが加速化し，82 年のインフレ率は前年の 99.7% から 221% まで上昇した．賃上げ抑制策など引締め政策を実施した結果，GDP 成長率は戦後初めてのマイナスを記録した．これは，当初 IMF が描いたインフレ抑制，財政赤字縮小という目論見の逆の結末となったものといえよう．

1985 年以降の民政移行に伴い，ブラジル新政権は IMF との公約を覆す実質

賃金引上げを実施したが，一時景気回復が実現した．しかし，86年以降も，物価・為替レートの凍結を実施したため，購買力は拡大し，輸入が大幅に増加する一方，企業収益は圧迫され，設備投資も低下した．これが結果的にインフレ圧力を増大した．これは典型的経常収支悪化のパターンである．このようにブラジルではIMF処方箋に対する信任低下を背景に，それとは逆のポピュリスト的政策導入によって，中・長期的にかえって混乱した経験がある．また，同国では80年代には通貨制度もクローリング・ペッグから固定制，為替切下げおよび為替管理強化など頻繁に変更され，信用低下によって資本の流出を招いた．90年代に入り，インフレの原因となる賃金の物価スライド制は廃止されインフレは終息に向かった．特に94年7月の新経済政策「レアル・プラン」はIMFプログラムに沿ったもので，新通貨レアル導入にあたっては，メキシコ危機の経験から実質為替レートの上昇を避けるため，クローリング・ペッグ制を採用した．対ドルレートはほぼ0.85レアルに固定されたため，94年6月から95年2月までレアルの実質実効レートは約33%上昇した．

ブラジル通貨レアルは1998年半ばまではおおむね為替相場は安定的に推移した．しかし，同年秋以降のロシア危機深刻化とそれに続くLTCM（Long Term Capital Management）破綻などをきっかけとした米国資本のエマージング諸国からの資金引揚げと一次産品価格の低下などの影響で，経済が悪化し，通貨切下げ圧力が高まった（図3-13）．しかし，98年末まで（危機直前まで）レアル為替が事実上ドルにペッグしたクローリング・ペッグ制が維持されたため，通貨が割高となり輸出競争力は低下し，経常赤字も拡大した（図3-14）．その結果，99年初めに変動相場制への移行を余儀なくされ，通貨が大幅に下落した．

さらに，相場維持のため金利を高水準にとどめたことから政府部門の債務が大幅に増加した．ブラジルのケースも通貨ペッグ制の限界により崩壊した例といえる．

ブラジル危機に際して，当時（1998年12月2日），IMFをはじめ国際機関は対ブラジル大型支援パッケージ（総額418億ドル，うちIMFは183億ドル）を実施した．同国への巨額の融資には，周辺国への危機の波及を考慮して「政治的」配慮から決定されたものとみられる[30]．当時の対ブラジル支援額は，トルコ（2000-03年で約40億ドル）などに比べて大規模だったが，その際のコン

ディショナリティは非常に緩やかなものであった[31]．IMF融資決定の「ダブル・スタンダード」の典型例を示しており，同時に短期の大量の外貨流動性支援が有効であることを示唆している．1999年にブラジルは115％に達していたデット・サービス比率は2014年には21.6％まで低下した（図3-15）[32]．

ブラジルではアジア危機時の韓国などと比べても，実際には金利引上げは緩やかであった．1998年12月にIMFが支援プログラムで処方した金利引上げは，99年に入って漸次引上げられた．ブラジルの場合，韓国に比べ企業の対外借入依存の度合いが低く，企業活動に直接影響を与える状況になかったことが幸いした．したがって，ブラジルの場合，金利引上げによる実体経済への緊縮効果に比べ，市場に中銀当局が毅然とした金融政策をとるというメッセージ性の方が強かったといえよう[33]．

IMF独立評価室（IEO）は，ブラジルのIMFプログラムを韓国，インドネシアとともに評価した報告書（IMF 2003d）において，ブラジルのケースは金融機関の脆弱性に特に問題がなく，マクロ的な調整で危機を乗り越えることができたとしている．現在ではブラジルを含む主要国はIMFプログラム下にはなく，政策の自由度は確保している．ただし，ブラジル中央銀行は依然として伝統的な金融政策を通貨防衛に用いて金利を引上げており，国内経済にはマイナスの影響が強い傾向がある．

図3-14 経常・金融収支（ブラジル）
(出所) IFS database (IMF).

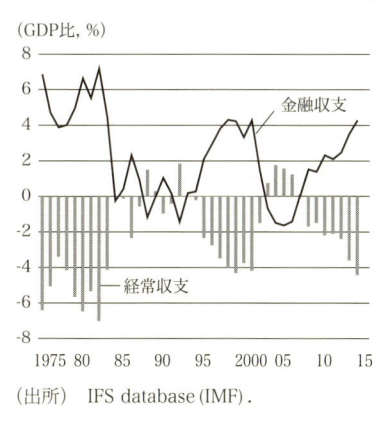

図3-15 対外債務・デットサービス（ブラジル）
(出所) World Bank.

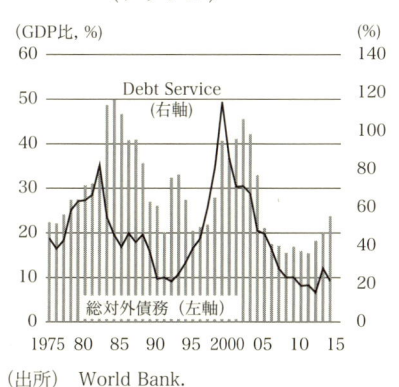

3.3　メキシコ：最初の本格的資本収支危機

　メキシコは，従来から地理的にも緊密な米国との関係上，米国政府の意向が働きやすく，米国財務省と IMF は一体化してメキシコ支援策を進めてきた．1970 年代後半までメキシコは石油に依存した経済構造を維持し，産業構造の高度化が進まなかった．さらに，二度にわたる石油危機後に国内の高金利を避けて民間対外借入が増加した．しかし，80 年代初めの米レーガン政権下での高金利政策はメキシコなどラテンアメリカの対外債務負担をさらに増加させた．その結果，メキシコは 83 年に史上初めて本格的な債務危機に直面した．このため，87 年後半から政府，企業，労組，農民など関係者の間で経済改革に関する「経済連帯協定（PSE）」を締結し，緊縮政策を導入した．90 年代には「ブレイディ・プラン（構想）」による対外債務削減が実施され，その後の経済回復の基礎となった．

　メキシコは，1994 年 NAFTA 発足に向けての輸入自由化による急速な輸入増加によって経常収支赤字が拡大した．資本収支では，証券投資による資本流入が中心であったため，同国債務の短期国債への依存度が高かった．そのため国際収支は非常に不安定な構造を持つに至った．政治・社会面の不安も加えて，米国金利の上昇で主にテソボノス（短期国債）へ投資していた米国投資家などが引揚げたため，短期資本が大量に流出した（94 年 12 月）．外貨準備高は前年比 184 億ドル減少し 61 億ドルと低水準となった．加えて，危機前にはペソのクローリング・ペッグ制をとっていたことから実質実効レートの上昇がみられ，米国の高金利に伴い資本流出が加速化し為替が大幅に下落，変動相場制に移行せざるを得なかった．

　メキシコ危機は，1990 年代以降初めての資本流出に伴う本格的な「資本収支危機」であり，その後のアジア危機の先がけとなるものであった．ただ，メキシコ危機の際は，アジア危機に比べ規模的に小さかったことに加え，当初から米国政府の強いイニシャティブの下に 95 年 2 月に IMF，BIS，米国・日本等による計 528 億ドルに上る大規模支援が実施された結果，さらなる流動性危機の悪化は防がれた．このように，米国の「政治的」なコミットメントの大きさは IMF 支援の規模や実施のタイミングに大きな影響を与える．当時，米国政府はメキシコの流動性危機を回避することで通貨危機が他のエマージング諸国に波

及することを防ぐ意志が強かった[34]．この点では97/8年のアジア危機発生時にIMFや米国の動きが鈍かったために，各国へ伝播し外貨流動性危機が深まったのと対照的である[35]．その後メキシコ経済は米国の好景気の持続とエマージング市場全般への資金流入拡大によって96年以降2000年まで順調に回復した．このメキシコの経験がIMFの経済処方箋に自信を持つ背景となり，その後のアジア危機に対し，当初からラテンアメリカ流のプログラムを適用しようとした理由のひとつとなったとも考えられる．

3.4 アルゼンチン：長期にわたるIMFプログラムの失敗
3.4.1 アルゼンチン危機概要

アルゼンチン危機は，2001年末に1991年から継続したカレンシーボード制の崩壊とともに発生した対外債務危機でもあり，通貨・金融・経済危機を全て含む資本収支危機であった[36]．アルゼンチン危機の根本的かつ最も重要な原因は，91年以来10年間維持してきたカレンシーボード制，すなわち対ドルに1対1で固定してきた通貨制度からの変動相場制への移行が遅れたことである[37]．この危機は90年代に採用したIMFプログラムとその継続がなければ，これほどの大規模な危機とはならなかった可能性が高い．以下においてそれを検証する．

1970年代からの同国の対外債務の対GDP比率は，70年初めには非常に低かったが，石油危機以降，金融自由化の進展と対外借入の増加から大幅に対外債務比率は増加した（図3-16）．91年のカレンシーボード制導入後，90年代には一貫して対外債務が増加した．その結果，2001年末の危機が発生した後デフォルトし，支払遅延と債務返済削減を行うこととなった．

1990年代初め，アルゼンチンは80年代の債務危機をようやくブレイディ・プランの導入によって乗り切りつつあったものの，ハイパー・インフレは継続しており，インフレ抑制が最も重要な政策であった（図3-17）．こうした中，アルゼンチンではIMF主導による経済プログラムが導入された．これは，基本的に新自由主義的な政策の導入であり，ほとんど全ての国有企業の民営化や「構造改革」が進められた．このため，2000年代初めまで売却すべき案件がなく，それも外貨不足に拍車をかけた．

図3-16 GDP成長率（アルゼンチン）

（前年比, %）

（注） 2015年はIMF推定値．（出所） IMF.

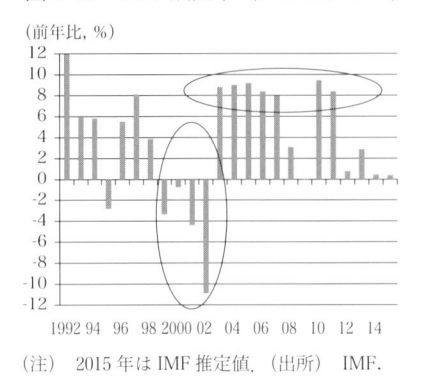

図3-17 CPI上昇率（アルゼンチン）

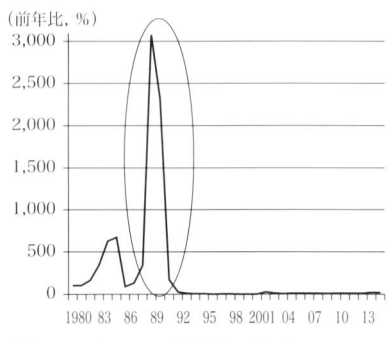

（前年比, %）

（注） 2015年はIMF推定値．（出所） IMF.

　この時期にIMFプログラムに沿った，中央銀行の通貨供給は外貨準備高の増減に応じて調節するカレンシーボード制（「兌換制度[38]」）が導入され，基本的にハイパー・インフレ抑制に有効であった[39]．1991年に同制度が導入された結果，数年のうちに同国のインフレ率は大幅に低下し，94年には一桁まで低下した．しかも同年に発生したメキシコ通貨危機（世界初の資本収支危機）時にもアルゼンチンは大幅な影響は免れたため，IMFはカレンシーボード制への信頼を深め，同時に同制度への信認は内外とも高まった．しかし，本質的に金融政策を中央銀行が完全に放棄した制度であることは，経済政策として財政政策しか有効でないことを意味する．

　カレンシーボード制は，ハイパー・インフレには有効であったが，90年代には着実に通貨ペソの実質実効レートは上昇した（図3-19）．しかし，IMFはアルゼンチンの通貨制度の本質的なデフレ的側面に着目せず，相変わらず「模範国」として称賛し，2000年前半まで少なくとも同国に対する危機やリスクについてほとんど指摘してこなかった．アルゼンチンに関しては，当時IMFプログラムに大きな影響力を保持していたFischer第一専務理事（当時）が同国のカレンシーボード制を支持していたこともあり，IMFの公式支持は継続していた[40]．2001年に入り同国が資本流出に伴う為替下落圧力と政策の混乱から経済・金融市場でさまざまな問題が発生したが，財政赤字を理由に遅れ，さらに事態は悪化した．図3-20に示すように，国内信用の収縮などデフレ圧力の継

第3章 IMFプログラムの実態　　117

図 3-18　経常・財政収支（アルゼンチン）

(出所) IMF.

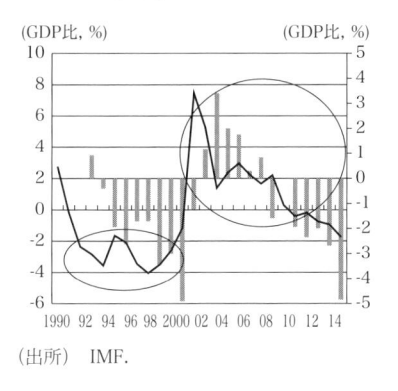

図 3-19　実質実効為替レート推移（アルゼンチン）

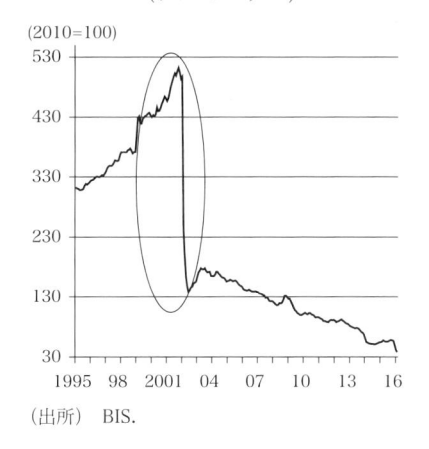

(出所) BIS.

図 3-20　アルゼンチン危機の構図 (2000-2001/2)

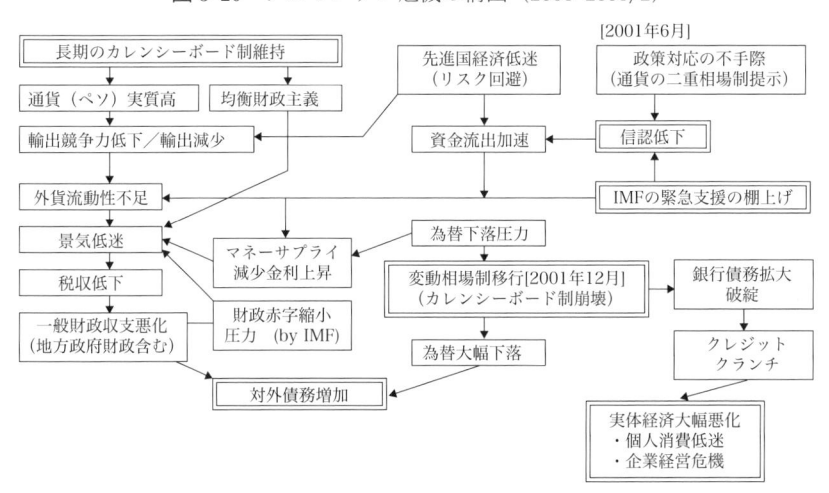

続と資本流出により，実体経済悪化と対外債務は大幅に拡大し，カレンシーボード制度は崩壊した．

3.4.2　2001年以降のアルゼンチン経済とIMFプログラム

IMFはアルゼンチン経済の目安となるGDP比3%以内の財政収支赤字を超

えて悪化した状況を鑑み，2001年の同国向けプログラムでもコンディショナリティとして優先順位の高い項目として順守を求めた．アルゼンチンに対するIMFの要求は，中央および地方政府を含めた財政収支の赤字の削減を求めるものであった．しかし，特に地方政府の財政収支とのバランスについて中央政府・通貨当局は統一的な政策が行いにくい状況であった．それはアルゼンチンでは当時，地方政府の責任で債券発行を行い，それを財政収入に組み入れていたからである[41]．

さらに決定的な問題はアルゼンチン・ペソがペッグしていた米ドルは主な貿易相手国とはいえ，実際には周辺国，とりわけブラジルが最も重要な取引先であり，欧州も重要な貿易地域であった．したがって，米国は明らかにペッグする通貨としては不適切であった．

3.4.3 IMFの対アルゼンチンプログラムの問題点

IMFの対アルゼンチンプログラムの問題点はさまざまな側面から指摘できよう．

第1に，カレンシーボード制を必要以上に長期の10年間にもわたり維持してきた結果，実質高によって必然的に経常収支赤字の恒常化を生じさせ，常にデフレ圧力をかけてきたため，同制度の崩壊は必然であったが，IMFは2000年まで同国の経済状況は良好でリスクをほとんど指摘しなかった．

本来，経常収支赤字が続くなか，長期的に資本収支を改善するためには，長期資本の流入促進に向けた政策が必要である．特にIMFは1999年初めにブラジルがクローリング・ペッグを放棄し，変動相場制に移行した際に実質実効為替レートが上昇したにもかかわらずそれを放置し，公式文書ではなんら警告を発することもなく「賞賛」さえもしていた．さらに，前述のようにIMFのFischer第一副専務理事（当時）が，「為替制度の二極化」（"Two Corner Solution"）を唱え[42]，アルゼンチンのカレンシーボード制への支持が強かったことが関係していると考えられる．米ドルと1対1で固定した制度を維持した背景には，米国金融界にとってアルゼンチンは為替リスクのない，非常に都合の良い市場であったからである．IMFもそのような米国財務省と金融界の利害を顕著に反映する組織であるため，カレンシーボード制の長期的な維持は非

表3-6 IMFプログラムにおけるアルゼンチンの連邦財政収支：危機時に厳格化した目標値

(累積値，百万ペソ)

年	月	実績値	GDP比(%)	2000/2 目標値	2000/9	2000/12	2001/5	2001/8	2003/1	2003/9
2000	1									
	3			−2,150	−2,150					
	6			−2,690	−2,690					
	9	−3,988		−3,435	−3,850					
	12	−6,974	−2.5	−4,700	−5,300	−6,700				
2001	1									
	3				−2,100	−2,100				
	6				−3,800	−3,800	−4,939			
	9				−5,100	−5,100	−6,249	−6,601		
	12	−10,413	−3.9	−2,800	−6,500	−6,500	−6,500	−6,500		
2002	12	−5,470	−1.7	−600	−5,000	−5,000	−5,000	−2,290		
2003	1	498							18	
	3	−197							−2,307	
	5	1,084							−2,708	
	6	1,423							−2,198	
	10									600
	12	4,100	1.1							350

(注1) 年月は趣意書の公表時期．太字はパフォーマンス・クライテリア．
(注2) 2003年以降のプログラムではプライマリー収支が重視されてきた．
(出所) IMF各趣意書(Letter of Intent)．

常に好都合であった．

　第2に，カレンシーボード制自体にはらむリスクである．同制度では，「金融のトリレンマ」から①自由な資本取引，②為替の安定性，③金融政策の独立性を同時に3つとも達成することはできないため，当然のことながら，アルゼンチンでは③の金融政策をマクロ経済調整手段として用いることができなかった．したがって，アルゼンチン政府には政策手段として財政政策のみが残されていた．しかし厳しい財政緊縮政策がIMFプログラムのコンディショナリティとして優先された（表3-6）．このため，政府の政策手段は残されていなかった．

　第3に，IMFの要求する財政収支の改善は，短期間では実施がほとんど困難なものであった．その一方，本来なすべき緊急時の流動性支援が財政収支悪化を理由として実施されず，危機を一層深刻化させた．

　2000年までの一般財政収支はほぼマイナス3％程度を維持し，大きく悪化し

表 3-7　IEO によるアルゼンチンのケース・スタディ勧告要旨

項目	内容
① IMF の緊急時に対処する戦略確立	当該国の危機に際して IMF が危機回避への予防措置につき,「支援停止 (stop-loss rules)」など一定のクライテリアを設ける.
② 支援対象国への支援継続要件明確化	過大な債務や通貨制度の維持が困難な場合に IMF が明確な基準に基づき支援が政策変更に基づくことを明確化する.
③ IMF のサーベイランス強化・精緻化	当該国の中期的な通貨・為替制度および債務に関する分析を中心にして, ①均衡為替レートを含めた分析, ②債務の許容範囲の明治, ③為替相場及び財政政策における中長期的な脆弱性の分析を実施.
④ 当該国プログラムにおける関係	①国際収支上の差し迫った問題がない場合および②政治的に実施困難な情勢の場合, IMF は特別にコミットしない.
⑤ 緊急融資での IMF・政府間緊密な協力	緊急に支援が必要な場合, ①重要事項の理事会への報告義務化, ②事前の相談なしに IMF プログラム支援はない, などの原則に基づき緊密な協力.
⑥ IMF 理事会の機能強化	理事会の権限を強化し, 詳細に亘り問題点を議論するため, 情報の透明性を高める. さらにセンシティブな問題も一定の基準を設けて理事会でオープンに議論する.

(出所)　IMF (IEO) "Report on the Evaluation of the Role of the IMF in Argentina, 1991-2001" (July 2004).

ていたわけではなかった. 最も大きな財政赤字要因は, 通貨制度の持つ実質為替レートの上昇による輸出競争力の低下, 景気悪化とそれに伴う税収の大幅悪化であり, これは危機後の財政収支の極端な悪化をみれば明らかである. IMF は, アルゼンチン危機を総括して独立評価室 (IEO) による報告書を作成しているが, 概して IMF プログラムの全体的な課題を指摘するにとどめており, 本質的な課題である資本規制や緊縮作および構造調整策, さらにカレンシーボード制の継続の問題などについての本格的な議論はほとんどされていない.

第 4 に, 危機が深刻化する直前まで IMF は同国の経済金融状況について「好調である」と判断し, なんらリスクを指摘していなかったことにみられるように, 適切な経済状況の把握に失敗したことである. 例えば, 危機直前の 2000 年 4 月でも Fischer 第一副専務理事 (当時) は, アルゼンチンについて極めて好調であるとしていた[43]. 実際, 同年まで IMF はアルゼンチンに対するリスクの警

告をしておらず，むしろ賞賛していた．アジア危機後に世界的に新興国経済が不安定化するなか，1998年2月時点でも，アルゼンチンについて生産的規模拡大に伴う生産性の向上や競争力の改善によって経常収支赤字拡大への歯止めが期待されるとして，非常に「楽観的」な見方をしていた（Letter of Intent, Extended Fund Facility, 1998.2.4）．

このように，危機に至るまで放置しておいて破綻寸前になって財政収支悪化を理由にコンディショナリティの遵守を求め，結果的に2001年末に危機を深刻化させたIMFの責任は大きい．長期にわたるカレンシーボード制維持とそれに伴う財政収支悪化の責任を，アルゼンチン政府のみに帰すことは不公平であろう[44]．

3.4.4 2000年代「ポストIMF」時期の回復

2003年に入り，アルゼンチン経済は回復に向かった．その背景には，同国の輸出品が価格弾力性の高い農産物が中心であるため，為替下落による主要輸出産品の競争力の改善に伴う輸出主導の成長がある．これは決してIMFの要求する「構造改革」によるものではない．アルゼンチン経済の回復は固定相場制から変動相場制への移行に伴う通貨下落による輸出競争力の回復と，先進国市

図3-21 失業率・Gini係数推移
（アルゼンチン）

（出所） World Bank database.

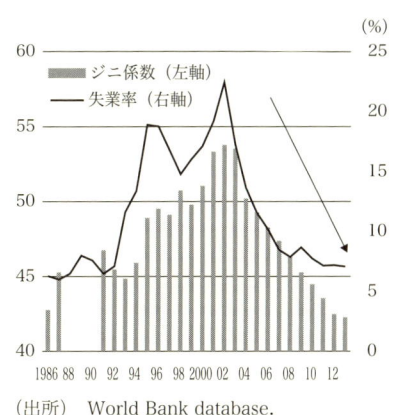

図3-22 対外債務比率の推移

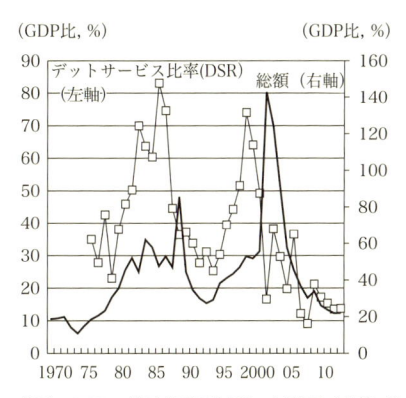

（注） DSR：対外債務返済額の対総輸出額比率．
（出所） World Bank databaseより作成．

場の安定化がもたらしたものに他ならない．

　2003年5月下旬に誕生したKirchner大統領の下，国民の基本的生活を犠牲にした経済政策は避け，より「漸進的」な政策をとるよう舵取りが変化した．2003年9月に入り，ようやくIMFとアルゼンチン政府は向こう3年の総額125.5億ドル支援に合意した[45]．この背景には米国政府の要請があったとみられている．2004年1月12日にアルゼンチン債権者世界委員会(Global Committee of Argentina Bondholders, GCAB)が結成され，大手金融機関が加わっているが，債務不履行となっている政府の560億ドルのソブリン債務の約半額は，この参加者が占めていた．

　2003-07年の平均GDP成長率は8.7％，世界金融危機後も2010-11年も平均8.9％（図3-16）に上った．またそれとともに着実に輸出増加に伴う外貨準備積増しがみられ，対外債務は減少した．経済成長率の増加，輸出増加による経常収支改善，外貨準備積増し，さらに失業率の低下や所得分配の公平化が進みジニ係数も低下した．このように経済・社会面の多くの指標が改善した．特に所得分配の改善は顕著であり，ブラジルが過去10年間でほとんど改善していないのと対照的である．また，世界金融危機以降の経済減速のなかでも目立った労働市場の悪化（失業率等）はみられない．

　特に注目されるのは，資本・金融市場に対する規制を導入し，為替や金融市場の安定化を実現したことである．

3.4.5　フェルナンデス政権とIMFの確執

　2000年代後半から15年12月の新政権誕生までIMFとアルゼンチン政府は断絶状態にあった．これは米国からの独立指向を強めたキルチネル(Kirchner)前大統領夫人で政権を引き継いだフェルナンデス(Cristina Fernandez de Kirchner)大統領が，IMFプログラムの失敗から国益に沿った独立志向を強めた政策を採用したことが背景にある．しかし長らくIMFとアルゼンチンは断絶状態にあり，定期的経済調査（第IV条に基づくサーベイランス）も実施していなかった同政権に対し，IMFおよび米国は次第にさまざまな分野で圧力をかけてきた．

　特に2013年以降，まずIMFからアルゼンチンの統計に対する信頼性を疑問

視する動きに始まり，同国の IMF 脱退まで言及された．IMF は 14 年 4 月には アルゼンチン政府に対し，インフレ率の統計などが実体を反映していないとしてその是正措置を勧告したのに続き，15 年 6 月にはその措置が不十分であり，審査も実施できないと通達を行った．これは極めて政治的な動きであり，背後に米国，特に金融界が積極的にアルゼンチンに圧力をかけてきたとみられる．市場ではアルゼンチン・ペソに対する売りも加速化した．通貨防衛のためインフレ率に沿って為替相場を引下げてきた当局も，外貨準備が減少するにつれて次第にその限界が近づいた．

　アルゼンチンは 2014 年 4 月末までのパリクラブへの公的債務が 97 億ドルとなっていたが，同年 5 月に返済に合意した．一方，民間債務については，2005, 2010 年に債務再編を実施しほとんどの債務は処理された．しかし，アルゼンチン政府がデフォルト最終処理の支払いに合意したにもかかわらず，米国の裁判所は（ヘッジファンドを含む）米国金融機関に米国経由の返済を差し止める訴訟で金融機関を勝訴させたため，事実上アルゼンチンはデフォルトの清算が完全にできなかった[46]．折しも米国の利上げ観測の高まりを背景に 2015 年夏以降，新興市場からの資金流出が加速化し，ブラジルなどとともに新興国通貨は下落した．経済成長率の鈍化，インフレ率の上昇などを背景に同年 12 月の大統領選挙ではフェルナンデス率いる中道左派政権は崩壊，中道右派のマウリシオ・マクリ（Mauricio Macri）政権が誕生した[47]．同政権は米国など金融市場との和解を掲げており，まさにフェルナンデス政権は米国や IMF および金融界などを中心とする圧力に屈した形となった[48]．

　マクリ新政権は，米国流の新自由主義を目指す経済政策を採用し，それまでの資本規制策を撤廃した．さらに，同大統領は，退任するフェルナンデス大統領の信頼を得ていた Vanoli 中銀総裁の即時辞任を求めた．こうして従来の方針を 180 度転換した新自由主義的政策を採用したアルゼンチン政権の下，アルゼンチン・ペソは米ドルに対し下落幅が加速した．その結果，輸入物価のさらなる上昇は避けられず，経済は苦境に拍車がかかっている．こうした状況下，米国など国際金融機関に有利な政権が成立したことを受けて，アルゼンチンは米国など先進国と通貨スワップを実施して通貨下落圧力を若干緩和している．

　アルゼンチンの独立的な政策を採ったキルチネルおよびフェルナンデス旧政

権は米国の金融界などに反する政権であった．そのため，前政権に対し米国は金融面での圧力を加え，IMF も歩調を合わせて同国の政権崩壊を導く結果となった．これは，1970 年代までのラテンアメリカにおける米国の政策として現地で軍事クーデターを支援したようなやり方よりも，さらに強力な金融による制裁が現在では主流となっていることを示している．これもグローバル化の進展と金融・資本自由化のネガティブな側面を表す「成果」と言えよう[49]．しかし，今後新自由主義政策の下，90 年代に採用した資本・金融自由化に逆戻りすれば，同国の経済・金融市場はさらに不安定化する可能性がある．実際，2015 年 12 月以降，アルゼンチン・ペソは大幅に下落し，輸入物価をさらに押し上げ，インフレ圧力が上昇し，国民生活は苦しいものとなっている．

3.5 エクアドルと IMF のドル化「実験」

IMF は，2000 年初めまで通貨政策について，前述のように Fischer 第一副専務理事（当時）の下で固定相場制を推奨していたが，小国エクアドルでは，究極のペッグ制であるドル化の「実験」には格好の対象であった[50]．

エクアドルでは，1997 年以降の世界的な 1 次産品の不況，エルニーニョの影響で水産物の不漁や同国の重要な輸出品である石油価格の下落などにより，経

図 3-23 GDP 成長率（エクアドル） 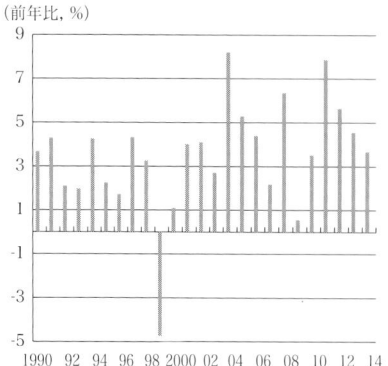
(出所) World Bank database.

図 3-24 対外総債務（エクアドル） 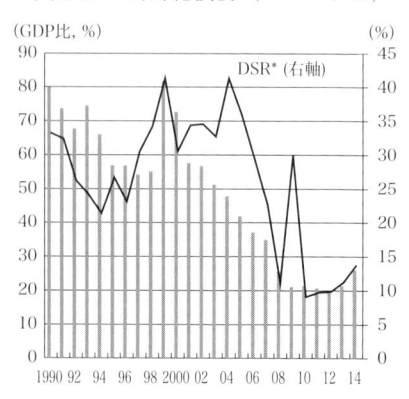
(注) *図 3-22 の注参照．
(出所) World Bank database.

済は大きく低迷した．公的部門の赤字は97年のGDP比2.7%から98年には同6.2%まで悪化し，対外債務も160億ドルに上り，外貨準備も減少した．このため，同国はIMFに支援を要請し，98年11月以降，99年9月に政府はスタンドバイ融資の内容に合意した．IMFプログラムの下，国家債務のリストラに加え，2000年1月に通貨の米ドル化を採用した．典型的な「小国」であるエクアドルは，IMF融資と引き換えに通貨の米ドル化を推進することになった．通貨のドル化はインフレ率の大幅低下を達成し，対外債務もドルベースで低下してきた．もし同国が「大国」であれば，このような思い切った政策変更は困難であるが，「小国」であるためにいわば「実験材料」としてこのようなドル化を実施したと考えられる．

　その後，同国は，世界的な景気の回復に沿って一時的に回復したものの，2008年世界金融危機後の世界経済の混乱のなか，10年代に入り，経済は悪化した．エクアドルの国際収支（特に金融・資本収支）は国際商品市況に大きく左右され，財政収支もそれに依存しているため近年では大幅に悪化している（図3-25）．このように，同国におけるドル化は経済安定化に寄与しているとはいえない．これは同国の成長率や財政収支など最近の動きは大きく国際環境に左右されているからである．

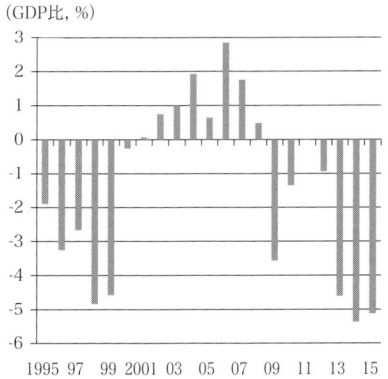

図3-25　一般財政収支（エクアドル）
(GDP比, %)
(出所)　IMF WEO database.

図3-26　経常/金融・資本収支（エクアドル）
(GDP比, %)
(出所)　IFS (IMF).

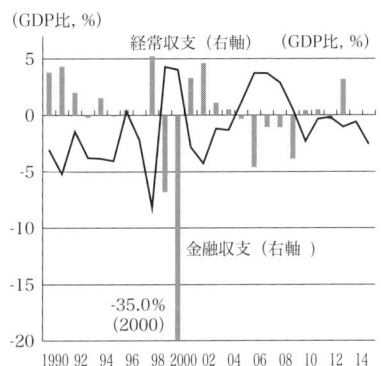

なお，2006年に就任したコレア政権はそれまでのIMFの主導する新自由主義的政策から決別し，より所得分配に配慮した政策を実行してきた．このため，国内経済は比較的安定化した．しかし，14年以降は原油価格の下落など国際経済情勢の変化を受け，産業構造改革を宣言し，石油依存経済からの脱却を目指して新たな産業育成を目指している．

2014年にエクアドルはアルゼンチンなどとともに，IMFが公表した定期サーベイランスの実施が停止されている国のリストに掲載され，圧力が強まった結果，15年以降同国はサーベイランスを受け入れることに合意した．一方，15年8月には現政権に反対する大規模なデモが起きている．こうした圧力のなか，同年9月に同国ではIMFの定期サーベイランスが開始されている．今後のエクアドルの経済の先行きは依然として不透明であり，資源価格・国際市況に依存する経済構造を脱却しない限り安定化は困難であるが，IMFが再び経済政策を主導する状況となれば，同国経済の先行きは暗いものとなろう．

4. 欧州

2000年代半ば以降，IMFの主要融資相手先は欧州先進国が大半を占めるなか，主要新興国・途上国はIMFプログラムを次々に「卒業」している．欧州においては世界金融危機後，最近まで大半の支援融資を受けてきたギリシャとウクライナ両国におけるIMFプログラムを典型的失敗例として採りあげる．また，資本規制など従来のIMFの典型的なプログラムではみられなかったコンディショナリティの内容と運営などから経済安定化を達成してきたアイスランドの例を述べる．

4.1 ウクライナ：政治・外交的観点からの支援
4.1.1 ウクライナ・プログラムの背景

ギリシャに対する支援はEUから特別な扱いを受けているが，そうした「先進国」以外の国々への対応は従来通りのIMFのプログラムの運営が継続されている．ウクライナは世界金融危機後，ユーロ圏とともに大幅に景気が悪化し，IMFプログラム対象国となっている．2009年のGDP成長率はマイナス

図 3-27 GDP 成長率/失業率
（ウクライナ）

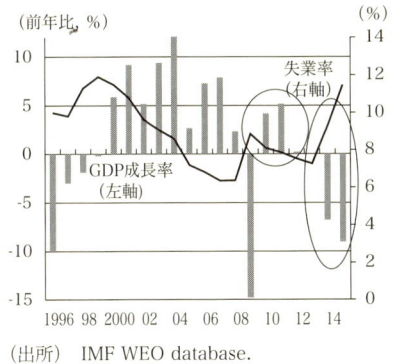

図 3-28 財政収支・外貨準備対外債務
（ウクライナ）

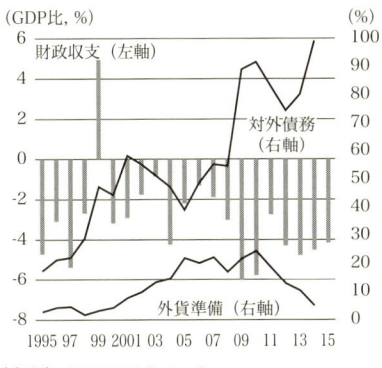

（出所）　IMF WEO database.

（出所）　IMF WEO database.

14.8%と大幅に後退し，その後若干景気回復したものの，14年はマイナス 6.8%，15年もマイナス 10.4%とマイナス成長が大幅な悪化が基本的に継続している（図 3-27）．こうしたなか，同国の外貨準備高は GDP 比5%（2014）まで減少し，対外債務残高も約 100%まで達しており（図 3-28），債務返済はほとんど不可能である．

　これまでウクライナへの IMF プログラムも従来通りの画一的な緊縮政策が導入され，経済は一層悪化し，政権交代（大統領選挙）のきっかけとなった．同国は，2008年の世界的金融危機までドル・ペッグを継続したため，対ユーロで割安な為替レートを維持したが，金融危機以降，ユーロの対米ドル相場が上昇したことで競争力が急速に失われた．したがって，ウクライナは「資本収支危機」の側面とともに，古典的な為替のミスアラインメントの要素が大きい．それに加え，国内政治の対立と不安定化，内戦によって経済状況は悪化の一途をたどった．それにもかかわらず，IMF は「楽観的見通し」を継続しながら緊縮政策を導入してきた．しかし，現実の成長率は IMF の予測値と大幅に乖離しているのがわかる．

4.1.2　対ウクライナ IMF プログラム：政治的駆け引きに翻弄
2008年11月に総額 164億ドルのスタンドバイ取極（SBA）を締結したウクラ

イナでは，09年に入り景気悪化と国民の不満などから政局が安定せず，IMFとの交渉も延期されていたが，09年7月趣意書（Letter of Intent）によれば，パフォーマンス・クライテリア〔基準〕（PC）では，財政収支や外貨準備高，さらに中銀ベースマネー関連指標が明示されているほか，為替取引における統一的かつ自由な経常取引を課した（表 3-8-1）．

金融・資本自由化に伴い資本流出入が拡大するなか，純外貨準備高（NIR）やベースマネー基準を定めても国内マネーサプライの総量規制は中銀・当局ではコントロールしにくいことを考慮すれば，現実的なものとはいえない．

一方，2015年2月に開始されたIMFのプログラムでは，若干修正しており，PCとしてコンディショナリティに提示されたベースマネーは目標値としての比較的緩いインディカティブ・ターゲットに移行している（表 3-8-2）．しかし，中銀の金融政策の目標値として従来通りNDA（Net Domestic Asset）はPCに入れたままである．このことは，IMFのプログラム（ファイナンシャルプログラミング，FP）が，基本に据えているマネーサプライの調整によって当該国の経常収支を改善し，外貨準備を積み増しさせることを基本としているからである．しかし，ほとんど場合，景気を悪化させ，内需の減少により輸入が輸出の減少を大幅に上回る効果が主なものである．

ここで，構造調整に関するコンディショナリティの中で厳格なパフォーマンス基準ではなく比較的緩い目標値（インディカティブ・ターゲット）としての構造調整策をみてみよう．

2009年のプログラムでは中央銀行を初めとした金融セクターの健全化のための資本注入やリストラに関する関連法案の成立を示していた（表 3-9-1）．この方針は2015年2月の最近のプログラムにおいてもほとんど変わっていない（表 3-9-2）[51]．各項目とも事実上強制力のあるコンディショナリティとしてみなされるため，結局従来の方式とほとんど変わらないものとみられる．

4.1.3　最近までの状況：政治・外交的観点からの支援

ウクライナ・プログラム実施1年後の2009年11月時点のIMF文書（IMF Survey Online, Nov.4 2009）における声明文では09年後半以降，同国向けプログラムはほとんど進展していなかったことを示している．この背景には大統領

第 3 章　IMF プログラムの実態

表 3-8-1　IMF プログラムのコンディショナリティ目標
（ウクライナ 2009 年 7 月趣意書）

（単位：100 万フリブナ）

	2009.3 [実績]	2009.5 [PCs]	2009.9 [PCs]	2009.12 [PCs]	2010	2010 [実績]
Ⅰ パフォーマンス基準						
1　一般財政収支赤字限度(累積)	11,040	22,500	40,000	55,000		
(GDP 比，%)				−4.0	−1.0	−5.8
2　純中銀外貨準備高(NIR)	22,238	20,799	16,600	14,900		
3　ベースマネー	174,764	181,681	210,000	211,000	223,163	
(前年比，%)				3.8	14.0	
Ⅱ パフォーマンス基準(継続)						
1　経常支払いに関する規制強化						
2　複数為替取引の禁止						
3　8 条に基づかない決済禁止						
4　国際収支上の理由による輸入制限禁止						

（出所）　IMF, Ukraine: Second Review Under the Stand-By Arrangement　Letter of Intent（July 23, 2009）.

表 3-8-2　IIMF プログラムのコンディショナリティ目標
（ウクライナ 2015 年 2 月 EFF 趣意書）

（単位：100 万フリブナ）

	2013 [実績]	2014.12 [実績]	2015.3 [PCs]	2015.6 [PCs]	2015.9 [PCs]	2015.12 [PCs]
Ⅰ パフォーマンス基準						
1　一般財政収支赤字限度(累積)	78,000	70,800	20,400	32,700	10,700	78200
(GDP 比，%)	−4.8	−4.5				
2　純中銀外貨準備高(NIR)		1,827	−2,502	−1,448	−511	2291
3　Net Domestic Asset	740,000	304,385	57,704	76,176	88,146	54,671
(前年比，%)		−58.9				
Ⅱ インディカティブ・ターゲット						
1　Base Money (累積変化)	307,000	333,194	18,256	53,350	80,086	90796
2　VAT refund 未払い		697	0	0	0	0
Ⅲ Memorandum Items						
1　国債発行(銀行資本注入向)	15,000	26,176	29,000	59,500	59,500	139000
2　為替相場 (program)	8.200	15.769	15.769	15.769	15.769	15.769
(他 5 項目)						

（出所）　IMF, Ukraine: Letter of Intent Under the Extended Fund Facility　Letter of Intent（Feb., 2015）.

選挙が 10 年春に実施されたことによる政治的な問題もあり対応が遅れたこともあるが，根本的な問題は，従来と同様に IMF のプログラムがあまりに緊縮政策と構造リストラに重点が置かれ，国民の反発や政権交代に伴う政策実施のリ

表 3-9-1　IMF のコンディショナリティ（構造調整）（ウクライナ [2009]）

内容	期日
1. 中央銀行(ウクライナ国立銀行, NBU)改革 　①ガヴァナンス構造強化のための法制整備 　② NBU 委員会の技術面の監視・監督機能強化セーフガード関連分野での強化	2009 年 5 月末 ⇒ 2009 年 9 月末*
2. 金融セクター関連法令整備 　①銀行監督における定義・ディスクロージャー関連 　②資本充実のための資産移転，銀行の吸収・合併，資本注入関連 　③金融コングロマリットへの監視・監督	2009 年 5 月末 ⇒ 2009 年 9 月末* 2010 年 5 月末*
3. 清算・破産関連法の整備 　自主廃業・法廷外リハビリ，破産に関する法令 　Naftogaz リストラ関連改革促進*	2009 年 9 月末
4. 金融関連情報 　銀行(バランスシート；収支報告；資本構成；不良債権，自国通貨・外国通貨別の資産・債務表示)	2009 年 9 月末
5. Eliminate the foeign exchange transactio law*	2009 年 9 月末
6. IMF 総合審査(会計専門家による NBU のリファイナンス，為替介入状況等)	2009/6/1

(注)* は第 2 次で加わったもの，修正．
(出所)　MF, Ukraine: Second Review Under the Stand-By Arrangement and Request for Modification of Performance Criteria (September, 2009).

表 3-9-2　IMF のコンディショナリティ（構造調整）（ウクライナ [2015]）

内容	期日
1. 財政改革 　①財政削減法案可決 　②金融部門改善アドヴァイサー雇用確保 　②歳入改善案作成	 2015/2/1 2014/4/1
2. 金融部門 　銀行部門の責任明記法案 　中銀監視強化 　中銀ガヴァナンス改善関連法	 2014 年末 2015/2/1 2015/4/1
2. 国有企業 　①国有企業のリスク明示(経済省・財務省) 　②国有企業の経営改革案作成	 2014/4/1 2014/5/1
3. Governance 　国家腐敗防止庁設立準備 　銀行報告義務強化	 2015/4/1 2015/7/1
4. Energy Sector 　個人ガス料金引上げ 　Naftgas 料金徴収改善法 　Naftgas 料金徴収監査	 2015/4/1 2015/3/1 2015/6/1

(出所) IMF, Letter of Intent (February 27, 2015).

第3章　IMFプログラムの実態

スクは十分考慮されてこなかったことがある．実際，ウクライナ・プログラムは09年9月第2次レビュー以降ほとんど進展がみられない．10年に入りウクライナ地域党出身のヴィクトル・ヤヌコーヴィチがチモシェンコを退け大統領に当選し，政権交代があったことも重なり，対ウクライナ・プログラムはほとんど進展がなかったため，2010年4月までの時点では，簡単な声明文（*Statement at the Conclusion of the IMF Mission to Ukraine* [April 2, 2010]）が公表された．それによれば，危機的状況の下でも財政収支改善を推進することをあくまでコンディショナリティとして継続していることが伺える．実際，緊縮政策の政策未達成を理由に対ウクライナ融資を棚上げしていた．

さらに，2010年4月12日，IMF総会開催に先立ってストロス＝カーン（Strauss-Kahn）専務理事（当時）はウクライナを訪問，対して財政緊縮政策を推進するよう要請した（Statement by IMF Managing Director Dominique Strauss-Kahn Following his Meeting with President Yanukovych of Ukraine, Press Release No.10/144）．西欧・米国は対ロシア外交戦略としてこれまで親西欧路線をとってきたウクライナが，今後親ロシアに傾く可能性がある同国新政権に対し西側に「つなぎとめる」ためにもIMFの継続支援は欠かせないと判断したともみられる．

その後，ウクライナは親ロシア派の内閣が崩壊，親西欧や米国寄りの政権が樹立されたが，東部のロシア系住民の多くが支持せず，しかもそうした背景からロシアは事実上黒海の制海権を握る地域を支配圏下においた．親ロシア派武装勢力との内戦でウクライナの経済状況はさらに深刻化し，通貨安が原油や天然ガスなどの輸入コストを押し上げるとともに，対外債務負担を重くしている．

このようにウクライナでは現在に至るまで，IMFはその背景となる米国の意向を反映し，政変を経て再びIMFプログラム下におかれている．しかし，IMFが支援する現政権に対する国民からの支持率は大幅に低下している[52]．

ウクライナ国立銀行（中央銀行）は2015年2月23日，資本規制を強化し，輸入業者による外貨購入を抑制するほか，銀行に対しては市場での通貨フリブナ売却を目指す顧客への融資を禁止した．債務再編協議を控え，同国の財政を圧迫するフリブナ急落の阻止が背景にある．資本流出を抑える上で必要があれば，さらなる手段もあると付け加えた．

一方，対外債務について 2015 年 8 月に IMF は債務再編をめぐりウクライナ政府と債権者委員会の間で元本の 20%（36 億ドル）削減や支払期限 4 年間の延長を骨子とする債務再編案に合意した．ウクライナは海外債権者と 230 億ドルの債務があり，4 年間の猶予期間に返済が可能であるかは非常に不透明である．

したがって事実上，債権者は債務放棄をするほか，同国の回復はないとみられる．IMF は，総計 175 億ドルのうち 2015 年に 67 億ドルを融資したが，これまで追加融資は停止されている．同年 12 月に議会は融資のコンディショナリティである緊縮案を可決したが，16 年に入ってもウクライナ政府自体が信頼性を損なっており，全くプログラム交渉は進んでいない．こうした状況下でも，IMF は正式にプログラム停止は宣言しておらず，プログラムの根本的改革も公式に宣言されていない[53]．IMF は財政改革と関連法案成立，規制緩和，税率引上げ，年金削減や教育支出削減などを条件として依然としてウクライナのプログラムを継続する構えである[54]．このようにウクライナの例は西側先進国の政治的背景から継続している典型例といえよう．

4.2 ギリシャ危機と IMF
4.2.1 対ギリシャプログラム概要

2008/9 年世界金融危機の余波を受け，ギリシャをはじめとした GIIPS (Greece, Ireland, Italy, Portugal, Spain) の国際価格が暴落（利回りは急騰）し，ユーロ危機が深刻化したのが 10 年春である．この時点でギリシャは直面する国債の返済の不透明感の高まりから IMF と EU に支援を要請した．IMF 融資プログラム (SBA, スタンドバイ取極) が 10 年 5 月から開始されたが，プログラムの実施はしばしば中断され，12 年 3 月合意の拡大信用供与措置 (Extended Fund Facility, EFF) のコンディショナリティの遵守が困難であった．14 年以降は IMF の緊縮政策に反対する勢力，特にツィプラス (Tsipras) 政権成立以降，IMF および EU と対立する構図が鮮明化した．2014 年 5 月には EFF の支援について趣意書 (Letter of Intent) を作成し，継続協議を合意したものの，依然財政緊縮の実施を含めたコンディショナリティを実行することができず，延期されてきた．ツィプラス政権は緊縮政策からの脱却を国民に訴えて政権獲得していることから，2 度にわたる国民投票と総選挙のやり直しを経て，15 年夏に最

終的にEUと歳出削減のペースを緩和することで合意し，ESMからの融資を実施することとなった．このことで同国の債務返済の可能性が改善したわけではなく，当面の危機回避に過ぎない．

　IMFの緊縮政策は本来，経常収支危機に対応しており，国内景気の過度なブームを沈静化し，輸入減少から経常収支を改善し，ひいては外貨準備の積み増しをはかるものである．しかし，ギリシャも多くの他の国々と同様にIMFプログラム依存に伴う長期化がみられ，さらに実施が事実上不可能なプログラムの導入を強いられている．その結果，経済成長は実現せず，景気悪化と低迷が続き，歳入は増加しないため，結局財政収支は悪化する一方である．制度改革は中長期的性格をもつものであり（例：年金改革等），当初からギリシャの財政収支が短期で改善する見通しは低かった．しかし，経済成長を主眼として短期的に緊縮政策を停止し，短期的に財政緩和戦略を採用していた場合は，おそらくギリシャは既に成長軌道に乗っていた可能性も高い．しかし，同国ではユーロ圏にあり，為替調整による輸出競争力を改善できない立場にある．このことが，決定的な問題である．

　本質的にユーロ圏の金融のトリレンマの問題があるものの，そもそもギリシャを長期経済低迷に追い込んできたIMFとEUのコンディショナリティは中長期的な成長を達成させるものではない．したがって，追加支援をしてもそ

図3-29　GDP成長率/失業率（ギリシャ）

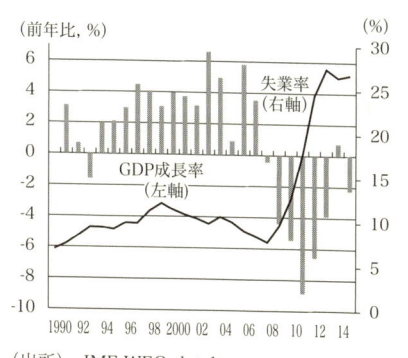

(出所)　IMF WEO database.

図3-30　財政/経常収支（ギリシャ）

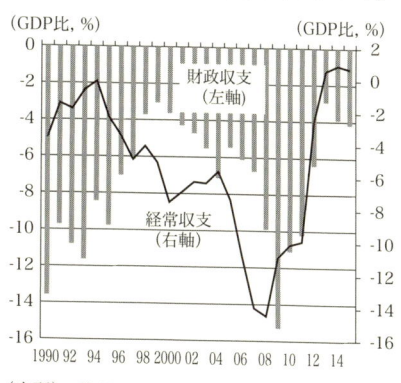

(出所)　IMF WEO database.

れは対症療法に過ぎないのであって，根本的解決策であるべき外貨獲得を促進し維持可能な成長を達成する政策が不可欠であるにもかかわらず，それを軽視してきた．

ギリシャはかつてのアルゼンチンのように通貨下落後，競争力が大幅に改善し，主要農産品輸出の急拡大によって成長率は大幅に上昇，名目GDPも1990年代のピークを越えるまで回復した．しかし，ギリシャではモノの輸出で競争力があるのはオリーブのような限られた農産物・加工品しかない．しかし観光業の振興により経常収支を改善し，外貨獲得能力を大幅に改善することは可能である．それには現在のようなユーロ圏を離脱し，ドラクマ通貨に回帰し，競争力を改善することが長期的に維持可能な政策であろう．しかし，ギリシャに対する債権者である他のユーロ圏（例：ドイツ）では，ユーロ圏離脱は多大な損失をもたらすため，それは容認できない立場にある．最近まで債務削減を継続支援の条件とするIMFと，債務削減は認められないとするEU（特にドイツ）の合意が難航したため，現在ではIMFは対ギリシャ支援案件を正式な支援リストから外している（2016年5月19日現在）．一方，ギリシャはEUからの支援融資に合意（2016年5月25日）しているため，今後はEU主体のプログラムとなる見通しである．

図3-31 外貨準備高・政府総債務（ギリシャ）

(出所) IMF.

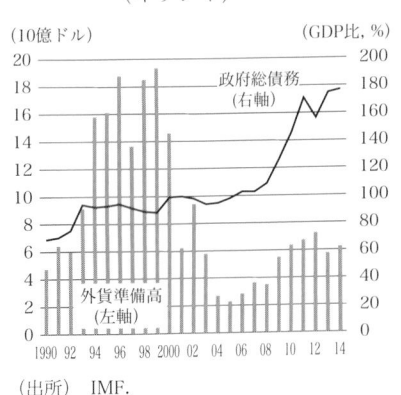

表3-10 財政改革（ギリシャ・EU）

黒字目標	2015〜18年に各1％，2％，3％，3.5％の黒字化
歳入	
VAT	VAT（付加価値税）増税（13→23％），離島優遇税撤廃
法人税	2016年から増税（26→28％）
歳出	
雇用・年金	早期退職制度縮小／年金受給開始年齢引上げ（→67歳）年金削減（GDPの1％分）
防衛費	2015年1億ユーロ，16年2億ユーロ削減
預金保護	破綻時預金保護上限（10万ユーロ）
民営化基金	国有財産（500億ユーロ）の民営化などによる売却

(出所) IMF (2014b) 等より筆者作成．

4.2.2 ギリシャ案件における根本的矛盾

事実上不可能な返済を見込まれながら，なお EU および IMF からの借入を継続してきたギリシャは，公式にはデフォルトは認められない（制度化されていない）ために，今後も相当長期間にわたり緊縮政策を実施することを求められている．一方，ユーロ圏での資金の自由な移動が過大な当該国の借入につながるという根本的な矛盾がある．

したがって，新たに EU では金融監督のみならず財政規律のモニターを強化する方針である．このことにより，過大な政府の財政赤字とそれによる公的債務の継続を困難とするようになる見通しである．それでも，根本的な問題は金融のトリレンマに見られる．ユーロ圏内における固定相場＋資本取引の自由化という条件は変更がないため，ある国の財政収支の悪化は常に生じる．

4.3 アイスランド：21世紀の資本流出規制成功例
4.3.1 例外的な IMF プログラム

アイスランドは世界金融危機後のユーロ危機と同時期に資本流入の停止と急激な流出に伴う資本収支危機を経験した国である．同国はユーロ圏には属さず独自の通貨を維持していたが，2000年代に入り急激に金融資本自由化を推進し，「金融立国」を目指して欧州各国から膨大な資金を引き寄せていた．

しかし，ユーロ危機発生とともに資金流出が加速化し，実際に銀行のバランスシートは急激に悪化したため，資金繰りが行き詰まり，主要銀行は危機に陥り，国有化された．さらに，個人を含めた預金は返済が困難となり，資本流出規制を導入したが，IMF 支援プログラムでは例外的に容認された．しかも，当初少なくとも1年間は緊縮政策を導入せず緩やかな財政収支改善を目指した．その結果，通常の IMF プログラム下の国の例と比べ短期に正常化した．アイスランドでは IMF プログラムは中途で終了し，現在では GDP 成長率も1人当たり所得も回復し，経常収支の急速な改善と外貨準備高の回復がみられる（図3-32，3-33）．現在では，他のギリシャなどユーロ圏危機国（GIIPS）に比べ経常収支は大幅に改善し，外貨準備の積み増しも進み経済は安定化している（図3-34，3-35）．また，財政収支も改善したうえ，失業率も著しく低下している（図3-36，3-37）．

図 3-32　GDP 成長率

(前年比, %,)

(出所)　World Bank database.

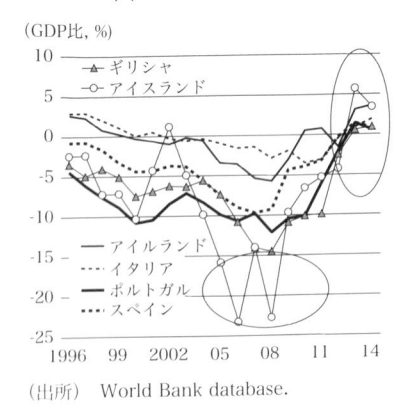

図 3-33　1 人当たり GDP

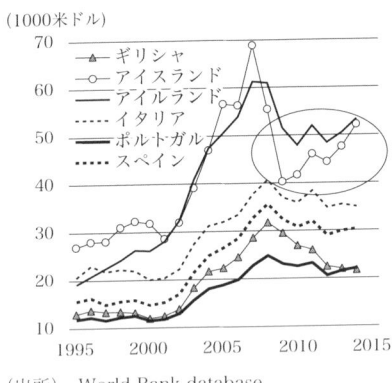

(1000 米ドル)

(出所)　World Bank database.

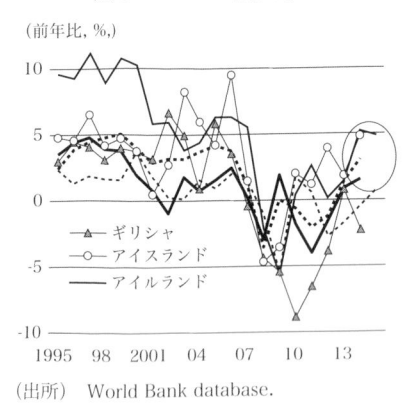

図 3-34　経常収支

(GDP比, %)

(出所)　World Bank database.

図 3-35　外貨準備高

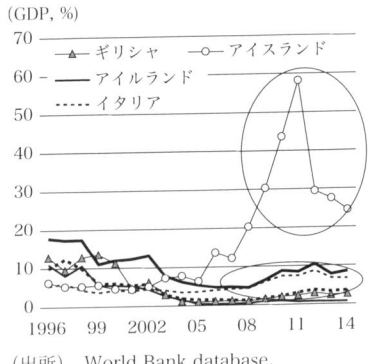

(GDP, %)

(出所)　World Bank database.

4.3.2　アイスランドの資本規制をめぐる政治経済学

　世界金融危機後の危機時，仮にアイスランドが資本規制措置を導入していなければ，同国の景気回復および経済安定化は非常に困難であった．この成功例について，IMFの見解は「国際的救済を受けたアイスランドが取った対応策は，その後の同国経済に「驚くような」力強い回復をもたらしており，救済からの立ち直りを図る他国にとって重要な教訓となる（IMFアイスランド担当ミッションチーフ）」と手放しで賞賛している[55]．しかし，IMFの公式見解では，ほとんど資本規制の成果を認めておらず，同国の成功の主な背景として「アイス

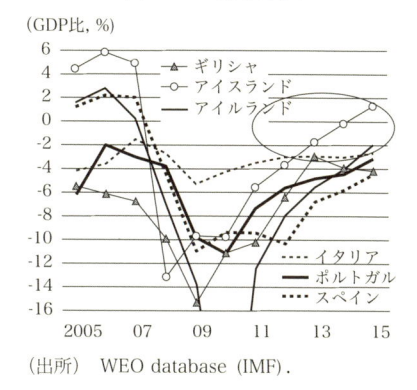

図 3-36　財政収支　　　　　　　　図 3-37　失業率（GIIPS＋アイスランド）

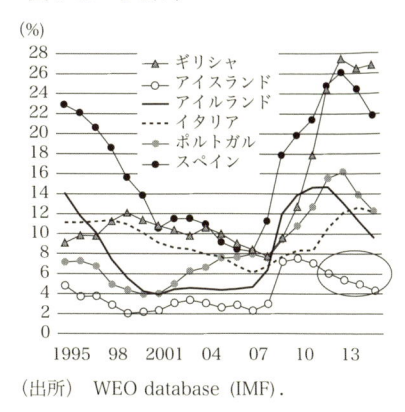

（出所）　WEO database (IMF).　　　　（出所）　WEO database (IMF).

ランドは納税者ではなく，債券保有者に損失負担を振り向け，社会福祉制度の保護で失業者の最低限の生活を守り，破綻からの回復は加速し，大規模な財政再建に直面する中で社会福祉制度を守り抜いたことは，政府の大きな成果」とし，急激な緊縮政策を実施しなかった点が成功した要因である，と結論づけている[56]．

　ただし，IMF Survey online（November 03, 2011）ではStiglitzやKrugmanの資本規制の正当性を紹介した記事を掲載している．しかし，これはあくまで記事であり，IMFの公式見解を述べたものとは言えない．IMFは資本流出規制を正式に容認しておらず，規制を継続している同国に対し資本規制の解除が望ましいとの立場は変更していない．この点に関して，最近までのアイスランドの経済市場の安定化を鑑み，かねてからのIMFの徐々に規制措置を緩和する方向で検討されている．2015年6月に一つの案が示された方策は，資本流出に対する大きな歯止めとして税率39％程度を課税する「安定課税」導入の措置である．これは，銀行の債権者が回収した債務を国外に持ち出す場合に科される際の課税である．同国中銀も急激な資本流出を食い止めるためにこうした税金の導入を必要としている．さらに，同国財務省は，このような措置はアイスランドの国際収支を守るとの見方を示している．

　このように，危機後アイスランドは，欧州諸国（特にGIIPS：ギリシャ，アイルランド，イタリア，ポルトガル，スペイン）の中で最も効果的な経済政策を

導入したが，資本（流出）規制なしでは成功することは不可能であったといえよう．この点について IMF は正当に評価するべきであろう．

4.4 キプロスの資本規制

ギリシャ系住民が多数を占めるキプロスでは，銀行部門がロシアなど国外の富裕層から集めた預金をギリシャ国債で運用していた．しかし，ユーロ危機の影響で資本流出が急速に拡大したため，2013 年 3 月にユーロ圏で初めて海外送金や外貨持ち出しに上限を設けるなどの資本規制を導入した[57]．EU や IMF の支援を受けて段階的に規制の解除を続けてきた．企業の大口送金規制などを解除したが，この背景には同国銀行システムの信頼性が回復したことがある．

5. サブサハラ・アフリカ：低所得から抜け出せぬ国々

5.1 アフリカのプログラム概要

大多数のアフリカ諸国は 1960 年代初めまで植民地であり，独立してまだ半世紀余りの国々が多い．そのことが，アフリカ諸国の真の自立した国家を目指す意欲を殺ぎ，多くの国では旧宗主国を中心とした援助支援を当然と考え，それに依存する構造が 2000 年代初めまで続いたといえる[58]．

人的資源も独立当初は低い識字率や貧困と格差の問題が存在し，経済発展の基礎条件は著しく不利であった．しかも各国で合理的かつ独立的な政府の経済政策を実施できる国は非常に限られており，多くのサブサハラ・アフリカでは，長らく IMF ／世銀による経済政策や開発案件が実施されてきた．こうして国家の中枢を担う政府の政策がワシントンにある国際機関の意向や方針に左右される構図が続いてきたことになる．当然のことながら，サブサハラ・アフリカ諸国の経済政策には欧米諸国の意向が色濃く反映されてきた．このため，米国財務省のアフリカ政策が，IMF 等国際機関を通して，結果的にアフリカ経済成長の阻害要因となっていたとの見方もできる．

以下のように，IMF や世銀のプログラムなどを通したアフリカ諸国への影響を及ぼしてきたと考えられる．

5.2　長びくプログラム（Prolonged programs）の弊害

　アフリカ，特にサブサハラ・アフリカ諸国では，全体的に各国の主体的な経済政策能力の不足から外部の意見，とりわけ従来，特に世界銀行やIMFなど国際機関の支援に依存しており，依然として，IMFプログラムの影響が継続している．特に西アフリカの小国では経済政策の基本的な方針はブレトンウッズ機関によって左右されている．このため，中長期的な成長・発展に寄与する政策が実施されなかった．例えばセネガルやギニアなどでは，財政収支改善のためにプログラム下では常に緊縮政策を求められるため，本来の無駄な政府支出を削減するという目的ではなく，単位財政収支改善自体が目的となり，国民生活や福祉に必要な予算もその対象となっている．

　多くのサブサハラ・アフリカ諸国では，緊縮政策の実施に伴い医療や福祉予算の減額は国民の生命を脅かす状況となっている[59]．こうした具体的な歳出削減が国民生活や社会生活に直接的な打撃を与えるのみならず，長期にIMFプログラム下にある国々では，成長率自体が損なわれる．プログラム自体が景気を悪化させるものであるため，これは必然的な結果である．しかし，本来短期の国際収支改善を目的としたプログラムが長期にわたることで，中長期にわたり対象国で成長率が低迷する．必然的に財政収入は減少するため，財政赤字構造を抜け出すことが困難となる．

5.3　IMF／世界銀行プログラムの実施と各国経済政策への関与

　従来，多くのサブサハラ・アフリカではIMF／世銀による中長期の成長プログラムである貧困削減戦略（Poverty Reduction Strategy）の基本となる貧困削減戦略文書（Poverty Reduction Strategy Paper）が作成され，それに基づき各国の経済開発政策を実施してきた．しかし，多くの国では当該国政府の自主性よりもIMF・世界銀行など国際機関の影響力が強く反映される傾向にあった．こうした状況を改善するために各国のオーナーシップを反映させるべく作成に関するルールは修正されてきたものの，依然としてブレトンウッズ機関の影響は強い．このため，本来長期的安定成長を目指すためのプログラムであるべき経済政策においても財政収支に焦点をあてており，国別報告書はほとんど財政報告書の様相を示している[60]．このことは，IMFプログラムの本来の性格をそのま

ま反映していると考えられる．

　IMF 案件は世界金融危機後，融資対象国の大半を欧州諸国が占めてきたが，最近ではギリシャではプログラムが停止しており，ウクライナも円滑に実施されておらず事実上凍結されている．こうした状況下，現在 IMF の融資業務は「開店休業」状況に対処すべく他地域での融資業務の拡大を模索している．しかし，アジアやラテンアメリカ主要国では既に「IMF 離れ」が常態化している．このため，アフリカに対する融資プログラムを再開しつつある．しかし，こうしたプログラムによってふたたび IMF の伝統的手法である緊縮プログラムがアフリカの国々で長期にわたるリスクは高い．2013/4 年まで原油・資源価格の上昇に伴い，サブサハラ・アフリカ諸国全体で生産や輸出拡大による経済成長が加速したものの，近年の資源価格急落によって外貨準備の減少や経済減速が著しい．こうした背景から IMF は現在では危機的状況とはいえない国々に対して案件を拡大し積極化している．

5.4　サブサハラ・アフリカでの IMF プログラム実例：ガーナ

　ガーナは長らく一部鉱物資源（金など）やカカオ豆，木材など農産物が代表的な輸出品目であったが，2007 年にガーナ沖で石油鉱床が発見され，10 年から原油生産が始まり，主要輸出品として急激に拡大してきた．その結果，国家経済および財政は大きく石油生産とその輸出に依存してきた．GDP 成長率は 2011-13 年平均 9.9％の大幅な伸びを示したが，原油価格低迷に伴い 14 年以降経済成長率は急速に低下，15 年は 3％程度と下落した．原油価格が急落する中，国家財政も急速に悪化した．

　このため，2015 年 4 月に IMF に支援を要請，拡大信用供与措置（EFF）を締結した[61]．そのプログラム実施において財政収支は悪化し，同年 12 月に再度趣意書（Letter of Intent）を合意したもののコンディショナリティにおけるパフォーマンス・クライテリアの目標達成は困難となり，その順延を申請している．こうしたなか，IMF は「通常通り」緊縮財政を急激に導入したため，国内経済は大きな混乱に陥っている[62]．世界市場で原油価格が急落するなか，同国政府は IMF のプログラムに沿って国内の石油価格を大幅に引上げた．2016 年 1 月から，石油製品に対する課税額を上げる措置を実施し，石油製品の価格は

18〜27％上昇した．その結果，ガソリン価格が急騰し，公共機関の値上げが相次いだ．さらに，燃料コストの高騰を商品価格に転嫁する動きが加速している．また，野菜など農産物価格も急騰した．

こうした状況は，1997/8年のアジア危機時のインドネシアで起きた燃料価格引上げに伴う物価上昇と，生活不安から政権崩壊に至った経験に重なる．すなわち，危機の最中に緊縮財政を導入する過ちをアフリカのプログラムでも依然として継続していることを示している．このように，IMFプログラムは，現在でも経済・社会状況に及ぼす影響を十分考慮せず，プログラムに沿って短期に実施する傾向が続いている．

5.5 最近のサブサハラ・アフリカの変化：ナイジェリア

ガーナと対照的にアフリカ最大の経済規模を持つナイジェリアでは，2015年11月に発足した新政権は従来のワシントン・コンセンサス，あるいは新自由主義に基づいた政策を大幅に転換し，金融資本自由化に歯止めをかけ，為替取引に制限を設け通貨の安定と国際収支の改善に向けた政策を採用している．外貨不足が深刻化したことがこうした政策の背景にあるものの，根底には従来のIMF型政策に依存する政策からの転換を図っていることがある．もちろん外貨取引規制は事業に影響を与えているため，経常取引に関わる制限は緩和する必要があるが，これまで経験した大量の資本流出を考慮すれば，金融・資本取引規制の実施は必要であろう．

同国が持続可能な安定的な成長をさせるためには，中長期的に産業構造の高度化と多角化が必要不可欠である．その一環として政府は国内市場の大きさに注目して自動車産業の振興を図っている．既に同国では2014年1月に自動車産業開発計画（NAIDP）を公示しており，今後優遇税制の法制化など振興策が本格化するものとみられ，その動向が注目される[63]．

注
1) 本章では，基本的に危機後の支援プログラムの不適切な例を主に示すが，第4節ではアルゼンチンやトルコのケース・スタディを採り上げ，IMFに忠実に従った結果としての通貨危機の実例として述べることとする．
2) ロシア危機では米金融機関は固定相場制にほぼ近いクローリング・ペッグ体制下

で金融投資を拡大し，ルーブル通貨建て国債（GKO）の売買で収益を上げてきた．しかし，通貨の実質高に伴い輸出競争力の欠如による輸入拡大に伴う経常収支赤字拡大は財政赤字をもたらし，それを補填するための国債発行が拡大する中でロシア危機が発生した．

3) アジア危機発生の背景や原因については既に数多くの文献・論文があるため，詳細は省略する．本稿では，主にIMFのプログラムが当該国にどのような影響を与えたかを重点的に示す．

4) 資本収支危機を最初に命名したのは吉冨勝である（Yoshitomi, 1999）．吉冨（2003）ではアジア危機について本質的な議論が展開されている．

5) 2000年の対の経常収支は黒字まで回復したが，これは主に景気悪化に伴い輸入が輸出を上回る急激な減少によるものであった．

6) IMFは根本的な分析手法が不適切であった事実は認めておらず，「楽観的であった」とする反省手法は根本的な見直しを行っていないことを表していると考えられる．第3章参照．

7) IMF独立評価室（IEO）は，2003年9月にインドネシアを含めた評価レポート作成しているが，プログラム実施が政治・社会的に制約されたことが危機悪化の要因の一つであったとしている．第5章2.6.2参照．

8) インドネシアの信用保証が不十分であった点はIEO報告書（IMF 2003d）でも指摘しているが，状況悪化についてはむしろ政策の意図を正確に充分説明しなかったインドネシア政府の政策実施能力の欠如やそれを利用するインサイダー関係者の動きなどに責任を転嫁している（同上, pp.40-41）．ただし，同報告書では，失敗の原因をスハルト政権の政治的なコミットメントが不足していたことに帰しているのは，責任転嫁ともいえよう（p.2）．同報告書はIMFの大きな過ちに対して根本的な問題を指摘しているとは言えない．本節末参照．

9) 通貨危機後，IMFプログラム下で食料補助金制度が大幅に削減または廃止された．特に食糧調達庁（BULOG）による米価安定のための補助金制度であった．さらに，米以外の食料品輸入が1998年2月に自由化されたため，為替下落した状況下食品価格は大幅に上昇した．

10) 例えば，第3次合意では財政収支赤字は対GDP比3%以下とされていたが，第4次で同8.5%としている．また，GDP成長率やインフレ率も低迷を反映し，それぞれマイナス10%，80%程度としている．こうして各目標値は現実の実体経済の悪化の追認する形で次々修正された．

11) 十分な預金保護措置を伴わない銀行のリストラに関しては，IMFの独立評価室（IEO）の報告書（"The IMF and Recent Capital Account Crises – Indonesia, Korea and Brazil" September ,2003）では，IMFの政策ミスを正式に認めている．

12) IMFの経済プログラムの実施によって政権が不安定あるいは崩壊したため実施困難となり，プログラム自体の実施ができず失敗する例はインドネシアに限らず繰り返されてきた．

13) アジア危機下のインドネシアに対して政治的腐敗などが危機の原因であると欧米で指摘されたが，資本収支危機が根本原因であることを考えれば全く的外れであっ

第3章 IMFプログラムの実態　　143

た．当時の政治経済的背景については，Thirkell-White（2005）Ch.6を参照．
14) 1997年1月には韓宝グループの倒産などに象徴される不良債権問題による金融市場の問題が悪化したとされるが，当時は韓国経済全体が緩やかに下降していた状況であり，危機的状況になったきっかけとはいえない．
15) 当時の状況についてのより詳しい説明はThirkell-White（2005）Ch.5を参照．
16) IMFの独立評価室（IEO）報告書の中でも短期の構造改革は危機対応には有効ではないとの見解が発表されている．IMF（2003d）参照．
17) 韓国のアジア危機当時の金大中政権の政策と社会構造の変化については文（2015）参照．
18) IMF（2003d）p49．また，危機時での金利引上げは効果的でないばかりか，金利引上げのコストを国内の金融機関から海外の金融機関に負担を転嫁させることになるとの指摘がある．Juan Sole（2004）参照．
19) IEO "Evaluation Report on Fiscal Adjustment in IMF-Supported Programs"（Sept.2003）Chapter 6: Social Spending and Social Protection 参照．
20) IMF（2003d）p.3
21) 金融に関する構造問題についてはIMFのマクロ経済専門家が問題を深く理解することは困難であり，まして通常短期間でプログラムを仕上げるIMFに合理的な構造問題のプログラム作成を期待するのはもともと無理があった．最近IMF内部では金融問題に関する専門家の必要性を認識し，国際金融・市場に関するセクションを設立した．しかし，これはあくまで世界市場全体を分析することを主体としている．
22) 「全体に財政緊縮したものの，初期においては厳しいものではなく，韓国の場合は主に銀行のバランスシート悪化によるものである」（IMF, 2003d p.49）としている．
23) 他のIEO報告書でも用いられている．例えば，IMF（2004h）参照．また，実際にIMFプログラムが全体的に経済成長率の目標が楽観的で甘いとの結果が検証されている（Baqir et. al, 2005）．
24) IMF（2003d）P.32.
25) IMF（2003d）p.35.
26) IMF（2003d）pp.39-40.
27) IMF（2003d）p.35.
28) IMF（2003d）p.43.
29) 過去に失敗したケースを採り上げないのは，本報告書に限らず，2005年4月の資本取引自由化に関するIEO報告書（次節参照）でも，直接的にIMFのプログラムによって深刻な危機が発生した国々は採り上げていない．
30) 政治的に融資が決まる"too big to fail"の議論はロシアの例をはじめとして，ブラジルについてもいえる．ブラジルの場合，アルゼンチンと比較して米国金融資本がコミットしている比率が高いため，余計に米国財務省の意向を反映したIMFはブラジル融資には積極的である．トルコについても，イラク情勢をはじめ，その戦略的位置と重要性をかんがみ，米国・IMFの優先的な支援を実施してきた．
31) 例えば，中央および地方政府のプライマリー収支を98年はGDP比0.4％赤字か

ら 99 年は同 0.4％の黒字，2000，2001 年とも同 0.5％を目標とする，という大まかなものであった．
32) World Bank database に基づく．以下同様．
33) IMF（2003d）p.35.
34) 当時のクリントン政権によるメキシコ支援に関する状況は Rubin（2003）Chapter 1 に詳しい．
35) アジア危機の場合，米国のイニシャティブは弱く，韓国への支援を除き，必ずしも支援が短期に実施されなかった．特にインドネシアの場合，コンディショナリティの実施を巡って融資が遅れた点が指摘できる．このことだけでも，資本収支危機において短期間に流動性を確保することがいかに重要であるかが実証された．
36) 高木（2013）はアルゼンチン危機を債務危機に分類している．しかし，資本の急激な流出による通貨下落とその後の金融危機，経済危機は本質的には資本収支危機の様相を強く示している．アルゼンチン危機前後の詳細については，Mussa（2003）に詳しい．
37) アルゼンチン危機の原因には，財政構造の問題などが指摘されるが，現状では，通貨制度（カレンシーボード制）による実質為替レートの上昇は大きな主要原因と考えられる．Torre et al.（2003）参照．
38) 日本ではカレンシーボード制の呼称が一般的である．兌換制度は，ドルとの交換性が保証されているという意味で使われる．
39) アルゼンチンのカレンシーボード制は，不完全なものであり，中銀の外貨準備高の増減に厳密に対応しなかったとされる．高木（2013）参照．しかし，そのためにアルゼンチン危機が直接引き起こされたとはいえない．
40) Fischer は 2001 年夏のアルゼンチン危機の最中に辞任，シティグループ会長（2002-2005）に転職した（その後イスラエル中銀総裁（2005-2013），FRB 副議長（2014-）歴任）．なお，IMF 辞任の際の理事会でのスピーチ（Fischer 2001b）では全く自身の責任について触れておらず，IMF の課題として国際資本移動の問題を挙げたのみであった．
41) アルゼンチンの通貨制度は，中央銀行の外貨準備に応じて通貨供給を行うという厳密なカレンシーボード制の政策とはいえなかった．なぜなら，そうした方法で資金を調達することは，本来米ドルを担保とした通貨供給するカレンシーボード制の枠組みの外にあることになるからである．
42) Fischer は，世界の通貨制度は徐々に「二極化」する傾向にあり，それは合理的な帰結であると結論付けていた（2001a）．IMF の融資政策は実務レベルの判断に加え，トップレベルの「政策的」判断が融資の可否に大きく影響を与える．したがって，政府当局の一部でカレンシーボード制下におけるアルゼンチンの通貨政策の限界は承知していても，通貨切下げに伴う内外債務の増加を避けるという政治的な配慮から組織として具体的な行動（たとえば，カレンシーボード制から早期に変動性に移行すること）に移せなかったと推測される．
43) Press Release（IMF, 2000.4.13）．Fischer の辞任後，IMF はアルゼンチンの事態の深刻さを指摘し，追加融資に慎重な姿勢に転じている．このことはカレンシー

ボード制を推進してきた中心人物であった同氏の IMF 内部での影響力は極めて大きかったとみられる．また，2001 年 5 月のケーラー専務理事（当時）によるプレス報告でもアルゼンチンについては「ownership」の観点からアルゼンチンに判断を任せるとして IMF の責任の所在の判断を回避していた．

44) 高木（2013）は，アルゼンチンの財政規律の欠如が危機の本質的原因であることを指摘するのみであり，IMF の責任については指摘していない．

45) この際，財政収支目標値は，当初 IMF 側はプライマリー収支の黒字を GDP 比 4％としていたが，結局政府の主張どおり 3.0％で決着した．しかし，その後財政政策や銀行部門の健全化のための政策への政府のコミットメントが明確でなかったことのほか，政府と債券保有者間の債務交渉の不透明化などがあったため，実施が遅れた．この背景には米国政府の要請があったとみられている．ただし，債務再編交渉の進捗も条件になっているため，依然として不透明感が残っている．

46) 2001 年の危機対応で債務再編と減額に応じなかった，いわゆる「ホールドアウト債権者」との法廷闘争で，同国政府を訴えていたヘッジファンドなどの原告が，債務再編に応じた「ホールドイン債権者」に対する利払いをも禁じるとしたニューヨーク地裁の判決を，米連邦最高裁が支持した．これは，債務再編に応じ，債務再編後の債券のみで支払うことは債権者を平等に扱うパリパス条項違反であると，連邦・地方裁判所に訴えそれが認定された結果である．これに対するアルゼンチン政府の連邦最高裁判所への再審理請求も却下された．その結果，ホールドアウト債権者との交渉が決裂し，同国は 7 月 30 日の利払いを履行できず，デフォルト状態とみなされた．

47) アルゼンチン国内の大統領候補支持率は，選挙前（2015 年 8 月）にはフェルナンデスの後継者（Scioli）の支持率が最も高かった（Sullivan & Rebecca [2015] 参照）が，結果的に決選投票を経て大統領選挙で敗退した．

48) 2015 年まで政権を担ってきたフェルナンデス政権は欧米金融市場からは資本規制などや外資への警戒を解かない独自の政策を実施してきた．そのために，欧米金融機関やその利害を反映する国際機関である IMF は，対アルゼンチン政府に対してさまざまな圧力をかけてきた．本来，IMF プログラム下にない同国では IMF の勧告に従う必要はない．しかし，南米第二の経済規模を持つ同国を金融機関はこのまま絶縁的な関係とすることは許容できないと判断したとみられる．そのために，あらゆる方策を用いてアルゼンチンに対する圧力をかけてきた成果が政権交代となった．

49) Nazemroaya（2014）は「金融面でのテロ」と位置付けて最近までのアルゼンチン政権崩壊について論じている．

50) 公式見解（Fischer, 2000b）によれば，IMF から正式に相談はされなかったとしている．

51) IMF の公式見解で示すプログラムの柔軟化はウクライナでも実現されていない（Bretton Woods Project, 2014e）．

52) 2015 年 12 月 23 日，ギャラップ調査によれば，ウクライナ国民の大多数（88％）は，ウクライナ政府では腐敗が蔓延しているとし，わずか 8％のウクライナ国民の

み政府を信頼しているにすぎない．さらに，わずか17％がペトロ・ポロシェンコ大統領を評価している．これに対しヴィクトル・ヤヌコーヴィチ前大統領（2010-2014）時の支持率は，平均約23％で現在のポロシェンコの数値ほど低くなかった．

53) ラガルド専務理事は，ウクライナの統治改善と汚職対策が進展しないことを懸念しており，「IMFの支援プログラムが継続され，上手くいくかどうかを予想するのは難しい」と述べた．さらに，ウクライナが，失敗した経済政策のモデルとなる危険があると警告した（Sputnik 2016.2.11）．
54) Bretton Woods Project（2016b）参照．IMFはほとんど融資対象にならないウクライナを融資対象国としてつなぎとめている状況である．
55) Hammer（2015）．
56) IMF（2014b）．
57) 資本規制は民間保有債権の元本削減などを柱とするギリシャの債務再編によって多額の損失を計上，資本不足に陥ったため，2015年4月6日まで継続された．
58) 池上（2015）．JICAの宮司氏は資源価格の高騰によってようやく多くのアフリカ諸国で自立への動きが本格化したと指摘している．
59) Bretton Woods Project（2015c）．
60) 例えば2015年3月のナイジェリア経済報告書では，大半のページはfiscal balanceとpublic debtの部分に議論が割かれている．
61) IMF（2014i）．
62) Bretton Woods Project（2014f）．
63) ホンダが2015年7月にアコードの生産を開始した．ナイジェリアで現地生産する日系自動車メーカーは日産に次いで2社目の進出となる．

第4章
世界金融危機の衝撃とパラダイム変換

1. 金融・資本自由化の進展と世界金融危機

　現在では国際的な資本自由化推進および IT 技術の進歩に伴い，国際市場での金融取引と資金フローは大幅に拡大している．1990 年代以降各国で資本の急激な流出入に伴う危機が頻繁に発生してきたが，特に 2000 年代以降先進国から供給される急激な流動性拡大がグローバル市場でバブルの発生と崩壊を引き起こしてきた．また，世界の証券市場・為替相場とも各国・地域の経済・市場環境の変化に伴い，さらにボラティリティは高まっている．本節では，こうした資本・金融自由化の下での国際資本移動の急速な拡大が，実体経済と乖離した金融市場の不安定化を一層もたらしたことを鑑み，国際金融システムの安定化に向けた資本規制・管理の必要性について考察する．

1.1　世界金融危機とグローバル市場不安定化をもたらした背景

　米国国内で深刻化したサブプライム問題（2007）が世界的に拡大し，金融機関に大きな打撃を与えたのは，グローバル市場における金融・資本自由化が急速に進んできたことが背景にある．さらに，世界金融危機（2008）発生前の 2006/7 年までの世界的な過剰流動性の状況の背景には，市場に豊富な流動性を供給してきた日本銀行の量的緩和策（2001-06）があった．当時，先進国で唯一日銀は量的緩和策を実施しており，米国連邦準備理事会（FRB）のマネタリーベース（MB）はほとんど増加せず一貫して GDP 比 6％程度を維持してきた．それに対し，日銀は当座預金の目標値を 30 兆円に設定し，大幅に市場に資金供

給を拡大した．その結果，マネタリーベースは GDP 比 22% 程度まで拡大し，低利・豊富な資金が円キャリー取引によって米ドルなど外貨に変換され，グローバル市場に大量の資金が供給され，国際金融市場で過剰流動性が生じた．一方，米国 FRB のマネタリーベースはほとんど増加せず，一貫して GDP 比 6% 程度を維持してきた．また，2001-06 年までの期間 FRB のバランスシートはほとんど増加していない（図 4-1）．もちろん，05 年まで FRB の緩和な利上げペースを見越した融資拡大が一般化したものの，当時の世界の過剰流動の背景には日銀の量的緩和政策（2001.4-06.3）に伴いグローバル市場に豊富な流動性を供給してきたことがある．その期間に大量の低利かつ豊富な資金が日本から米国に流入した．これが原資となり大量の資金が中小業者を含む不動産融資に活用された可能性は高い．なぜなら，日銀量的緩和に伴う大量の資金がなければ，米国国内での大量の低利豊富な資金は当時実現しなかったからである．米国が投資銀行となって世界各地で資金が投資され，バブルが生みだされたと考えられる．

　しかし，2008 年の世界金融危機発生以降，世界経済と金融市場は大きく変化した．同年 9 月のリーマン・ショックに始まる世界金融危機において欧米金融機関の破綻とそれに続くユーロ危機は，米国 FRB の量的緩和（QE1,2,3），日米の中央銀行の流動性供給を極端に拡大した状況を生み出した．こうしたなか，

図 4-1　マネタリーベース・準備
　　　　（日銀・FRB）

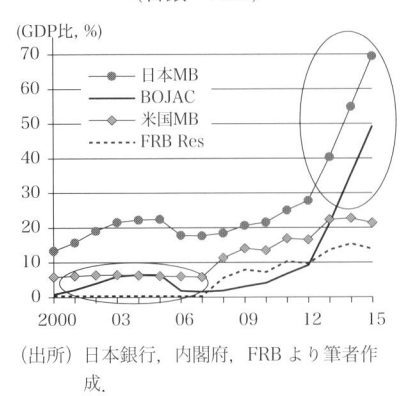

(GDP比, %)
　日本MB
　BOJAC
　米国MB
　FRB Res

(出所) 日本銀行，内閣府，FRB より筆者作成．

図 4-2　マネタリーベース・日銀当座預金

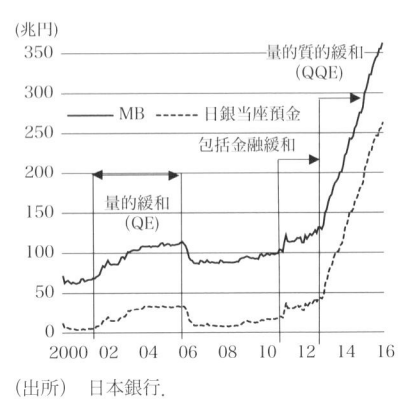

(兆円)
　量的質的緩和
　　(QQE)
　MB　　日銀当座預金
　包括金融緩和
　量的緩和
　　(QE)

(出所)　日本銀行．

これまで豊富な流動性を供給してきた日本銀行と米国 FRB は，後者が 2014 年 10 月に世界金融危機後数度にわたる量的緩和策 QE も QE3 で終了したが，日銀は量的・質的緩和 (QQE) 政策の導入後 2013 年 4 月から大幅にマネタリーベースを拡大していたが，2014 年 11 月から一層拡大 (第 2 弾) してきた．その結果，MB は 2012 年までの規模の約 5 倍，GDP 比 70％ (2015 年 12 月，推定) まで拡大している．これが今日のグローバル市場の資金供給に大きな役割を果たしているとみられる．また，長引く欧州景気の低迷に伴い ECB (欧州中央銀行) は 2014 年 9 月導入の (対象を絞った) 長期資金供給オペ (Targeted Long-term Refinancing Operation, TLTRO) にとどめていた金融政策を修正し，日米金融当局が採用してきたのと同様に，国債買取りにより市場への資金供給を 2015 年春より導入している．こうした歴史上稀にみる先進国の緩和政策にもかかわらず，欧州および日本では依然景気は低迷し，一時は回復してきた米国経済など先進国経済も 2016 年に入り先行きは大幅に不透明となっている．特に日本の GDP 成長率は 2013-15 年平均 0.6％に過ぎず，アベノミクス下の量的・質的緩和政策は実体経済には全く効果はみられなかった．

さらに，2015 年夏に顕在化した中国市場での株価崩壊と人民元下落にみられるバブル崩壊により，それまで世界経済に大きな影響を及ぼしてきた中国をはじめ主要新興国 (中国，ブラジル，ロシア，インドなど BRICs) では，おおむね成長率は鈍化し，市況は悪化，為替下落も顕著となっている．このように先進国，新興国を問わず市場のボラティリティは大幅に拡大してきた．

以上から，先進国，途上国・新興国を含む全てのグローバル経済・市場が安定的な成長と市場環境を実現するためには，国際資本移動の極端な拡大を抑制し，秩序ある取引を取り戻すことが重要である．このため，現在ほど国際金融体制の真の再構築を実施することが求められている時代はない．

2. 国際資本移動と先進国の金融緩和政策の無効化と独立性喪失

2.1 量的金融緩和の無力化

日本のマネタリーベース (MB) は 2016 年 5 月時点で 382 兆円と「量的・質的緩和政策 (QQE)」導入以前の 13 年 3 月に比べ約 2.9 倍，日銀当座預金は 281

兆円と約6.5倍増となっており，既にMBはGDPの約70%（2015年GDPに基づく推計）まで達している．しかし，国内市場においては銀行貸出にはほとんど有効ではない[1]．大幅に拡大してきたマネタリーベース，日銀当座預金に比べ国内銀行貸出は16年4月までの3年間でわずか7.3%の伸びにとどまっている．こうした状況下，長期的に「出口戦略」を考慮すれば，量的緩和政策の継続は国内経済・財政・市場のみならずグローバル市場のさらなる不安定化をもたらすリスクがある．このため，16年2月半ばから日銀当座預金の新規残高にマイナス0.1%金利を適用している．

　金融市場において，銀行貸出は生産的投資に必ずしも向けられず，むしろ不動産や金融投資に向けられてきたため，株価は上昇しても投資や消費は低迷してきた．そして，このことは日本国内のみならず米国においてもそうした実体経済と金融市場の乖離する傾向はみられる．特に国内銀行よりむしろ外国銀行を中心として，日銀当座預金の資金を即座に外国市場に移転し，それを米ドルなど主要通貨として金融投資に向け，短期の投機的売買に拍車をかけているとみられる[2]．また，一時期は米国のQE2,3で拡大したマネーは新興国や商品市場にも投資され，株価や国際価格の上昇をもたらした．こうしたなか，先進国で唯一大規模な量的緩和およびゼロ金利政策を継続してきた日銀も，2013年以

図4-3　GDP成長率（日本・米国）

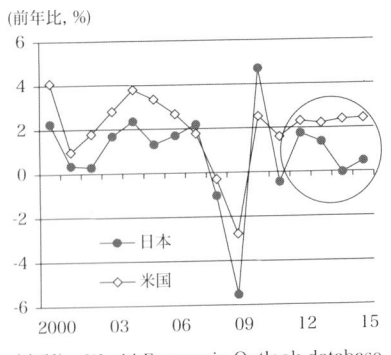

（出所）World Economic Outlook database (IMF).

図4-4　マネタリーベース/鉱工業生産・銀行貸出

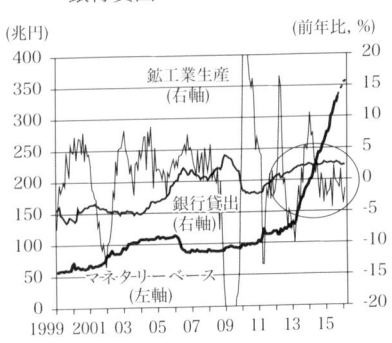

（出所）日本銀行 Bank of Japan, International Financial Statistics (IFS) database (IMF)

来継続してきた量的・質的緩和の主な施策である国債の大量の買取りは，既に限界に達している．本来景気回復を目的とした量的・質的緩和政策はその目標を達成せず，日本の GDP 成長率は 2013 年以来低く，銀行貸出や鉱工業生産も低迷し，量的・質的緩和の実体経済への効果はほとんどみられない（図 4-3, 4-4）．

2014 年以降，多くの新興国・途上国では資金流出が加速し株価や為替下落傾向が続いている．これは米国市場に資金が回帰した結果であり，新興国の経済・市場に大きな影響を与えている．さらに，2015 年末以降，先進国を含む世界の株式市場は大幅に調整し，量的緩和政策の有効性はもはや失われている．

2.2 実体経済と金融市場との乖離拡大

日米のみならず欧州でも ECB が 2014 年 9 月導入の長期資金供給オペ TLTRO に加え，15 年 3 月以降国債買取りを増加させ流動性供給を拡大してきたが，実体経済，特に各国国内の生産活動の活発化には直接結びついていない．日本においても，2013 年 4 月以降 16 年 1 月まで量的・質的緩和政策では日銀当座預金の付利をしてきたことも手伝って，銀行など金融機関は国債売買や各種金融取引によって資金運用を行い，実際にニーズのある企業への貸出がマネタリーベースの拡大に比べほとんど増加していない[3]．また，生産活動も低迷し GDP 成長率は低迷している．さらに，国債市場では株式・債券や金融デリバティブや各種商品先物価格の乱高下によって先進国，途上国・新興国ともますます不安定化している．

2.3 日銀と米国 FRB の金融緩和政策の相互影響

日米の量的緩和政策は，資本・金融自由化に伴い，グローバル市場との取引によってその有効性は大幅に低下している．すなわち，日本の（量的）金融緩和政策に伴う流動性は結局グローバル規模で金融投資に使われるのみで，国内の実体経済に有効に働かないばかりか，為替相場にもほとんど影響を与えておらず，さらに銀行貸出の拡大にも寄与していないことを以下に示す．ここでは，最新の日米金融緩和に関する VAR（ベクトル自己回帰）モデルに基づくグレンジャー因果性分析およびインパルス応答反応により，キャリー取引の拡大と日

米市場への相互の影響につき分析し，金融政策の国内政策としての有効性低下を指摘する．

大田 (2013, 2015) は，日本の量的・質的緩和 (QQE) 政策による市場へのマネタリーベースの拡大は国内市場にとどまらず，キャリー・トレードを通して国外に流出し，日米両市場でのマネーストック (M2) や株価の相互因果性が拡大してきたことを指摘している．しかも，日銀の量的緩和政策は米国の株価動向にも影響を与え，さらに日本の株価に対しても米国 FRB の量的緩和 (QE2,3) 実施時期には大きな影響を与えてきた．こうしたことから，量的緩和政策に伴うマネーは主に内外金融取引に投資され，実体経済の回復に寄与する生産拡大につながらなかったことは明白である．

さらに，対象期間を世界金融危機後から最近まで対象とした分析では，日米両国とも量的緩和政策は鉱工業生産および銀行貸出にほとんど影響を与えておらず，本来の目的は達成していない．米国では FRB の量的緩和政策 (QE) は株価の正の影響を与えた傾向はあるが，実体経済には波及していない．また実質実効為替レートの低下や金利を引き下げる影響がみられたが，日本では，そのどちらも確認できない．こうして本来の国内経済の回復という目的を達成できず，逆に国際的な金融取引拡大に拍車をかけ，各国の経済・金融市場のリスクを高める結果となっている．

表 4-1 は各金融関連および為替と実体経済（鉱工業生産）の関連について表したグレンジャー因果性による分析結果である（数値は F 値)[4]．世界金融危機以前の 2001 年 4 月-08 年 8 月では，日本の量的緩和政策 (2001.4-06.3) を含む時期であるが，総じて日本国内金融市場に対する因果性は非常に限定的である．特に量的緩和によって（実質）為替相場および株価や鉱工業生産には因果性がみられない．これは本来の景気回復のために実施している金融政策にはほとんど効果がなかったことを示している．対照的に，米国の M2 に対して日銀のマネタリーベースおよび日本の M2 は一定の因果性を持っている．一方，米国では FRB のマネーサプライの伸び率はほぼ一定であり，マネタリーベースはほとんど変化していない．したがって，米国内金融市場での有意な因果性は示されない．

しかし，2008 年 9 月のリーマン・ショック以降，米国は量的緩和政策

(QE1,2,3) の下，マネタリーベースを急速に拡大した結果，日米間金融市場の因果性は大幅に強まった．世界金融危機前の期間と比べ，日本国内でも各金融指標の因果性は強まっているが，注目されるのはコールレート（翌日物銀行間金利）が日本の（実質実効）為替レート，国内株価や鉱工業生産のいずれに対しても有意な因果性を示し，さらに米国のほぼすべての金融指標に有意な因果性を示していることである．これは日本の資金を活用し，クロスボーダーによる銀行間での資金移動には金利水準は非常に大きな影響を与えていると考えられ，資本・金融資金の日米間の移動は非常に拡大しているとみられる．しかし，量的緩和の強化にもかかわらず，日銀のマネタリーベース拡大は為替相場や株価に直接的な因果性はみられない．このことは，量的緩和政策によるベースマネー拡大政策は株式市場にも因果性がないことを示している．これにより2013年4月のQQE導入によって円安になり，それが株価の上昇につながったという見方は否定される．

　以上の結果は，金融政策では量的緩和よりむしろ金利政策の方が実際には市場に影響力がある可能性が高いことを示している．しかし現在の日銀金融政策はそれまでのコールレートの誘導目標設定の政策を放棄し，インフレ目標（年率2％）の達成に向けて量的緩和を追及してきたが，全く実現せず，しかもそれが金融政策の有効性を損なってきたといえる．

　VARモデルに基づくグレンジャー因果性分析のほか，インパルス応答関数による分析でも上記の結果と整合性を維持している．全体的に世界金融危機以前（2001-08.9）に比べそれ以降では各変数が相互に影響を及ぼす度合が高まっている．まさに日米一体化した反応を示している（表4-2）．さらに2013年4月以降の量的・質的緩和政策の期間は米国QE3実施期間と半年重なっているものの，国内市場での量的緩和の効果は限定的になってきたことを示している．その一方，米国，特にM2に対して日銀マネタリーベース，日銀当座預金，M2，コールレート，国債利回りなど金融指標全般が米国市場の指標に対して有意に影響している．これは，日銀量的緩和は日本国内よりむしろ米国金融市場，民間金融機関に大きな影響を及ぼしてきたことが示される．また，米国のMBやM2は日本のMB，日銀当座預金，M2などに正で有意な反応を示している．このことは日米両国の量的緩和政策は多大な影響を与えてきたことを示す．

表 4-1　日米量的金融緩和に伴う因果性分析

2001-2008.8 (日銀量的緩和期含む)	MB	BOJAC	Fresv	M2	Call Rate	JGBYield	REER	JPN Share	JPN Prod	US MB	USM2	TB10Y	TB2Y	FF	$REER	US Share	US Prod
MB	1.100	0.926	1.438	2.179	1.946	0.412	1.116	0.693	0.790	0.918	3.306*	1.180	0.820	0.794	0.034	0.635	0.838
BOJAC	0.125		1.400	1.328	0.274	0.533	0.150	0.633	0.238	0.103	0.180	0.638	0.210	0.080	0.939	1.816	1.354
BOJFResv	8.697***	0.242		1.375	4.788**	0.689	1.414	1.162	0.517	0.807	0.180	0.292	0.168	4.431**	0.692	1.241	0.548
JPNM2	0.535	1.711	0.680		2.272	0.413	1.248	1.050	0.392	0.440	16.67***	0.768	0.481	0.758	0.930	1.959	0.123
Call Rate	1.296	0.080	1.077	0.464		0.450	1.075	2.424	0.189	1.010	2.382	1.022	1.070	0.357	0.385	1.621	0.124
JGBYield	1.986	0.323	2.181	0.340	0.115		0.450	2.828*	2.636*	0.491	2.399	6.569***	1.821	0.740	0.360	0.890	0.571
REER	2.003	1.535	3.144**	2.616*	0.687	0.100		0.856	0.399	1.004	3.259*	0.864	0.159	1.043	2.991*	0.382	0.378
JPNShare	1.183	0.179	1.842	0.533	0.200	0.865	0.652		0.949	0.336	2.132	3.546**	1.589	6.192***	0.832	1.208	3.075*
JPN Prod		0.293	1.381	0.318	2.650*	0.598	0.406	1.067		1.044	0.440	0.506	0.604	6.192***	1.304	0.161	4.895**
US MB	1.477	0.575	1.789	4.637**	1.533	0.511	0.414	0.020	0.546		4.701***	1.332	0.990	0.122	0.312	0.581	0.346
USM2	5.073**	0.484	0.520	8.662***	1.325	1.197	1.135	1.401	0.943	0.682		1.142	0.889	0.410	0.557	2.073	0.376
TB10Y	1.384	0.505	3.072*	1.051	0.307	1.751	1.691	0.332	2.157	0.737	6.530***		1.574	6.464***	0.072	0.171	1.143
TB2Y	1.231	0.129	4.898**	1.896	0.300	1.538	2.752*	0.967	1.324	2.020	8.861***	2.213		11.41***	0.046	0.390	1.838
FF	2.625*	2.153	4.134***	2.049	2.549*	0.540	0.495	1.948	3.385*	1.063	4.215**	0.436	0.609		0.430	1.006	4.069**
US$REER	1.008	0.408	0.540	0.327	3.233*	0.532	0.942	1.812	0.291	3.221*	1.746	2.557*	1.809	1.209		0.481	0.056
US Share	1.148	0.795	1.681	4.114***	0.158	1.678	2.093	0.910	1.685	1.731	1.926	2.230	0.582	2.732	0.057		3.058*
USProd	0.907	0.595	1.969	0.581	0.147	0.271	0.931	0.696	3.291*	1.547	1.018	0.171	0.074	0.484	1.147	0.585	

2008.9-2014.10 [FRB QE (1,2,3)]	MB	BOJAC	FResv	M2	Call Rate	JGBYield	REER	JPN Share	JPN Prod	US MB	USM2	TB10Y	TB2Y	FF	$REER	US Share	US Prod
MB		1.310	2.167	0.508	2.299	0.363	0.739	0.743	1.851	0.417	9.805***	0.654	0.088	1.230	1.758	0.833	0.317
BOJAC	1.844		2.275	1.309	1.431	0.712	0.426	0.961	3.247*	0.700	5.772***	0.471	0.087	0.457	2.580*	1.022	0.440
BOJFResv	0.894	1.509		0.522	5.989***	1.928	1.243	4.771**	0.481	2.626*	0.698	1.991	0.856	3.771**	3.617***	7.880***	0.845
JPNM2	2.801*	0.957	1.382		0.717	0.203	1.892	1.261	2.648*	0.715	21.15***	0.806	0.837	0.460	2.170	2.384	0.491
Call Rate	0.357	0.994	5.764***	1.127		1.333	6.035***	5.930***	5.726***	16.21***	4.653**	4.520***	7.581***	6.685***	3.313**	6.720***	6.515***
JGBYield	0.592	0.386	1.149	0.965	0.277		0.395	0.350	0.323	1.235	0.247	7.102***	7.638***	1.610	0.449	0.591	0.737
REER	0.517	0.292	6.342***	1.848	0.955	0.573		2.921*	3.791**	0.903	3.266*	2.820*	1.299	3.127**	0.254	1.939	4.175**
JPNShare	0.784	0.160	4.427***	0.290	1.940	1.235	1.005		1.122	2.041	2.894**	3.286*	2.466*	3.129**	1.191	0.482	4.442**
JPN Prod	3.364*	7.124***	2.806*	2.470*	2.396	0.247	6.193***	0.444		0.689	1.251	0.840	0.806	0.812	0.939	0.524	8.568***

154

第4章　世界金融危機の衝撃とパラダイム変換　　155

	MB	BOJAC	FResv	M2	Call Rate	JGBYield	REER	JPN Share	JPN Prod	US MB	USM2	TB10Y	TB2Y	FF	$REER	US Share	US Prod
US MB	0.905			2.038		0.945	0.431	0.583				1.721	1.832	8.689***	4.921**	4.077**	12.61***
USM2	2.874**	2.198	6.811***	3.223**	6.201***	0.332	0.929	0.799	0.842		3.586**	0.414	1.126	2.126	2.941**	1.136	2.204
TB10Y	0.497	2.679**	0.841	0.312	1.144	0.039	0.776	0.736	0.923	0.519	0.455		2.150	2.383	1.250	1.125	4.652**
TB2Y	1.337	0.369	6.313***	0.255	0.835	0.099	3.704**	4.153**	1.528	4.612**	1.997	2.849**		2.510**	1.238	4.149**	4.724***
FF	0.640	0.324	6.933***	0.696	4.067**	0.640	5.355***	6.336***	4.736***	5.924***	2.814**	2.653**	6.352***		4.506**	10.48**	6.330***
US$REER	0.731	0.722	5.288***	0.464	22.40***	0.896	0.876	1.914	2.620**	19.45***	1.776	3.947**	3.635**	6.773***		3.500**	8.307***
US Share	0.183	1.025	1.611	0.035	2.454*	1.219	0.536	0.105	1.529	5.644***	3.223**	3.807**	2.593**	3.851**	1.463		6.503***
USProd	0.344	0.040	6.922***	0.408	1.874	0.806	2.111	2.683**	4.427**	3.091**	0.813	3.435**	2.140	4.241**	3.191**	4.487**	
	2.302	4.870**		4.338**	1.502					2.654**							

2013.4-2015.12
(日銀 QQE)

	MB	BOJAC	FResv	M2	Call Rate	JGBYield	REER	JPN Share	JPN Prod	US MB	USM2	TB10Y	TB2Y	FF	$REER	US Share	US Prod
MB		3.923**	1.489	0.351	2.128	1.299	0.391	0.807	0.894	0.743	6.361***	3.205**	1.263	1.626	1.539	0.774	0.894
BOJAC	4.678**		1.391	0.973	1.232	2.013	0.516	1.005	1.331	1.063	3.391**	3.680**	0.875	1.674	1.923	0.595	0.414
BOJFResv	1.014	1.356		0.333	0.758	1.062	2.139	1.498	0.862	2.145	0.569	1.143	3.125**	0.189	0.595	1.826	
JPNM2	0.889	0.807	0.622		0.175	0.354	1.679	0.385	1.700	0.875	4.570**	0.644	0.136	0.575	2.413	0.441	1.302
Call Rate	1.957	1.961	1.054	0.805		2.455*	2.423	0.666	0.518	0.540	3.916**	1.353	2.797**	0.575	3.381**	1.023	0.254
JGBYield	4.893**	4.929**	0.656	1.068	5.955***		1.018	0.443	0.201	0.253	2.871**	1.230	0.356	0.181	0.456	0.482	1.126
REER	0.698	0.533	0.974	2.615*	2.868*	1.159		0.975	1.365	1.269	1.303	1.305	0.468	0.744	2.368	0.502	0.098
JPNShare	0.546	0.222	2.569**	0.675	1.550	0.599	0.303		0.542	0.878	1.015	0.143	1.571	1.306	0.835	0.970	1.258
JPN Prod	1.655	0.643	0.576	0.996	2.711*	1.000	1.037	0.378		1.253	6.812***	0.544	0.915	0.575	0.867	0.174	0.414
US MB	1.511	1.685	0.085	0.930	0.331	0.732	0.703	0.532	3.369**		0.319	3.163***	2.418	7.354***	4.760***	1.269	0.819
USM2	0.873	0.910	0.500	0.256	0.463	2.321	0.379	0.900	2.180	0.399		3.367**	0.373	0.278	0.379	1.079	0.636
TB10Y	1.861	1.357	0.854	0.189	1.464	2.816*	0.582	0.808	1.565	1.399	1.765		0.968	0.982	0.882	0.753	2.003
TB2Y	1.027	0.568	0.489	0.304	1.859	3.681**	6.873***	4.044*	1.470	2.609**	1.524	12.39***		4.865***	0.164	3.036**	2.294
FF	0.789	0.698	0.677	1.081	0.415	1.738	0.837	2.704*	0.435	2.582*	0.610	2.574**	0.556		1.278	1.635	2.113
US$REER	1.592	1.210	0.681	0.256	0.434	0.413	1.278	1.681	0.281	1.138	2.230	0.522	0.421	1.158		1.278	0.708
US Share	0.413	0.249	1.239	0.798	1.133	0.108	0.647	1.952	0.621	2.497**	0.522	0.331	3.252**	2.114	1.841		1.758
USProd	1.655	2.291	0.898	0.937	0.916	1.967	0.631	0.733	0.287	0.962	1.018	0.608	0.912	2.747**	0.576	2.368	1.286

(注) 1. 対象期間は2001年4月～8月, 2008年9月～2015年12月. 各指標とも対数変換値. 日米株価は指数 (2010 = 100) [IFS.] BOJFRes.は日銀当座預金の外国銀行準備高. 2005年以降のみ公表.
2. グレンジャー因果性については1期から4期ラグの数値の平均値. 各指数は定常性を確保するため階差での調整による算定. (2008-2015のCall rate, FF金利, TB2Y 利回りは除く).
3. 数値はF値. ***, **, * はそれぞれ1%, 5%, 10%の範囲での有意水準を示す.

(出所) IFS database (IMF), FRBおよび日本銀行に基づき筆者による算定.

表4-2 日米金融政策のインパルス応答関数

(注) 1. +/▲はそれぞれ有意性を持つ増加/プラスの効果、減少/マイナスの効果を示す。各変数の階差により定常性を確保しラグ1で推定。
2. 各変数 (MB, M2) は対数。株価は2010年を100とする指数。鉱工業生産 (Prod) は季節調整済み指数の階差。
(出所) 日本銀行、FRB、中国人民銀行、IFS (IMF) より筆者作成。

2.4 先進国市場と新興国市場の一体化:中国へ波及したキャリー取引

世界金融危機後,日米を中心とした先進国の金融緩和策の急速な拡大によって世界の金融市場では株式・債券のみならず,商品市況の急速なボラティリティが拡大した.先進国のみならず途上国・新興国の実体経済にも大きな影響を与えている.本項では,新興国市場として最大の規模を持つ中国市場を例にとって日米金融緩和政策による中国本土(上海)と香港市場に及ぼす影響について論じる.

中国市場では香港との株式市場のリンクが2014年11月に開始され,15年前半まで株式市場はバブル状況にあったが,大幅に調整した(図4-5).投資資金はむしろ中国国外に向けられており,資本流出が加速化した.これは事実上の資本自由化を実施した中国が直面している課題である.14年10月まで続いていた米国のQE3が終了した時点で日銀がいわゆる「バズーカ2」として量定緩和を加速化し,米国QE3の終了とタイミングを合わせて実施したことが中国市場にも大きな影響を与えたとみられる.一方,中国国内の実体経済は株価と乖離した動きをみせており,主に人民元の実質実効為替レートの上昇と負の相関性をみせている(図4-6).

図4-5 日米中国:MB M2 株価

(出所) IFS (IMF), FRB, BOJ, PBC.

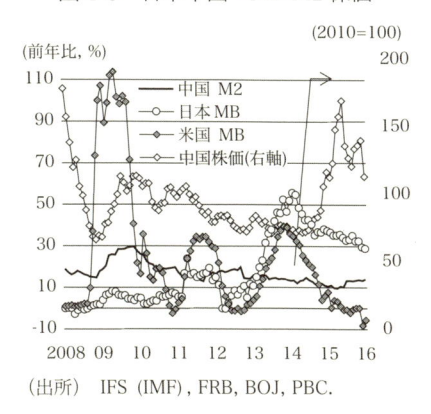

図4-6 中国:REER/鉱工業生産

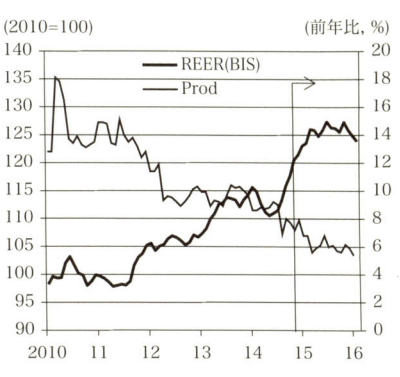

(注) 2008.1-2016.1.
Y=43.35-0.3027X (20.13) (-15.30)
R^2=0.7105(括弧内はt値).
(出所) IFS.

2.5　国内金融政策とグローバル市場への影響：キャリー取引と新興国のバブル

2015年7月にバブル崩壊した中国・上海株式市場については，14年11月以降，異常な株価上昇を示した．これは中国の金融・資本自由化が徐々に進展する中，非公式ルートにより金融市場に資金が流入したことがあるとみられる．これは香港ルート以外にもさまざまな経路により日銀の量的・質的緩和（QQE）の余剰資金が機関投資家や個人投資家を通して流入した結果と考えられる．香港上海銀行（HSBC）やスタンダード・チャータード銀行など香港との取引が大きい外国銀行はこうした動きに拍車をかけていると考えられる．

しかし，日銀の量的・質的緩和の低利かつ豊富な資金が，公式には原則的に資本規制下にあるはずの中国市場に大量に流入してきた可能性もある．中国では経常取引やFDI（外国直接投資）目的での人民元の交換性は保証している．しかし，名目的な目的と実際の目的は異なり，金融目的での外貨からの交換は事実上実施されているとみられる．しかも，香港市場では人民元建て債券の取引をはじめ外貨との交換性は大幅に拡大しており，こうした香港市場を通した取引により非公式に大量の資本が中国国内に流入している．2014年には既に香港と上海市場の相互株式交換体制を整備している．さらに中国人民銀行は，CIPS（China International Payment System，人民元国際決済システム）を含めた人民元の交換性環境を着実に整備している．IMFはSDR（特別引出権）の第5番目のバスケット通貨として人民元を組み入れることになった．しかし，このための条件は人民元通貨の交換性の確保である．

2000年代以降，中国では短期の投機資金（「熱銭」）が大幅に拡大してきた．こうしたなか，世界的に人民元を準備通貨として組み入れる中央銀行は60行以上とされる．したがって，今後，急速に国境間のキャリー取引が進展し，従来の米ドルと円やユーロのキャリー取引のみならず，人民元を投資対象とした取引が拡大される見通しである．その場合，日銀の量的・質的緩和はキャリー取引の流動性供給の資金源となるため，これによる影響は日本の為替や株式市場にも大きな影響がある．したがって，何らかの管理規制が導入されることが望ましい．次節で述べるように世界金融危機以降，IMFは資本管理・規制については望ましくないとする，長らくとっていた立場を変更・修正するに至った．

3. 資本自由化と規制を巡る IMF の課題

3.1 IMF と資本自由化

1980 年代以降，IMF は米国のいわば国策として推進してきた各国における資本・金融自由化に関して，「旗振り役」としての役割を果たしてきた．その結果，資本・金融自由化は 90 年代半ばまでには先進国・途上国において一般化した．こうした背景から，メキシコやアジアにおいて資本の急激な流出が為替下落とともに対外債務拡大および金融危機の発生により経済危機につながる「資本収支危機」が発生した．IMF はアジア危機直前まで IMF の条項に資本自由化を定めるよう 97 年 9 月の総会で提案する予定であったが，取りやめられた．しかしその後も資本自由化は原則的に望ましいとの立場は変わらず，自由化の前には十分資本市場や金融市場の整備が必要であるとしていた．

IMF は 2008 年世界金融危機時に欧米諸国において資本の急激な流出によって大規模な金融危機や債務危機を経験したことから，ようやくその姿勢を転換し資本の移動規制・管理を容認する立場に転じた．

3.2 資本自由化推進と規制策

世界金融危機とそれに続くユーロ危機を経て，IMF も資本規制の重要性を認識してきた．現在では短期的な危機回避の側面に加え，市場と経済の安定化のツールとして資本・金融・為替取引の規制策の導入を容認している．

IMF は 2012 年 11 月の公式文書として資本・金融規制を一部認める見解 (Institutional View on Capital Flows) を公表した[5]．IMF は資本規制 (Capital Controls) という言葉でなく「資本移動管理措置」(Capital-Flow Management Measures, CFMs) の導入を例外的措置として認める立場に変化している．しかし上記見解の文書では，具体的な資本規制管理措置については明示していないことや，各国の経済調査（サーベイランス）でのプログラムにどう評価を反映するのかといった問題が残されていた．現在の IMF の立場は，依然として資本自由化は望ましいものの，緊急時においては資本流出入とも規制を導入することも止むを得ないというものである．ただし，2012 年 11 月のマレーシアに

おけるLagarde専務理事の発言に示されるように，マレーシアの例は成功したとの認識を示している．これはそれまでのIMFの立場を根本的に見直したことになる[6]．

さらに，2014年5月に同専務理事は資本規制・管理は世界の金融市場の安定化においても重要であるとの認識を示し，資本流入規制を導入したブラジル，ウルグアイ，インドネシアと為替取引規制を実施したインドおよびペルーの例を挙げている[7]．

上記のような資本規制に関して再評価する姿勢に転じたIMFは，独立評価室（IEO）が2005年に行った報告書から10年後の15年3月に，IMFの資本規制に関する評価を見直すIEO報告書（*The IMF's Approach to Capital Account Liberalization : Revisiting the IEO 2005 Evaluation*）を公表した．そこでは，主に趣旨が不明確であった前回の報告書（2005）の不十分な点を認め，①IMFとしての資本規制・管理に関する具体策を検討すべきであること，さらに②資本投資を行う「供給側」，すなわち先進国を含む投資国など世界的な市場環境の要因についても分析する必要性を示唆している．さらに，IMF理事会が2005年IEO報告の提案について全面的な支持が得られないため，具体策が検討されなかった点を指摘している．

3.3 IMF報告書にみる姿勢の変化

Gallagher & Tian（2014）は，2001年以降13年までのIMFの各国の年次サーベイ報告書における記述をもとに，計量分析手法を使ってどのように変化したかを検証している．それによれば，2001-13年の320に上る各国の報告書のうち，その勧告や助言に関して約75.6％が懸念の要素として資本流出入に触れており，40.5％に上る報告書では何らかの（資本規制ではなく）資本移動管理の必要性について認めている．

一般的な傾向として，①資本管理について2009年以降頻度が増加；②資本規制管理の支持スタンスは顕著に増加；③資本規制管理に関して支持の度合いは2010年以降強化，という傾向があった．

表 4-3　IMF の資本自由化・規制のスタンス

政策	IEO (2005)	IMF 公式見解 (2012)	IEO (2015)
用語・呼称	CapitalControls	Capital flow management measures	Capital flow management measures
資本自由化	◎	◎	◎
資本流入規制	○	○	○
資本流出規制	△	○	○
資本投資国の政策	―	△	○

(出所)　Gallagher (2015) Table6.1, IEO (2015) を基に筆者作成.

3.4　資本規制・管理に関する IMF の課題

　IMF が資本自由化と規制の問題への取組を本格化したのは欧米に波及した世界金融危機 (2008) 以降であり，危機の経験が大きな影響を与えたことが重要である．しかし，IMF は資本流入規制の有効性は認めても危機時の資本流出規制については依然として曖昧な見解にとどまっている[8]．

　IMF の資本規制に関するスタンスの転換を象徴するのが，ユーロ危機の余波により深刻な金融危機を経験したアイスランドでのプログラムである．IMF プログラムを実施した国で特に例外的ともいえる徹底した資本流出規制を実施し，危機から回復してきた例である[9]．過去数年間で IMF の資本規制・管理に関する見解に影響を与えたのは，ユーロ危機時のアイスランドでの経験とその成功と考えられる．アイスランドではユーロ危機発生以降，現在 (2015 年 5 月) に至るまで資本規制を実施し短期に経済安定化に成功している．これを受け，IMF のスタッフは 2013 年の文書で当該国を対象とした調査では，資本規制についての取扱いは任意にするとした．こうした弱い容認にせよ，公式にサーベイランスにおいても採りあげることを可能にしたのは大きな変化であろう．資本流出規制については，依然米国の経済学者や金融界関係者では否定的

表 4-4　IMF の資本移動管理 (Capital Flow Mnagement, CFM) へのスタンス推移

	2001	2002	2003	2004	2005	2006	2007	2008	2009	2010	2011	2012	2013
支持	3	3	2	3	5	2	1	2	2	8	10	12	4
中立	0	1	1	1	0	0	0	0	0	1	1	0	0
不支持	5	3	3	2	0	4	2	4	2	2	1	0	0

(注)　IMF の各国サーベイランス報告書における資本規制管理に関する記述を統計.
(出所)　Gallagher & Tian (2014).

な見解があるものの，実際に当該国の経済・金融に安定的効果をもたらしたとのいくつもの検証がされている．

また，2015年8月に深刻化した中国市場の株価下落と人民元の下落は，香港市場と上海市場の一体化を実施した14年11月以降の先進国からの資本流出入の逆流であるともみられる[10]．

以上から，危機に直面した国が早期に資本規制を導入することは，資本流出入によって引き起こされる資本収支危機には有効であり，早期導入すればそれだけ回復する可能性が高いことが示されている[11]．このように理論や実証面での確かな証拠が得られたとしても，国際金融市場では危機の発生をむしろビジネスチャンスととらえる投機的な投資家の行動が現存しているため，国際機関としてどのようにこの問題に対処するかの姿勢が問われている．

現在では主要途上国・新興国においてIMFの融資を回避する動きが一般化しており，融資自体が先細る状況にある．IMFとしては，今後さらに危機に面した当該国が導入すべき具体策をケース別に詳細に分析して，新たなIMF融資プログラムを実施する場合に短期措置あるいは中長期措置としてどのような措置が望ましいのか明示する必要がある．特に現在でも構造改革を求めるコンディショナリティには，金融市場の改革や不良債権を抱えた銀行の整理などに関する項目は依然として存在するが，こうした中長期的措置より上記のような短期的な規制措置を優先するべきであろう．この意味でIMFが危機の際に融資するコンディショナリティを改革するかが根本的な問題として問われている．短期の流動性不足への対応の直接的に有効でなく中長期的目標でしかない「構造改革」項目（'インディカティブ・ターゲット'に含まれる項目）は全て削除・簡素化することも検討すべきであろう．

4. 世界金融危機以降の資本・金融・為替取引規制・監督へのスタンス

4.1 資本・為替取引規制と成功した危機回避

1997/8年のアジア危機における資本流出規制を実施し，成功した唯一の例がマレーシアであった．その後2000年代に入り，資本自由化を基本的に維持することが望ましいという学会・IMFなど関連機関のスタンスは大幅に変化しな

かった．しかし，世界金融危機以降，IMFのスタンスをはじめ学界において，国際資本移動の適切な管理規制は望ましいとされる見方がコンセンサスとなってきた．

しかし，資本流入規制が主体とされる議論のなかで，実際に資本流出規制をプログラムとして景気回復と経済・金融安定化に成功したアイスランドのケースは2000年代以降で代表的な成功例であり，先進国で実施されたことも意義深い．

4.2　アイスランド：21世紀の資本流出規制成功例

アイスランドに対するIMFプログラムは欧州危機が深刻化した2008年11月から11年8月まで実施されたが，同国は欧州危機以降，IMFプログラムが適用された中で最も早くIMFプログラムを終了した国である．同国におけるIMFプログラムが他の途上国・新興国と比較して決定的に異なるのは，趣意書（Letter of Intent）の内容が簡素であり，詳細に記載してきた他のIMFプログラムではみられないものとなった．

アイスランドでのIMFプログラムが従来のものと根本的に異なるのは短期の緊縮政策を実施せず，しかも資本規制を実施したことである．これにより他国の例に比べ早期に回復することが可能となっており，資本規制は現在でも継続している．仮にアイスランドが資本規制措置を導入していなければ，こうした同国の景気回復および経済安定化は非常に困難であった．この成功例について，IMFは手放しで賞賛し，「国際的救済を受けたアイスランドが採った対応策は，その後の同国経済に『驚くような』力強い回復をもたらしており，救済からの立ち直りを図る他国にとって重要な教訓となる（IMFアイスランド担当ミッションチーフ）」としている．しかし，IMFの公式見解では，アイスランドが採用した資本規制の成果をほとんど認めておらず，主な背景として同国が「アイスランドは納税者ではなく，債券保有者に損失負担を振り向け，社会福祉制度の保護で失業者の最低限の生活を守り，破綻からの回復は加速し，大規模な財政再建に直面するなかで社会福祉制度を守り抜いたことは，政府の大きな成果」と述べ，わずかに「急激な緊縮政策を実施しなかったことが成功した要因であること」とのみ触れている[12]．

IMFは資本流出規制を正式に容認する立場に変更しておらず，規制を継続している同国に対し，資本規制の解除が望ましいとの立場をとってきた．例えばIMFはポスト・プログラム報告（2013年8月）では以下のように指摘している．

> "Directors emphasized the importance of a comprehensive approach to lifting capital controls…Prudential regulations and supervision would need to be strengthened in the run-up to full liberalization, and additional measures, such as speed limits on outflows, could be considered."（IMF 2013a）
> （IMFの理事からは，資本規制の撤廃については包括的な観点からのアプローチが重要であることが強調された…（資本の）完全な自由化に向けてプルーデンス規制や監督が強化されなくてはならず，急激な資本流出に対する規制を含む追加的措置も考慮されうる．）

　同時期に公表された同国に関する経済報告書（Third Post-Program Monitoring Discussions, August 2013）では，資本規制を解除した場合のシミュレーションを実施している．それによれば，同国の資本は解除された場合にGDPの30-45％程度の資本が流出する結果となるとしている．しかし，その後に公表された報告書（Fourth Post-Program Monitoring Discussions, July 2014, Sixth Post-Program Monitoring Discussions, June 2015）においても引き続き，資本規制解除に向けた国際収支の精査を含む検討の継続が望ましいとした．

　資本規制に関して，最近までのアイスランドの経済市場の安定化を鑑み，IMFの要望を反映して規制措置を緩和する方向にある．しかし，アイスランド当局は基本的に外国人投資家の投機的な投資およびその収益の流出は厳格に対処する方針を変えてない．2015年6月に示された方策は，資本流出に対する大きな歯止めとして税率39％程度を課税する「安定課税」導入の措置である．これは，銀行の債権者が回収した債務を国外に持ち出す場合に科される際の課税である．中央銀行も急激な資本流出を食い止めるためにこうした税金の導入は必要としている．さらに，同国財務省は，こうした措置はアイスランドの国際収支を守るとの見方を示している．アイスランドが融資プログラム終了（2011

年)後も定期的に審査を受けていたのは，アイスランドが IMF からの借入を返済期間中であったからであるが，既に 15 年 10 月には IMF 借入は全て早期返済した (Press Release: Iceland Repays All of Its Remaining Obligations to the IMF Ahead of Schedule Press Release No. 15/469, October 9, 2015). したがって，今後アイスランドは IMF に経済政策などに干渉されず独立した政策を採る選択をした．

アイスランドの経験は小国において資本・金融自由化がいかに大きなリスクを持っているか，さらに IMF が従来自由化を奨励してきたプログラムや方針がいかに誤っているかを示した例として示唆に富んでいる．

最後に，これほどアイスランドでの経済安定化が実現したにもかかわらず，IMF が依然として財政収支にこだわっていることが，以下の最後のレビューでの声明文で理解できる．

> "Fiscal adjustment must continue, but there is some scope to ease the pace of consolidation on account of the significant fiscal effort to date and strong track record. The revised fiscal path would still deliver sustainable debt dynamics, while providing near-term support to the economy. However, it will be critical that the authorities fully implement the new path to ensure that credibility gains are not eroded." (IMF Completes Sixth and Final Review Under the Stand-By Arrangement for Iceland, Press Release No.11/316, August 26, 2011)
> (財政収支均衡に向けた調整は必要であるが，これまでの改善に向けた努力と結果を考慮すれば緊縮のペースを多少緩めることもできよう．修正された財政収支案においては維持可能な債務の変化が期待でき，短期では経済を下支えする見通しである．ただし，政府当局の信頼が失われないように新たな修正目標に向けてその実施を確実にすることが非常に重要である．)

すなわち，財政均衡について IMF は当該国経済がいかに回復しようと，絶対的な「信仰」に近い考え方を維持していることが明確に示されている．こうした考え方やアプローチを真の意味で柔軟化しない限り，今後とも IMF プログ

ラム下においては持続可能な成長軌道に乗せることは困難であろう．

4.3 先進国での間接的規制と限界

先進国では，世界金融危機後ようやく金融・資本自由化を基本的に推進してきた政策の見直しが始まった．米国では金融機関の管理監督体制の強化を進め，英国においてもイングランド銀行を改組したうえで，金融機関の監督機能を強化した．しかし，英米両国とも，実際には日本が従来行ってきた金融機関への旧大蔵省（現金融庁）や日銀の監査・考査による金融監督や各種行政指導による金融機関のミクロ・プルーデンス政策を実際に制度化したものともいえる．その意味で，国際金融市場でのボラティリティを縮小するための措置としては不十分である．一方，英米と異なり EU 主要国（大陸欧州のドイツ，フランス，イタリア等）では金融取引税（FTT）の導入を決定している[13]．しかし，間接規制と直接規制を比較した場合，明らかに直接規制の効果が高いことが立証されている．このため，国際金融取引の自由化を徹底したユーロ圏を含む EU では，基本的に間接規制によって市場のボラティリティを縮小させ金融市場のリスクを低下させるほかない．

一方，1970 年代まで資本・金融規制は比較的厳格であった日本市場は先進国で最も自由化されており，むしろ株式・債券，デリバティブなどを含むあらゆる金融取引が自由化され，欧米と比べても証券取引に伴う課税は非常に優遇されている．このため，これが内外取引の拡大により投機的市場を形成している．日本市場は先進国で最もボラティリティの高い市場の一つである．その意味で，次項に挙げるような新興国のなかでも適切な対処を行っている国々と対象的である．

4.4 新興国での資本・金融・為替取引規制・監督強化と有効性

主要新興国では，2000 年代初めまでの相次ぐ危機の経験から，外貨準備蓄積，経済ファンダメンタルズの改善のみならず資本・金融取引および外貨取引の管理や規制を強化して，危機後の市場および経済安定化を図り，ある程度成功してきた（表 4-5）．しかし，規制・管理の手法の相違や程度によって各国で大きな相違が生じた．資本規制が比較的緩く，間接的規制（証券取引への課税など）

表 4-5　資本規制・管理政策

分類	政策	目的	例
1.マクロ経済/金融/為替政策	為替市場介入（不胎化） 中銀預金準備率引上げ	名目為替上昇抑制 インフレ抑制 ベースマネー供給増加抑制	途上国・新興国全般 中国, インドネシア, ブラジル, コロンビア, ペルー ブルガリア, ルーマニア
	為替相場の柔軟化	投機的流入阻止 マクロ金融政策	通貨危機後のアジア・ラテンアメリカ・ロシア・トルコ
	プルーデンス政策強化 レバレッジ比率規制	流動性規制 損失への貸倒引当	コロンビア (2008), Basel III スペイン (2000), コロンビア (2007), ペルー (2008), ウルグアイ (2001) Basel III
	財政緊縮策	インフレ抑制	IMFプログラム全般, EUのGIIPS融資のコンディショナリティ
2.流入規制策			
	①金融取引税（金融目的の金融・為替取引への課税） ②強制準備金（URR）		コロンビア（1997～2000), ブラジル(2010.10, 債券投資は0％引下げ[2013.6]) 韓国（2010.11：国債取引対象） 中国(2011.1-3), 台湾(2010.12), チリ（1992-1999), ブラジル（2011-2013.6), ペルー（2010-2011), トルコ（2009-2011)
	③民間対外借入規制 　a 外貨準備保有期間限定 　b 外貨債務の目的差別化（貿易・FDI限定等） 　c 銀行外貨借入の使途規制強化（先物, デリバティブ等）		コロンビア（1993～2000) 中国, インド, 韓国 (2010.6) 等 韓国 (2010.6), イスラエル (2011)
	④自国通貨と外貨取引の分離 　a オフショア市場での為替取引禁止, b 非居住者との自国通貨取引制限, c 非居住者（海外投資家）の（定期）預金禁止		シンガポール他 台湾 (2009.11)
	⑤海外投資家のキャピタルゲイン課税 ⑥外貨取引機関の特定化 ⑦資本・金融取引認可制（原則, あるいは部分的） ⑧預金準備率設定 ⑨債券満期長期化（長期債発行増） ⑩先物・通貨スワップ・NDF, FX等の為替取引規制		タイ (2010.10), 韓国 (2011.9：ウォン建債券14％課税) 日本 (1970年代まで), 中国 (2005年まで) インドネシア, ブラジル他 韓国 (2010.6, 2012.6&11)
	金融取引に伴う資本流入（経常取引除く）禁止		アイスランド (2008.11-2009.10)
	流入規制緩和（非居住者向け貸出・外貨交換制限緩和）	ネット流入減少（海外投資促進） 資本流出増による為替上昇圧力軽減	中国・インドなど
	金融法人向け規制 金融機関・家計対象		自己資本規制等, レバレッジ規制, 貸出枠 不動産投資規制, 債務・所得比規制
3.流出規制策			
	①為替取引（自国通貨⇒外国通貨）課税 ②海外投資・外国預金保有の認可制・制限（課税） ③非居住者の投資（証券投資等）限度設定・認可制 ④強制準備金 ⑤外国投資家の元本・投資収益の海外送金額制限・課税 ⑥自国通貨と外貨取引の分離/オフショア市場での為替取引禁止/非居住者との自国通貨取引制限		マレーシア (1998.9), アイスランド (2008.11) アイスランド (2008.11) マレーシア (1998.10) アイスランド (2015 債務回収海外送金課税[39％]) シンガポール, インドネシア他
4.構造政策	金融市場改革 貿易自由化	リスク管理の徹底等 外貨準備増, 非貿易部門の生産性向上	

（注）括弧内は導入年月．
（出所）JETRO, IMF, Gallagher [2015] Tab.4 等各種資料より筆者作成．

に依存してきたブラジルのような新興国では，その通貨や株価下落の度合いが主要新興国の中では最も安定的なインドに比べ大きく，対照的な展開となっている．すなわち，資本規制・管理を維持している国と，緩和ないし自由化している国などその対応の違いが生じている（図 4-7）．KAOPEN 指標は Chinn-Ito が公表している各国における金融開放度（Capital Account Openness）を示すものであるが，これによれば，ロシアは世界金融危機後も一貫して自由化しているが，アイスランドのように大幅に制限を加え現在でも厳しい為替管理などを実施しているインドと同様に，開放度は低くなっている．その一方，ブラジルは 2013 年まである程度規制を加えていたことが示される．新興国では，為替取引・資本・金融規制・管理の相違により経済・市場の安定性の相違によって以下の分類ができる．

① 原則的に資本規制を実施している国：インド，中国
② 危機前まで自由化を推進したが，現在では何等かの規制・管理を維持する国：インドネシア，トルコ，アイスランド
③ 危機経験国であるが一時間接規制をしたが規制を解除した国：ブラジル
④ 自由化傾向を維持している国：ロシア

以下では上記に分類された主要新興国の動きを紹介し，経済安定化のためには適切な資本規制管理が必要であることを示す．

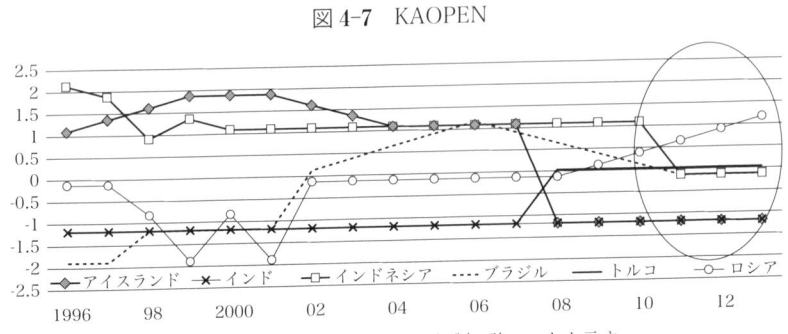

図 4-7 KAOPEN

(注) 数字が大きいほど開放度が高い．マイナスは規制が強いことを示す．
(出所) Chinn, Ito Index (2015).

4.4.1 インド：資本規制に伴う安定化

インドは主要新興国中，最も安定的な成長を遂げている．この背景にはもともとインド経済に占める国際取引の割合が中国など他の主要新興国に比べ低いこと，さらに堅実な経済・金融政策が中銀によって実施され，投機的なルピー取引が困難となっていることなどが大きく寄与していると考えられる．インドでは基本的に経常取引を除き資本規制は継続しており，金融収支の推移も比較的安定的な動きを示す．現在でも直接投資名目での短期金融取引は存在するものの，GDP成長率も堅調であり，また金融収支の大きな変化はみられず安定的に推移している（図4-8）．全体としての資本・金融規制は効果を発揮しているといえよう．このことは金融収支の開放度を示すChinn-Ito Index (2015)においても他のアジア諸国に比べて一貫して規制が継続していることが確認できる．

4.4.2 インドネシア：2000年代半ば以降の規制

インドネシアではIMFプログラム終了（2003年末）以降，政策の自由度を回復し，現地通貨ルピアと外貨交換について制限を設けているほか，外国投資家の投資対象となっている中銀証券証書（SBI）に対する課税など短期の投機的売買に歯止めをかけている．さらに，ミクロ・プルーデンス政策として，14年

図4-8　インド：GDP成長率・金融収支

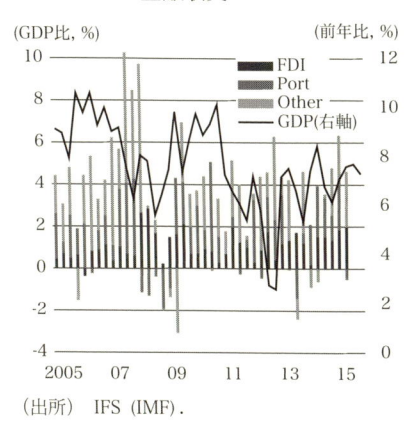

図4-9　インドネシア：GDP成長率・金融収支

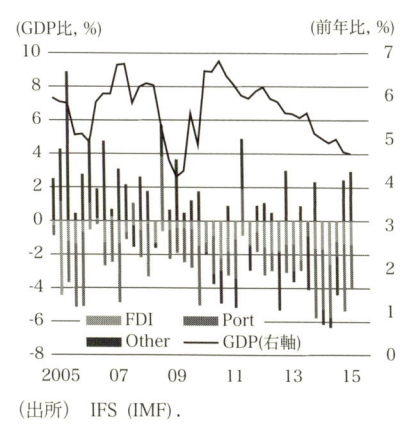

（出所）　IFS (IMF)．

末に企業の外貨建て借入のヘッジ比率や BB マイナス以上の格付け取得の義務付け等の規制を導入した．このように，民間対外債務のリスクを軽減し，資本流出入に伴うボラティリティを縮小する措置を取っている．アジア危機期 (1997/8) に比べ金融収支は改善し比較的安定的に推移し，各種マクロ経済のファンダメンタルズも改善している（図 4-9）．このため，資本流出に伴う危機が発生するリスクは低下している．

4.4.3 アイスランド：資本自由化後の資本管理と規制の成功例[4]

アイスランドは世界金融危機発生直前まで「金融立国」をめざし大幅に金融資本自由化を進めていたため，高金利を狙った銀行預金等金融資本の流入がみられた．しかし，世界金融危機発生後，急激な資本流出によって金融危機が発生，債務危機状況に陥り，実体経済も悪化するという典型的な「資本収支危機」が発生した．危機後，同国は IMF 支援を受けながらも例外的に資本流出規制を導入し，ユーロ圏諸国に比べ早期に景気は回復しており，経常収支も改善している（図 4-10）．なかでも注目されるのは金融収支の大幅な変動が縮小してきたことである．このことは危機後導入した資本流出規制が有効であったことを示している．同国では短期資本の流出を阻止し，民間債務の支払いは履行し

図 4-10　アイスランド：GDP 成長率・金融収支

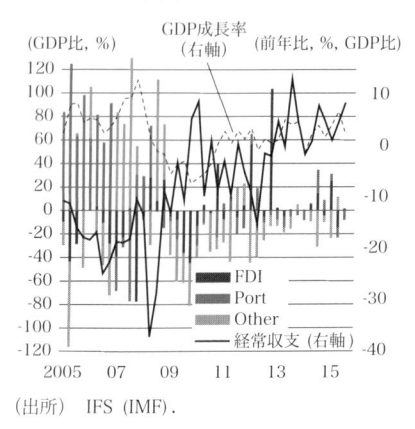

図 4-11　トルコ：GDP 成長率・金融収支

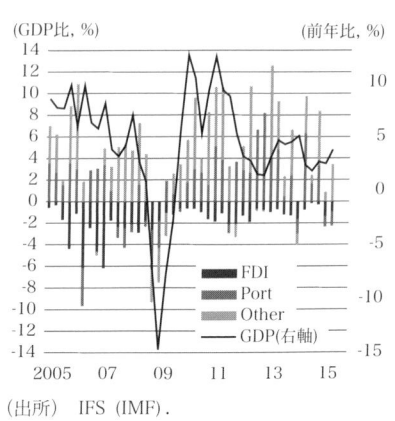

(出所)　IFS (IMF)．

ていない．しかし，これが幸いして同国の銀行セクターは正常化しつつある．既に IMF プログラムは終了し，政策の自由度を回復しており，資本規制も依然として継続している．

4.4.4 トルコ：危機以降の金融政策の自立性強化

基本的に IMF プログラムに忠実であったトルコでは，2000/1 年に IMF プログラムに沿った過度の緊縮政策に伴い，クレジットクランチと資本流出から通貨危機を招いた．その後，トルコでは IMF プログラムを卒業し，現在では政策の自由度を増しており，EU など先進国に比べ金融開放度は低い（前掲図 4-7）．

トルコでは短期金融取引に関わる為替取引の集中管理を実施し，非居住者は，資本市場評議会に認可された金融機関のみ証券売買可能であり，証券の取得資金および売却益の海外送金は，トルコ国内の銀行を利用しなければならない．対外貸付もトルコの銀行を経由する義務もある．このようにミクロ・プルーデンス面での管理が厳格化したトルコでは，大幅な通貨下落や資本の急激な流出は回避され，資本流入も継続し，成長率もプラスを維持している（図 4-11）．

図 4-12 ブラジル：GDP 成長率・金融収支

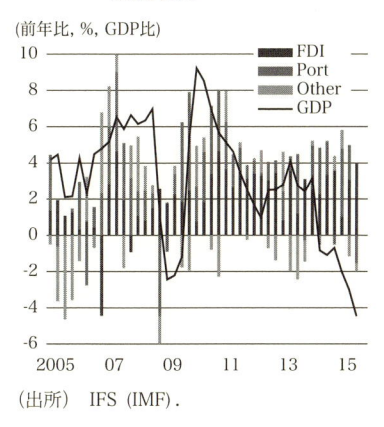

図 4-13 ロシア：GDP 成長率・金融収支

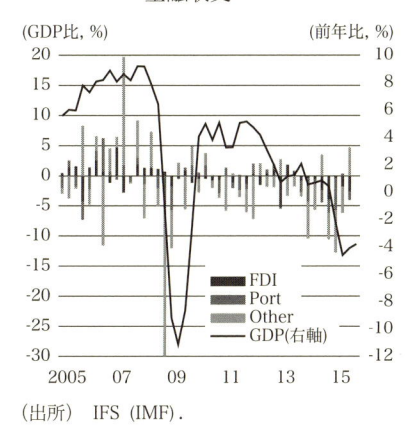

（出所） IFS (IMF)．

4.4.5　ブラジル：間接規制から廃止に伴う不安定化

ブラジルでは世界金融危機後，基本的に1990年代に比べ資本・金融取引については管理を強化し，短期資本の投機的投資を規制するための金融取引税（IOF）を導入した．それはKAOPEN指標の動向でも確認できる．例えばブラジルでは，世界金融危機の前後を除き金融収支の変動性は縮小した．しかし，ブラジルでは2013年6月にIOFを撤廃した．IOFの撤廃と海外からの短期借入の抑制の組み合わせの結果，14年以降証券投資流出入の割合が高まっている．その一方，証券投資などは短期取引に伴う資金の流出は抑制できず，同国では14年末以降通貨レアル下落が加速した．これは主に米国の利上げ観測に伴う資金流出によるものとみられ，GDP成長率もマイナス成長となっており，依然同国は不安定な状況に置かれている（図4-12）．

4.4.6　ロシア：資本自由化維持に伴うリスク

ロシアにおける金融開放度は2000年代以降も依然として高く，07年1月より全ての資本取引規制は撤廃されているため，同国では世界金融危機後も資本・金融開放度を拡大している．したがって，近年では資本流出が拡大しルーブル安が加速した．この背景には主要輸出品は依然として原油等鉱物資源であり，特に原油・天然ガスはユーロ建てで取引しているため，主要な為替取引の自由度は維持する必要があるためであるとみられる．

ロシアの金融収支は2008年以降マイナスが基調となっている（図4-13）．しかも主要輸出品の原油をはじめとした資源価格の低迷から経済全体の活動が低迷している．さらに14年以降の為替下落に伴うインフレ圧力も高まっている．このように金融・資本自由化を維持すると，危機的状況に際して金融市場のみならず実体経済に波及するリスクが高い．資本・金融自由化を維持し適切な管理もないまま経済の悪化が進む状況を根本的に改善するためには，同国経済構造が製造業など産業多角化によって国内市場の発展に支えられるような構造改革が必要である．

注
1) 本章2.3参照．銀行貸出はマネタリーベースの拡大はほとんどみられず，しかも

貸出の多くは国際生産設備投資ではなく不動産関連や金融取引に向けられている．
2) 外国銀行は日銀当座預金をいわば「財布」として内外金融投資に向けているとみられる．
3) 2016年2月より日銀は当座預金の新たな預金にはマイナス金利を適用している．したがって，当座預金残高を増やすことは不利となることから，これまでのように安易に国債の日銀への売却によって利益を上げる機関投資家や銀行の投資先が変更される模様である．
4) 各指標は月次．MB（Monetary Base）；BOJAC（日銀当座預金）；BOJFResv（外国銀行の日銀当座預金残高）；REER（実質実効為替レート）；JGBYield（日本国債平均利回り）；JPNShare（平均株価指数）；JPN/USProd（日本／米国鉱工業生産指数）；FF（金利）；JPN/US Share（日本／米国平均株価指数）[2010=100]．各指標の定常性を確保するため一次階差を用いている．F値は4期までのラグに基づく平均値．
5) IMFはそれまで一般的であった資本規制（Capital Controls）に対してCapital Flow Management Measuresという用語を正式に導入している．IMF（2012b）参照．
6) Kuala Lumpur, Malaysia, November 14, 2012における専務理事発言．Adjustments. - Christine Lagarde, Sintra, Portugal, May 25, 2014
7) 'Navigating Monetary Policy in the World Normal' (Speach by Christion Lagarde at the ECB Forum on Central Banking Monetary Policy in a Changing Financial Landscape, May 25, 2014).
8) IMF調査局エコノミストらによる主要論文においても資本流出規制についての積極的立場は述べられていない．Ostry et al.（2010, 2011）参照．
9) アイスランドのIMFプログラムの経験については第3章に詳細に記している．なお，ユーロ圏で対外債務返済に困難をきたしているギリシャでは資本規制を導入してこなかったが，2015年に入り銀行など金融機関において資本流出を防止するための規制策をようやく導入した．
10) 大田（2015）は日米中（および香港）の中銀を含む資金流出入の因果性の高まりについて指摘している．
11) 資本規制の効果については各国の実証分析を行っている大田（2012）参照．Gallagher（2015）は世界金融危機後に導入された各国の資本規制措置などを種類別に分類して評価している．
12) IMF（2014c）IMF Survey onlineでは（IMF 2011c）StiglitsやKrugmanの資本規制の正当性を紹介した記事を掲載している．しかし，これはあくまで記事であり，IMFの公式見解を述べたものとは言えない．
13) 欧州の金融取引税については第7章3にて説明する．
14) アイスランドの危機後の資本規制導入後の経済金融状況の安定化については第3章4.4参照．

第5章
問われるブレトンウッズ機関の意義

1. 2000年代以降（世界金融危機以前）のIMFの変化

1.1 IMFプログラム全体の見直し

　IMFの主な活動として緊急時の短期融資が主な役割であると一般にはみられているがすべての加盟国に対して原則的に年1回実施するサーベイランス（第Ⅳ条に基づくマクロ経済調査）もIMFの主な役割の一つである[1]．IMFは2000年代に入り，サーベイランスを融資プログラムと同様に，中期計画においては総じて根本的な改革ではなく，技術的で当面実施しやすい課題の部分的修正を集約し，2005年9月に中期計画として公表し，以下を検討事項とした．

　① 低所得国向け／予防的融資スキームの導入
　② 国別サーベイランスの改善

　まず，今後主要対象国となる低所得国に対する，IMFプログラムに関する課題である[2]．特にPRGF（貧困削減・成長ファシリティ）を中心としたプログラムの運営に関する問題が焦点となった[3]．IMFは，中長期的に安定的経済成長が必要とされるサブサハラなど低所得国でのプログラムが，必ずしも適切なものではなかったことへの反省がある．なかでもPRGFはその名称にもかかわらず，実際に成長志向の政策に向けた具体的な道筋が提示されず，またフォローアップも不十分で，適切なプログラムが実施されていなかった．そこで，IMFは2010年以降，低所得国に対する融資プログラムを見直し，融資スキームを新たな名称である拡大クレジット・ファシリティ（Extended Credit Facility, ECF）として刷新した．

さらに，サーベイランス機能の見直しと強化，世界銀行との役割分担の問題，組織の活動や役割と密接に関わる資金問題などが採り上げられてきた．IMFは近年の融資対象国の急激な減少を反映して中長期的な収入源をいかに確保するかという問題に直面しており，中期予算枠（MTBF）見直し，雇用，補償，手当て（ECBR）に関するレビューが実施された．

1.2 経済調査・サーベイランスの改善と強化

サーベイランス（surveillance）の改善はこれまで何回か唱えられてきた．しかし，実際にはその「改革」も名目的であり，内容充実とは異なる次元で決定されてきた．従来のIMFによる国別調査（第IV条に基づく年1回の定期調査）が形式的になりがちであり，地域やグローバル経済の変化の影響，さらに分野別の深い分析に欠ける点があったことを考慮し，IMFのサーベイランスの見直しや改革が掲げられている．

IMFは先進7か国や途上国20か国など各方面との対話を重視，さらに金融市場のサーベイ強化，あるいは地域別分析報告(Regional Economic Outlook)も2006年4月以降全地域で導入し強化してきた．サーベイランスの見直しは重点国であろうとそうでない国であろうと回数を一律とせず，随時設定することとなった．さらに，重点項目（金融財政面など）を絞った調査・報告書として，2009年より'Fiscal Monitor'という金融調査分野の報告書が定期的に発行されてきた．これは比較的新しく設立された金融調査部門の作成であるが，従来の世界経済見通し（World Economic Outlook, WEO）や国際金融安定性報告書(Global Financial Stability Report, GFSR)の分析に比べ質量とも不十分と言わざるを得ない．

最近では主要新興国・途上国ではIMF融資に依存しない傾向が鮮明となっており，IMFは技術的助言やサーベイランス機能に特化するケースが増加しており，特にアジア地域では著しい．現在ではグローバル規模での経済調査（WEO等）の公表が主な役割となりつつある．しかし，経済予測も不透明であり，予測が的中することはほとんどなく，リスク評価も甘い．したがって，すでに起きた事実の後付の解説書として位置付けることができる．しかし，これでは，世界経済の動向を見据え，リスク要因をいち早く伝えるべき国際機関と

しては全く不十分である．多数のエコノミストを抱える IMF はそうした調査分野の充実も一つの生き残り策であるが，現状では非常に厳しい．

一方，各国個別に実施してきたサーベイランスの実効性を高めるには，グローバル経済環境や地域の状況を考慮した上でその国に適切な政策を助言できる材料を提供することであろう．現在，IMF は世界経済見通し以外にアジアやラテンアメリカなど地域レポートを作成・公表しているが，依然としてマクロ経済環境の概要サーベイにとどまっており，当該地域・各国がどのようなグローバル経済動向や市場の影響を受けるかなどリスクを含めた総合的な分析が不十分である点や，サーベイランスのテーマも従来通りの財政収支と構造改革に関するテーマが選ばれやすいことなど改善すべき点も多い[4]．一定のテーマでの分析・調査は IMF 職員が主に行う冊子と専門論文などいくつかに分かれている．しかし，代表的な論文シリーズの IMF Working Paper は，外部の研究者が作成したものを公表する場合が多い[5]．ただし 2010 年以降，専任スタッフによる調査・研究報告が公表されることも多くなった．

1.3 予防的融資スキーム

IMF は，1999 年に予防的クレジット・ライン（Contingency Credit Line, CCL）を危機発生に対する予防的措置として導入したが，適用基準が厳格であるため一度も使用されず，2003 年に廃止された．07 年にこれとは別のスキームとして新たに Reserve Augmentation Line（RAL）を提案した．しかし，RAL も CCL のスキームと基本的に異なるものではなく，適用には厳格な条件があった．例えば，事前の資格審査や定期（半年に一回）レビューが必要であり，当該国のクォータの 300％まで引出可能であり，基本金利を 3–5％上回る金利で借入できるとされたが，実施されないまま廃止された．

2008 年世界金融危機後の 09 年に導入された，事前審査に合格した国には緊急時の融資にコンディショナリティを必要としない柔軟性を持つスキームである Flexible Credit Line（FCL）はコロンビア，メキシコ，ポーランド等，従来米国寄りに近い国を認定したが，やはり一度も使用されていない[6]．また，低所得国向けに同様のスキーム予防的流動性枠（Precautionary and Liquidity Line, PLL）を設定したが，全く活用されていない[7]．平常時に IMF サポートを得よう

とする国は少なく，そうしたスキームの「資格」を得たマクロ経済が安定した国々はそもそもIMF支援を必要としない[8]．

今後さらに同様の制度を導入するためには正確なカントリーリスク評価が必要である．その場合，各国のソブリン格付けを実施しているS&PやMoody'sのレーティングのような方式を採用するか，あるいは，IMF独自で各国のカントリーリスクの分析を行うかは明確でない．仮にIMFが独自のリスク評価を行うとした場合でも，従来実施してきたスタンドバイに基づくレビューと同様の経済プログラムの観点から実施されるとすれば，その分析手法やフレームワークが当該国に適切かつ現実的なものとされなければならない．しかし，現在のIMFがそのような新たな手法を開発することは，実際には期待できないと考えられる．

1.4 低所得国におけるIMFの役割

IMFは低所得国に対し新たなスキームで，効率化や焦点を絞った分野への支援，柔軟性を持った対応など常識的な項目を挙げている．しかし，IMFは基本的低所得国の中長期的発展に関する青写真を提示できないまま，対処する傾向がある．既に指摘したようにIMFの低所得国向け構造融資である予防的流動性枠（PLL）の継続により，むしろ当該国の中長期的成長は達成されない可能性が高い．なぜなら，プログラムのフレームワークが従来の国際収支均衡をめざすスタンドバイ取極（SBA）の場合と基本的に変わっていないからである．低所得国の中長期的成長は，発展初期段階の一定期間は民間セクターにおける資金不足や未熟な市場機能，組織面などさまざまな問題があり，先進国のような成熟した金融市場を持たない．したがって，公的資金による支援が必要であり，通常コンディショナリティに含まれる短期間の自由化や民営化を推進することは適当でない．また，財政赤字削減を短期の目標値に設定し，「構造改革」を推進することは，当該国に適したニーズに応えることにならない．したがって，IMFは現行の低所得国向け融資であるPRGFから撤退し，本分野では世界銀行に任せることが望ましい．

2. 世界金融危機後の IMF 改革

2.1 ガバナンス問題

　近年，BRICs など急速に拡大する新興国の世界経済における地位はますます高まっている．こうした現状を考慮すれば，根本的に IMF における代表権など含めた改革が必要であろう．IMF／世界銀行は米国がそれぞれ 16.8％，16.4％の投票権を持ち，総数 85％以上の賛成が必要な最重要条項の改定には米国が事実上拒否権を有している．IMF は組織全体の見直しの一環として，各国の出資割当額（クォータ，Quota）と投票権（voice）割合の格差是正をはかるため，まず 2006 年 10 月に中国，ブラジル，トルコなど比較的規模の大きい中所得国の投票権を引き上げた．

　さらに，2010 年に IMF で合意された新興国や途上国の分担金配分と投票権の比率引上げ，長らく米国議会の反対で棚上げとなっていたが 2016 年 2 月に解決し，正式に配分の修正が実施された．以下のように中国やインドなど新興国の比重は高まったものの，依然として多くの新興国・途上国のクォータや投票権比率は現実の各国の経済規模を正確に反映したものではない．

　IMF においてガバナンス問題に関しては，IMF 理事会を中心に議論されているものの，大きな変革は実行されていない．なお，新しい投票権は，① PPP（購買力平価），②貿易・投資額，③外貨準備高などを考慮して決定する方針であるが，途上国のシェアは 1.5％増加するのみであり，先進国は 15％の国数にもかかわらず，全体の 60％ものシェアを保持している．

　ただし，これは現在の投票権を分担金に見合ったシェアに引き上げるという技術的な問題のみでは解決しない．米国が唯一事実上拒否権を握っている現状について，残念ながら改めようとする動きは公式に議題に上ってきていない[9]．IMF が米国政府の意向に沿って活動してきたことのマイナス面を考慮すれば，こうした条項は根本的に修正し，過半数の議決などで現在 85％以上必要とされる重要事項も決定されるようにすることが望ましい．投票権などが不公平な現状に対し，先進国（ドイツ，英国，フランス）や途上国（中国など），主要 NGO（Bretton Woods Project, One World Trust 等）などから単純多数（simple majority,50％＋1）や過半数（super majority, 66％, 85％, etc.）決定は経済力を反映した投票権と同時に国数を反映させたものとし，二重の投票権（double majority voting）システムを採用するべきであると提案されているが，当面実現は困難とみられる．

今後とも，徐々に BRICs など主要新興国や途上国など国際経済に影響力を持つ国々の発言権を高めるために，投票権の配分を修正することが望ましい．ただし，以上の議論は IMF が将来的にも重要な融資機能を維持するという前提に基づくものである．しかし，以下で提示する中期的な案は，IMF の融資機能の修正をはかるものであり，その場合，現在の状況に比べ投票権の意義は相対的に低下するであろう[10]．

さらに，IMF では世界銀行のように複数の新興国・途上国出身者が候補に挙がることなく，欧州出身者が専務理事を務め，第一・（筆頭）副専務理事は米国人（現在は David Lipton）が担うという伝統も全く変わっていない．IMF では 2016 年 2 月にフランス出身のラガルド（Christine Lagarde）専務理事の続投が決定され，20 年まで 5 年延長された．これにみられるように理事会で他の候補者もなく，選出される体制は依然として保守的であり，新興国・途上国の見解は果たしてプログラムなどに反映されるのか疑問を持たれよう．ただし，すでに主要途上国・新興国ではもはや IMF は独自のセーフティ・ネットを構築する役割として多くを期待していないことのあらわれともいえる[11]．その一方，欧州諸国は一致して同専務理事の再任を推薦していた．この意味で欧州が現在の通常融資の中心である現状もあり，従来通り欧州出身者が専務理事を任命することとなったとみられる．

2.2 緊急支援機能

現行の IMF ではコンディショナリティをつけて融資しても，むしろそのプログラム実施による急激な緊縮政策導入に伴い，当初の状況をさらに悪化させる場合が多かった[12]．したがって，危機に面した国々に対して本来不足している外貨流動性支援に徹した方がむしろ当該国にとって有益であろう．不適切な融資のコンディショナリティはかえって有害である[13]．このため，現在主要途上国・新興国では IMF 融資に依存しない緊急融資スキームを構築しつつある．

その先駆けとなっているアジアのチェンマイ・イニシャティブ (CMIM) のように，IMF の機能に頼らずに，危機時にはグローバル規模で各国が不足する外貨流動性を調達しあう制度を作ることも一案である[14]．他方，ラテンアメリカではベネズエラが提唱主導した「南の銀行」(Bank del Sur [Bank of the South])，緊急時のセーフティ・ネットがラテンアメリカ地域で構築される道筋が示された[15]．

しかし，現在実質的に途上国・新興国向けの基金として機能する可能性のあるのは，主要新興国によって創設された新開発銀行 (New Development Bank, NDB, 通称 BRICS 銀行) とともに設立された緊急時外貨準備基金 (BRICS Contingent Reserve Arrangement, CRA) であろう[16]．ただし，まだ金額的に不十分で大規模支援には不適であるため，別のスキームを考慮する必要があろう．

IMF には，緊急支援のスキームとして形式上中所得以上の国を対象とする通常プログラムでの融資プログラムである SBA や EFF，さらに FCL と同様に，低所得国向けのラピッド・クレジット・ファシリティ (Rapid Credit Facility, RCF) をベースにした同様の緊急支援や通常支援のプログラムがある．しかし，これらの融資プログラムは最近では中所得の新興国のみならず，低所得国においても設定はしてもほとんど借入を受けない国が増加している．これは，最近の世界的低金利に伴う借入が比較的容易となり，途上国全体としても通常時の支援は受けなくともよい環境が備わってきたことと関連している．コンディショナリティによって主権を奪われることと借入のコスト・ベネフィットは，前者のコストが大幅に便益を上回ると判断する国が増加した結果とみられる．

2.3　コンディショナリティ方式の見直しと役割の明確化

スタンドバイ取極 (SBA) をはじめとする通常プログラムの実施にあたって，融資に伴うコンディショナリティの問題を根本的に解決するためには，緊急時にはコンディショナリティ適用をやめて本来の重要な支援の目的である当該国の当面の流動性確保を最優先することが望ましい．すなわち財政収支などの細かい目標値を設定し，それに沿って「達成度」を目安に融資継続を決定，あるいは延期するようなやり方は根本的に改め，中長期的な観点から実施することが重要である．また，特に構造改革が必要であっても，それは短期の緊急融資

とは切り離して中長期的に実施するよう助言ないし勧告することが必要である．さらに，それを促す措置はIMFではなく他の主要機関にとらせるようにすることが必要とされる．例えば，金融機関に関する問題であれば世界銀行の担当部署，あるいは中央銀行に関する問題であれば国際決済銀行（BIS）などの助言も考えられる．

構造改革については，当該国にとって政治的にセンシティブな分野（民営化や財政大幅削減など）では，財政・金融指標をはじめ，関連指標は四半期ごとの達成を融資継続の条件とするのではなく，数年間の猶予を与え，融資終了後のポスト・プログラムレビューで評価することが望ましい．さらに財政指標，特にプライマリーバランスの改善など当該国の財政構造の改善を示す指標については，税の徴収に関して不十分な途上国の場合，短期で改善することは困難な中長期的問題である．したがって，一時的な財政指標の悪化を問題にするのでなく，景気回復に伴う税収回復措置を優先し，法令の整備や公共部門の構造的リストラは長期的な観点が必要であろう．

根本的改革までに中間的な段階として，従来一般的であったコンディショナリティをプログラムの結果を目指したものから「結果ベース（outcome-based）」のものにシフトして一層当該国のオーナーシップを尊重するように変えることも提案されている[17]．しかし，IMFの当初の経済指標の目標値が緩やかな参考値インディカティブ・ターゲット，あるいはより厳しいパフォーマンス・クライテリア（基準）であっても，結局その数値を予測するフレームワークが不正確であり，しばしば目標値が「楽観的」すぎる場合が多かったことを鑑みれば，結局従来通りのコンディショナリティの実施によって，当該国が必要以上に経済が不安定化する可能性が高い．

2.4　新しいスキームの導入

当該国が危機に直面するリスクを低下させるために，融資を伴わない適切な政策助言を行うためのスキームも考えられよう．これは，IMFの第IV条に伴う国別のコンサルテーション（定期的モニター）およびサーベイランスに似た制度であるが，外貨流動性の危機を回避する観点からより深い分析を行うことが考えられよう．ただし，この制度は，現存するIMFの2005年10月に導入し

た主に低所得国を対象とした政策支援インストルメント PSI (Policy Support Instrument)[18] とも異なり，新興国・中所得国も対象にするものである．

現行の PSI は，IMF 融資対象となる低所得国向け PRGT（貧困削減・成長トラスト，Poverty Reduction Growth Trust）を補完するものである．既にナイジェリア（2005.10），ウガンダ（2006.12；2013.5），ケープヴェルデ（2006.8），モザンビーク（2007.6），ルワンダ（2010.6；2013.12），セネガル（2007.11；2015.6），タンザニア（2007.12；2014.7）の 7 か国が PSI の対象国となってきた．しかし，PSI はあくまで低所得国対象であり，ラピッド・クレジット・ファシリティ，（RCF）やスタンドバイ・クレジット・ファシリティ，（Standby Credit Facility, SCF）の適用国には採用されても，低所得国向け中期融資スキーム（Extended Credit Facility, ECF）を設定している国々では適用されない．したがって，中所得国や新興国向けの通常融資を受ける限り，IMF の経済プログラムを受けざるを得ない．このため当該国は公式には「自主的」に PSI を受けることになっているが，主にサブサハラ・アフリカの低所得国に実施されてきた貧困削減戦略文書（Poverty Reduction Strategy Paper, PRSP）を基にした政策アドバイスを受け入れることになりかねない[19]．

しかも PSI を継続して実施してきた国々では中長期にわたり経済は低迷している．このことは IMF の助言が本質的に適切であったかがどうか問われている．例えば，モザンビークにおける過去の PSI では，賃金水準の上限設定などがプログラムに入れられ，ウガンダの場合，政府による直接融資（directed lending）は IMF により反対されてきた．このように，従来のコンディショナリティを方向付けるプログラムとなんら変わりない状況がある．このように現行の IMF による PSI スキームには新たな改革的な側面がみられない．

こうしたスキームは，低所得国よりもむしろ本来融資の必要性が低下している中所得国の新興国をターゲットとするべきものであろう．したがって，当面短期の国際収支不均衡に対する不適切なコンディショナリティを設定し融資するよりも，むしろ一定の範囲であれば適宜引き出しが可能とするシステムを構築するほうが，IMF プログラムに伴う経済悪化や社会構造の崩壊が避けられる可能性も高い[20]．こうした制度下では，借入国のモラルハザードを懸念する見方もあろうが，これまでの IMF プログラム融資の結果をみると，それは必ずし

も検証されていないことが指摘される[21]. むしろ, IMFプログラムを遵守する国では, コンディショナリティに必ず含まれる緊縮政策の実施によって経済成長は抑制され, その結果, 経済成長に伴う外貨準備の積増が困難となり財政収入が減少する可能性が高くなる.

一方, 当該国の明らかなガバナンスの問題で期限までに返済できない場合, それ以上の融資実施を停止することも考えられる. これは, 従来のIMFが融資コンディショナリティの目標値を緩和しながら長らくプログラムを継続し, 長期的経済成長が達成されない可能性が高まる場合に比べ, より明確な基準となろう[22].

2.5 新しい途上国経済分析フレームワークの適用とパラダイム変更

現行のIMF融資プログラムを維持するのであれば, 以下の点を考慮するべきであろう.

第1に, プログラムの基本にある分析フレームワークが不適切な点を改める必要があろう. 平常時には, 第4章で触れたようにIMF・世銀統合モデルやその発展・修正モデル（例：RMSM-X＋Pなど）を採用し, 今後主要な支援対象国となる低所得国の中長期的経済発展に資するようにすることも考えられる.

第2に, 従来のフレームワークを根本的に見直して金融・資本取引および為替に関する政策を修正することである. 例えばIMFは「資本収支危機」に対する政策として一時的な資本及び通貨取引規制を導入するという処方箋を最初から採用することを選択肢に入れることなどを含む. これは, 資本の過剰な流出入を規制する一方, 緊急時の政策として厳格な管理体制を敷き, 直接投資以外の資本移動と外為取引は通貨当局が規制し, 自国の金融政策の自由度を確保するものである[23]. このためには, 短期資本取引の制限措置に関する政策手段の詳細な研究が必要とされよう. 経常収支と資本収支を分離して資本規制を後者に適用する新たな技術やメカニズムの開発などを推進することが望まれる[24].

第3に, 通貨制度の研究を徹底し, 途上国に対し, 中間的な通貨・為替制度としてのバスケット制や柔軟な管理フロート制の導入における通貨・資本取引管理について過去の例を研究しつつ助言ができる体制を整えることが重要であろう.

第5章 問われるブレトンウッズ機関の意義　　　185

　以上のように，新しい国際資本・金融市場の情勢に合わせた分析システムの改善を実施することも必要であろう．今後，途上国，特に低所得国に対する支援が中心となるとすれば，今後IMFはこうした世銀の分析アプローチ[25]や融資政策の改善を参照しつつ，多様な経済分析の手法と経済理論に基づく対象国の分析を進める必要があろう．

2.6 「独立評価室[26]」の自己評価
2.6.1 独立評価室（IEO）概略

　IMFの独立評価室（IEO）は，IMF融資政策や機関としての役割を再考する目的で，2001年7月のIMF理事会を経て設立され，翌年より活動を開始した．IEOは世界銀行が1970年代に小ユニットとして活動を開始し，90年代に正式に設立した独立評価グループ（Independent Evaluation Group, IEG）を模したものとして位置づけられる．IEOでは，毎年いくつかの優先順位をたて，IMFの融資の根本にかかわる調査を対象として今後の指針としている．

　IEOの名称は「独立（Independent）」していることになっているが，実際にはIMFのオフィスの内部機構であり，実際にIMFの建物の中に一部署として存在している．調査はIMFの事情に精通した専門家であるが，元IMF職員や関係者が調査に加わっている．このため，元々IEO報告書はIMFから完全に独立した立場で批判的な内容になることを期待することはできにくい．

　本項では，IMFプログラムにおけるコンディショナリティでしばしば問題となってきたアジア危機のレビュー，財政緊縮策，さらに資本自由化に関連する報告書を中心に以下において検討を行う[27]．なお，財政緊縮政策に関するテーマに関しては一度2000年代に報告書を作成したものの，その後の変化（特に世界金融危機とその後のIMFの反省）を踏まえ，再度13年にレビューをした報告書を作成している．また，資本取引自由化の問題については05年に報告書を作成したが，再度15年に修正版を公表している（表5-1）．

2.6.2 アジア危機評価報告（2003）

　IEOは，過去のアジア危機経験国であるインドネシア，韓国，およびブラジルのケースについて調査し，さらにIMFの資源の有効活用や批判の多いIMF

表5-1 独立評価室（IEO）による調査

年	調査内容	日付
2002	IMF支援への依存（Prolonged Use of IMF resources）	[2002.9]
	3か国（インドネシア，韓国，ブラジル）の資本流出に伴う危機におけるIMFの役割	
2003	(The IMF and Recent Capital Account Crises: Indonesia, Korea and Brazil)	[2003.1]
	IMF支援プログラムでの財政政策（Fiscal Adjustement in IMF-supported Programs）	[2003.9]
2004	IMFとアルゼンチン（The IMF and Argentina, 1991–2001）	[2004.7]
	貧困削減・成長プログラムの評価（An evaluation of the PRGF/PRSPs）	[2004.7]
2005	IMFの技術協力（IMF Technical Assistance）*	[2005.1]
	IMFの資本自由化へのアプローチ（The IMF's Approach to Capital Account Liberalization）	[2005.4]
	ヨルダンのケーススタディ（Evaluation Report: IMF Support to Jordan, 1989–2004）	[2005.12]
2006	金融セクター評価プログラム（FSAP）・金融セクター安定評価（FSSA）	[2006.1]
	(Evaluation of Fund's Experience with Finanncial Sector Assessment Program)	
	国際機関による各国サーベイ（Multilateral Surveillance）*	[2006.4]
2007	アフリカのケーススタディ（The IMF and Aid to Sub-Saharan Africa）	[2007 3.12]
	IMFの為替相場政策（An IEO Evaluation of IMF Exchange Rate Policy Advice, 1999–2005）	[2007 5.17]
2008	IMFの構造調整コンディショナリティ（Structural Conditionality in IMF-Supported Programs）	[2008 1.3]
	IMFの組織統治（Corporate Governance of the IMF: An Evaluation）	[2008.5]
2009	IMFの国際貿易問題への対応（The Fund's Approach to International Trade Issues）	[2009.6]
2010	加盟国との意見交換（IMF's Interactions with its member Countries）	[2010.1]
2011	IMF Performance in the Run-Up to the Financial and Economic Crisis: IMF Surveillance in 2004-07	[2010.3]
	IMFのサーベイランス 2004–07（IMF Performance in the Run-Up to the Financial and Economic Crisis: IMF Surveillance in 2004–07）	[2011.2]
	IMFの研究計画（The Fund's Research Agenda）	[2011.6]
2012	外貨準備（International Reserves: IMF Concerns and Country Perspectives）	[2012.12]
2013	IMFのアドヴァイザーとしての役割（The Role of the IMF as Trusted Advisor）	[2013.2]
	修正版：IMF支援プログラム財政政策（Fiscal Adjustement in the IMF-supported Programs:Revisiting the 2003 IEO Evaluation）	
	修正版：Prolonged Use of IMF resources：Revisiting the 2002 IEO Evaluation）	[2013.5]
2014	Statistics for Global Economic and Financial Stability: The Role of the IMF* Statistics for Global Economic and Financial Stability: The Role of the IMF	[2014.1]
	IMFの予測（IMF Forecasts: Process, Quality, and Country Perspectives）	[2014.3]
	IMF Response to theFinancial and Economic Crisis: An IEO Assessment	[2014.3]
	過去10年の評価と教訓（Recurring Issues from a Decade of Evaluation: Lessons for the IMF）	[2014.4]
	再考：IMFのPRSP/PRGF役割（2004）＋サブサハラアフリカ支援（2007）	[2014.8]
	ユーロ危機（The IMF and the Euro Area Crisis）*	[2014.11]
2015	再考：IMFの資本自由化 IMF's Approach to Capital Account Liberalization：Revisiting The 2005 IEO Evaluation）	[2015.3]
	IEO自己評価（Self-Evaluation at the IMF: An IEO Assessment）	[2015.9]
	ユーロ危機（The IMF and the Euro Area Crisis）修正版*	[2015.11]
2016	IMFの社会的弱者への配慮（The IMF and Social Protection*）	[2016.2]
	IMFの統計評価（Behind the Scenes with Data at the IMF）	[2016.2]

（注）　*Research paper として最終報告書となっておらず，調査概要書（Draft Issue Paper）。
（出所）　IMF Independent Evaluation Office (IEO)。

プログラムでの財政政策について取り上げている．

また，2001年に起きたアルゼンチン危機やトルコ危機のケーススタディは，それぞれ04年度および05年度に実施している（The IMF and Recent Capital Account Crises: Indonesia, Korea and Brazil）．IEOは資本収支危機（Capital Account Crisis）の例としてこの3国を採りあげているが，アジア危機発祥の最も重要な国であるタイやさらに，最初の「資本収支危機」として位置づけされる1993/4年のメキシコについても採りあげていない．

タイの経験はIMFにとっては明らかに「想定外」であり，プログラムの内容が経常収支危機のアプローチで資本収支危機に対処したという意味で，当時のIMFの早急かつ緊縮一辺倒のプログラムは現在から客観的に見ても誤りであった[28]．当時のIMF本部とタイ当局の事情を明らかにしたくないという政策的配慮が反映していると考えられる[29]．メキシコの場合も，実際には世界銀行や二国間機関（例：日本輸出入銀行［当時］）などとパッケージ融資を行ったことから，当時の検証は非常に貴重であるはずである．それにもかかわらずIEOはあえて実施していない．しかも，最近までいくつかのテーマ（資本規制，構造改革関連など）では再度2014/5年に採りあげてレビューしているにもかかわらず，過去最大の資本収支危機であるアジア危機についてのタイ，さらに当初計画されながら実施されなかったトルコプログラムの評価が実施されていないということは，IMFの限界を示していると言えよう．特に，トルコでは，急速な緊急政策導入にあたり真剣にコンディショナリティ遵守に努めた同国が危機に陥ったケースとして，IMFプログラムは失敗であったと判断される．こうしたIMFが大きく失敗したケーススタディはあえて避けているところは，IEOが事実上IMF内部組織であることの限界であろう．

2.6.3 IMF予測に関する評価（Forecasts：Process, Quality, and Country Perspectives）（2014）

IMFの予測値はしばしば実績から大きく外れており，過大に成長率を見積もる傾向にある．こうした予測値に対する検証を行っている．一方，インドネシア危機，韓国危機，ブラジル危機の時のIEOによる分析では，問題点の特定については，おおむね正しく認識されていたが，インドネシアの場合，金融機関

の脆弱性についてより正しい問題点の認識が必要であったと指摘している[30].しかし,これらの検証ではおおむね,IMF の処方箋やアドバイスした政策のタイミング,あるいは,コンディショナリティが間違っていたかどうかの検証はあえて避けていると考えられる[31].

　2014 年に公表された IEO 報告書は暫定的なものであるが,これまでの IMF の予測値は民間予測に比べて特に大きく外したものではないとして,むしろ正当化している.すなわち,上記で指摘したような当該国の経済動向について過大評価(成長率を上方にバイアスをかける)傾向がある点については自己評価を避けている.したがって,最近こうした IEO 報告書でも本質的な問題点について指摘するものとなっていない.IMF プログラムを適切なものとするために正確かつ客観的な統計予測が不可欠であるため,今後の適正な評価に関して改善が望まれる.

2.6.4 IMF の財政緊縮策評価

　IMF プログラムにおいて中長期的に必要な構造改革を短期間に実施することがコンディショナリティに組み込まれているため,当該国が実施困難に陥り,政権がしばしば崩壊・交代してきた.その結果,さらなる融資継続の交渉ができなくなるために融資が中断されることになる.ギリシャの例はその最たるものである.1990 年代のアジア危機をはじめとした危機に際して IMF が採ってきた財政緊縮策は「画一的」であると批判されてきた.それに対して作成されたのが 2003 年に作成された最初の財政政策(緊縮策)に関する報告書である(表 5-1).その後,世界金融危機を経て全体的なプログラム運営の見直しが行われており,批判の多い IMF プログラムの緊縮政策プログラムに関しても最近の変化を踏まえて再度レビューが実施され,修正版が 13 年に公表されている.

(a) IMF 支援プログラムにおける財政調整 (Fiscal adjustment in IMF-supported programs) (2003 年 9 月)

　2003 年に最初に公表された報告書では,過去の多くの IMF 支援対象国の経験を調べ,どのような項目で支援プログラムが有効であったか,財政プログラムは有効に作用したかどうか,などについて検証を行っている.

同報告では，IMF の財政緊縮政策についてさまざまな過去のケースを実証した結果，IMF の処方箋は必ずしも硬直的ではなく，財政政策の目標値をみても，頻繁に修正されており，柔軟性があると指摘している．また，IEO の 2003 年年次報告（03 年 9 月）でも第 II 章 C. において，従来から批判されてきた IMF の「画一的」なアプローチや，「硬直的か」，「財政緊縮的か」という問題に対して，いずれも反対の主張を述べている．

しかし，同報告書では，IMF 批判に十分に答えているとは考えにくい．それは，ある危機が発生した場合に，IMF が十分に当該国への政策に合致した政策がタイミング良く実施されているかどうかという問題には答えていないからである．その点には触れずに，ただクロス・カントリーでの分析比較で，概して IMF の経済プログラムは緊縮的とはいえず，硬直的ではないと述べているに過ぎない．さらに，もっと注目されるべき重要な点は，上記報告書で対象とした国々はアルゼンチン，ブラジル，トルコ，インドネシア，タイといったいわゆる「主要国」あるいは「重点国」ではなく，最近まで周辺諸国に影響を及ぼしたような大きな危機を経験した国ではない．こうした国の選び方も恣意的であり，過度に緊縮的ではなかったと主張する目的があったと言わざるを得ない[32]．

また，財政収支や金融指標の条件を緩和してスタンドバイ融資を実施する状況は，通常当該国の経済状況が改善し，外貨流動性の逼迫もある程度緩和し，政府が実施可能なプログラムを提示したのである．こうした状況でのみ融資の継続があるわけであり，その際にようやく条件を緩和してくるのが IMF 融資の特徴である．

逆に言えば，資本が短期間にますます流出している危機の際には，融資を棚上げにし，資金流出に伴う市場の激しい動きが落ち着いてきた際に融資継続の合意がされる場合が多いため，融資が実施される時点では融資条件が既に「緩和」されており，必然的に「緊縮的」なものになるとは限らない[33]．

さらに，ここで根本的な問題は，コンディショナリティのうち重要な財政政策や金融政策のクライテリアの水準ではなく，むしろ実際に IMF の支援を受ける当該国にとって，経済危機に面しているときに IMF が短期間に目標を達成させるように財政緊縮策を実施させることである．しかも，それによって外貨流動性が逼迫する緊急時にも，構造問題の達成を盾に融資をしばしば棚上げ

にすることがある．アジア危機でも立証されたこうした経済状況を悪化させる問題については，上記 IEO のレポートでは全く見解を明らかにしていない．

(b) Update 'Fiscal Adjustment in IMF-supported Programs: Revisiting the 2003 Evaluation'（2013 年および 2014 年報告書）

2013 年に公表された緊縮政策に関する IEO 評価報告書では，評価全体に IMF の正当化に力点が置かれていた 03 年の報告に比べ，全体的に柔軟な姿勢がみられる．その内容については主に以下の点が注目される．

ⅰ）緊縮策の導入の予想以上に調整が起きたため，緊縮政策が必要以上に景気を悪化させてきた．その背景には十分支出削減が及ぼす影響について考慮がされていなかった．また，経済予測は楽観的過ぎる傾向があった

ⅱ）緊縮政策導入に伴う政治的不安定性を十分予期せず，セーフティ・ネットをきちんと整備したものでなかった

ⅲ）構造調整策については個々の施策がどれだけの効果を持つかというプランがなくして設定されるきらいがあった

また，緊縮政策の導入に伴う構造調整策については改善がみられるものの，緊縮の規模と期間についての十分な説明が求められると指摘している．このように，改善点や課題について最近の報告書では現実的な問題を提示する点において，若干改善がみられる．

その後，IEO では 2014 年 11 月 4 日にさらに踏み込み，従来の緊縮政策は誤りであったと認めている．特に IMF が 2008 年世界金融危機後に各国政府に緊縮策を求めたことは誤りであったと指摘した．しかし，これは 10 年に先進国を含む国々に世界経済の観点から予算削減を求めたことに対する反省であって，これまでの途上国・新興国に対する IMF プログラム全体を指しているものではない．

2.6.5　IMF と資本自由化へのアプローチ（2005/2015）

アジア危機以降，資本収支危機に対する対応は IMF のプログラムにおいても大きな失敗の経験であった．このため，2005 年に IEO による最初の評価報告書が作成された．当時の内容は，主に途上国など当該国が資本流出入に伴い

危機を回避するためにはどのようにすればよいかということが主であり，国際市場環境に左右されやすい現実を直視していなかった傾向があった．また，具体的な資本管理の方策について明言していなかった．むしろ IMF スタッフが資本収支に伴う危機の現実を認識することにとどまっていた[34]．

しかし，2008 年世界金融危機を受け，欧米諸国は身をもって資本流出入に伴う危機の現実を経験したため，それまでの資本自由化の原則的な推進と資本規制回避のスタンスに対する見直しが行われる背景となった．例えば，従来 IMF が先頭に立って推進してきた資本自由化は，全ての国が同時期に目指すべきものではないと明確に認識したことを明記している．

2015 年の報告書では主に以下のような内容となっている．

a) ラガルド IMF 専務理事の発言内容は，2008 年世界金融危機以降次第に，資本の適正な管理規制の導入はマクロ経済や市場の安定に重要である，という認識を示してきた．それに対し，外部の評価は IMF のスタンスの変化に概ね好意的であった．

b) 理事会内部での見解の相違もあり，IMF の公式の立場はしばしばあいまいであり，具体的な施策については明示されてこなかった．この現状から IMF は依然として具体策に踏み切れないでいる．

c) IMF は現状では当該国が危機的状況にならないための助言などを可能な範囲で行うことにとどめ，資本規制の具体策を提示することは難しい．

上記のように，最近に至っても IEO 報告書では資本自由化と規制に関するテーマでは本質的な議論はされていない．このことは，IEO の難しい立場，あるいは IMF 自体のクォータと投票権の大半をもつ欧米先進国，特に米国の意向を無視した「独立評価」は困難であることを示している．

以上のように，IEO のような IMF の機関では，その真の意味で「独立」という役割は果たすことは困難であることが明らかとなった．IEO は IMF の傘下の機関であるために，今後とも本質的な変革を求める調査報告書が作成される可能性は低いと判断される[35]．

2.7 存在意義が問われる IMF

主要な新興国・途上国のみならず先進国に対する融資案件は先細りであり，

今後大幅に融資案件が増加する可能性は低い．たとえ金融危機や資本収支危機が起きたとしても，多くの国は地域的なスキームや他の方法によって対処するであろう．また，資本流出入に伴う資本収支危機への対処は適切な管理と規制の本格化によって，今後は IMF に依存しない体制が構築される可能性が高い．

その場合，IMF が最も多くの人員を要し，専門としているグローバル規模での経済・金融調査についてはどうなるであろうか．確かに調査部門では過去 10 数年間で途上国・新興国の事情に詳しい経済専門家・エコノミストが就任している．例えば 2005 年にチーフエコノミストの地位にあった R. Rajan（シカゴ大教授）をはじめ，途上国出身もしくは世界経済に深い見識を持つ専門家が配置されており，最近では調査研究部門のペーパーでは資本規制の容認や詳細な関連調査も行われている．

しかしながら，実際の IMF の運営プログラムでの運営は調査部門と独立しており，必ずしも反映されていない．しかも現実的問題に対処できない傾向がある．例えば，グローバル市場で起きてきた世界金融危機（2008）の直前の代表的な経済調査報告書である世界経済見通し（World Economic Outlook）では，ほとんどそうしたリスクの指摘がされていなかった[36]．最近の国際金融市場のボラティリティの高まりは国際資本移動の拡大，特に投機的なヘッジファンドなどを主導しているクロスボーダー金融取引が急速に拡大してきたことが根本的な背景にある．こうしたリスクの拡大（あるいはリスク要因の拡大）について，IMF は正しく指摘していないのが実情である．

IMF はこれまで世界経済・市場では幾度も危機を経験してきたが，直前までリスクを指摘してこなかった．アジア危機時でもその直前のタイやインドネシアの経済でのリスク要因を指摘するのではなく，逆に堅調な経済を評価しており，分析や予測を外している．しかも危機に際して，IMF プログラムは 1980 年代のラテンアメリカ危機をモデルとした通常の経常収支危機を念頭に，危機の最中に緊縮政策を実施し，一層の景気悪化と社会不安を引き起こした．

2015 年 8 月に起きた中国株式市場に始まる日米欧先進国における市場の混乱（株価大幅下落）は結局，日銀の大幅な金融緩和（量的・質的金融緩和）のマネーが香港経由で中国本土の大量に流入した結果とみることができる．しかし，世界株式市場の混乱についても，こうしたリスクについては，IMF は従来

の国際的な資本・金融自由化を是とする立場から，そうしたリスクにはほとんど注目してこなかった．もちろん，これは IMF のみならず，民間金融機関の関係者のなかでも指摘する意見はほとんどなかった．こうした危機的状況が起きて初めて本格的な背景に関して調査・分析を行うのが常である．例えば，2015年8月の中国株下落に始まるリスク分析がきちんとできていなかった．特に，IMF は対象国で緊縮政策を導入するため，成長率等を過大評価しやすい傾向がある．

今後，グローバル規模で調査分析を専門として組織の存在意義を見出すのであれば，エコノミストが大半である IMF スタッフは各国経済やグローバル経済市場の分析を真剣に精緻に行うべきであり，しかも予測も現在のように現状をただ単純に，しかも楽観的なバイアスをかけて行うことは慎むべきであろう[37]．

3. 変貌する世界銀行

世界銀行は5つの機関を傘下とするグループであり，主要な融資は世界銀行の創設時（1944）からの国際復興開発銀行（International Bank for Reconstruction and Development, IBRD），第二世銀と呼ばれる低所得国（1人当たり1215ドル未満）向けの低利融資・技術協力等を担当する国際開発協会（IDA：1960年設立）が行う．また，民間との協力で出資を含めた大規模案件を取り扱う国際金融公社（International Finance Corporation, IFC：1956年設立）が中心となっている．さらに大規模な投資案件の保証機関として多数国間投資保証機関（Multilateral Investment Guarantee Authority, MIGA：1988年設立）や投資紛争解決国際センター（International Centre for Settlement of Investment Disputes, ICSID：1966年設立）がある．

本節では，IMF との比較において世銀の現状と変化について重点を置くため，詳しい組織概要や活動については省略している．以下，重要な課題や問題についてのみ記すこととする．

3.1 2000年代の変化と問われる世銀の役割

世界銀行は，IMFのような経営基盤を揺るがすほどの資金不足の状況に陥る可能性が低いため，中長期的な観点から改革に取り組む基盤はあると見られる．

特に資金面では，世界金融危機後急増した融資額に比べ最近では融資額も減少している（図5-1）．ただし世界銀行グループも活動の多様化に伴い，更なる資金源の拡大が必要とされ，特に低所得国向けの国際開発協会（IDA）の比率が拡大している（図5-2）．しかし，世銀グループ全体として資金が満足に供給されているわけではない．特にIDAの活動資金はドナー国の出資で支えられており，IBRDからの純益移転，IFCからの贈与などから成り立っている．したがって，各国から貢献がなければ増加傾向にあるIDAの融資は継続できない．また，2000年代以降，ミレニアム開発目標（MDGs）の主要機関として活動分野をさらに拡大した世銀は，資金の合理的配分が必要となった．そこで，活動分野の拡大に伴いインフラ資金の必要額の拡大なども加わり，予算の見直しのために2012年6月に就任したキム総裁の下，組織改革を行っている．世界銀行では，中所得向け融資はIBRDが担当しているが，依然として中国やインドが最大の案件実施国であり，IDAではバングラデシュやパキスタンなど南アジア低所得国も大きなシェアを占めている（表5-2, 5-3）．途上国では，年々所得水準が上昇しており，特に2000年代には低所得国から中所得国への移行に伴い，本来の世界銀行（IBRD）よりも今後とも低所得国向けのIDA向けの融資が増加する見通しである（図5-2, 5-4）．

一方，世銀グループとしてますます支援対象がアフリカなど低所得国の比重が高まる傾向のなか，無償や低利融資の割合が高まるため，IBRDの収益性が低下することになる（図5-3, 図5-4）．また，IDAの原資はドナー国の資金に依存するため，各国の貢献が少なくなれば，IDAも案件を維持できない．元本返済額も増加しており，これはネット融資額の中長期的減少に繋がる．このため，最近では世銀グループとしてIFC（国際金融公社）案件による民間部門が参画するPPPなどを推進してきた背景となっている．しかし，これは次項に述べるように大きな問題を抱えている．

第5章　問われるブレトンウッズ機関の意義

図 5-1　世界銀行（IBRD）融資額

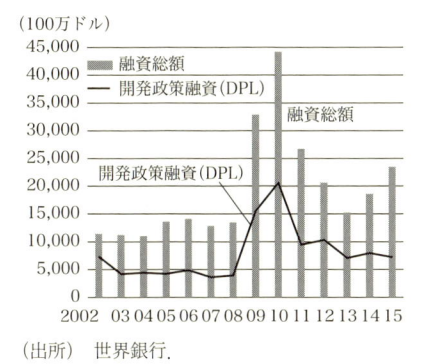

図 5-2　国際開発協会（IDA）融資額

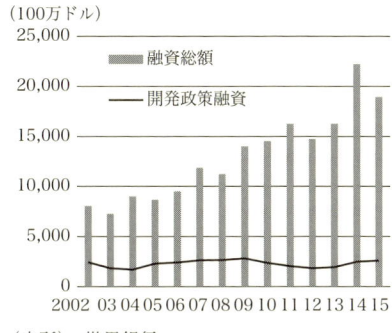

（出所）　世界銀行．

図 5-3　世界銀行純融資・収入推移

図 5-4　IDA 純融資・元本返済推移

（注）　*Operating income.
（出所）　世界銀行．

（出所）　世界銀行．

表 5-2　世界銀行借入国上位 10 か国

(100 万ドル)

IBRD		IDA	
インド	2,098	バングラデシュ	1,924
中国	1,822	インド	1,687
コロンビア	1,400	エチオピア	1,395
エジプト	1,400	パキスタン	1,351
ウクライナ	1,345	ケニア	1,305
アルゼンチン	1,337	ナイジェリア	975
トルコ	1,150	タンザニア	883
モロッコ	1,055	ベトナム	784
インドネシア	1,000	ミャンマー	700
ポーランド	966	ガーナ	680

（出所）　世界銀行年次報告 2015．

表 5-3　融資実行済プロジェクト総額（純承認額）

(100 万ドル)

地域	IBRD	IDA	合計
アフリカ	5.1	46.9	52.0
東アジア・大洋州	22.6	9.0	31.6
ヨーロッパ・中央アジア	23.8	2.4	26.2
ラテンアメリカ・カリブ海	25.0	2.0	27.0
中東・北アフリカ	10.6	1.1	11.7
南アジア	15.4	28.0	43.5
合計	102.5	89.5	191.9

（注）　2015 年 6 月 30 日現在．
（出所）　世界銀行年次報告 2015．

3.2 世銀案件の評価：独立評価グループ（IEG）

世界銀行は1990年に従来のプログラム・プロジェクトの評価を行うために，IEG（Independent Evaluation Group, 独立評価グループ）を設立した．IEGは文字通り「独立」した評価をすることで定評があり，2002年から開始したIMFのIEOに比べても独立性が高いとされる[38]．IEG報告書では過去のプロジェクト案件に対する客観的な批判は常に行われている．

IEGの調査分野は①農業・農業関連事業；②腐敗防止；③気候変動；④危機対応；⑤環境・天然資源；⑥ジェンダー；⑦情報・通信技術；⑧貧困削減；⑨民間部門開発；⑩運輸に分かれている．

2015年7月に公表した世銀案件に関するガイドラインについての評価では，過去の案件の実施に関して非常に率直に批判している[39]．例えば，リスク評価に関わるDPL（Development Policy Lending, 開発政策融資[貸出]）について，リスク評価が不十分であり過小評価している点，さらに環境や社会的リスクについても大半の専門家が認識しているにもかかわらずリスク評価が不十分であると指摘している．政策ガイダンスに関して非常にあいまいなガイドラインしか明示していない点も批判している．また，IFCの関与してきたアフリカの医療関連プロジェクトでは，貧困層よりむしろ富裕なエリート層に便益を与える傾向があると指摘されている[40]．

3.3 民間資金の活用の問題点

世銀グループでは近年重点を置きつつあるのは民間資金の活用の手段としてPPP（Public-Private Partnership, 官民連携事業）関連案件を大幅に増加させていることである．2002年から12年までにPPP案件を3倍増加するまでに推進してきた．さらに民間部門の参加を推進するために，特にインフラ案件について世銀はGlobal Infrastructure Facilityを2014年に設置した．

これまでドルの案件が実施されてきたが，必ずしも円滑に運営されないばかりか，明らかに失敗となったケースがある．例えば，世銀組織全体の目標としている貧困削減案件は実際には，貧困状況の改善には配慮されていなかったことが指摘される[41]．この点に関して，世銀の独立評価グループ（IEG）では，173件のPPP案件のうち9案件しか貧困層への効果について評価されていなかっ

た．さらに，PPP 案件は，通常の案件に比べ改善点やメリットがあるかという点でも疑問がある．IEG 報告によれば，45 か国での PPP による案件は民間部門が関与すること自体に便益がもたらされたか疑問であるとされている．

特に，PPP 案件では通常の世銀案件に比べコスト面で全くメリットはなく，コスト高となっていることが IEG から指摘されている[42]．

こうした現実にもかかわらず，民間資金の活用を目指して設立されている IFC（国際金融公社）の案件に対して世銀グループの資金を大幅に増加させている．たとえば，IFC の世銀グループ予算における比率は 2000 年には 13% であったが，13 年には 35% まで拡大した．民間資金を活用する案件は大規模であり，鉱物資源開発では IFC が民間の多国籍企業と出資し，資源開発案件を行う例も多い．

しかし，こうした途上国での開発では地域の環境への配慮はしばしば不十分であり，住民への配慮も足りない場合も多い．たとえば，2015 年 6 月 13 日の国連自由・結社に関する専門家委員会において，世銀案件における多国籍企業による鉱物資源開発案件について生態環境の破壊に繋がるリスクに関する批判があった．また，ナイジェリアにおける水道案件では 2002 年以降，世銀グループの IFC は PPP スキームとして推進してきたが，最近になっても満足な水道事業が確立されておらず，住民の反対運動が続いている[43]．この件は IEG の報告書（2006）でも改善を求める批判を行ったにもかかわらず，現状では改善されておらず第 2 フェーズが継続されている．

さらに，アフリカの生態系への影響などが懸念される水力発電案件においても，十分な環境アセスメントが不十分であることに加え，不透明な中でプロジェクトが決定されるケースがあるとして，さまざまな団体・機関から批判されている．例えばコンゴ川流域での水力発電案件である Inga 水力発電所建設では，科学者は淡水の生態系に深刻な影響を及ぼし，周辺住民の食糧安全保障も脅かす可能性について警告している[44]．

3.4 世界銀行改革と課題

2012 年に就任したジム・ヨン・キム（Jim Yong Kim）総裁の下，世銀グループの融資額の制約がある中，大幅な改革を実施してきたが，主な改革は以下の

とおりである.

　第1に全体の予算の削減目標である．4億ドル（全体の予算の約8％）の費用削減とそれに伴う人員削減である．そのために，一層プロジェクト案件に絞り込みと明確化を徹底し，集中的な資金配分を実施する計画である．

　第2に，大幅な組織改革である．これはグローバル・プラクティスというアプローチであり，組織内外との専門値機器の共有という概念の下進められている．従来世銀では地域別に専門家を配置し，どの地域でも担当分野の専門家が配置されており，地域ごとに事務所を持っている世銀はそれらの各国オフィスと連携してプログラム・プロジェクトを実施してきた．世銀は従来6つの地域に分けて案件を担当してきたが，それを地域ごとではなくテーマ別に分ける14の領域（農業，エネルギー・鉱業，環境・天然資源，金融・市場，ガバナンス，保健・栄養・人口，マクロ経済・財政運営，貧困，社会保障・労働，教育，都市・農村・社会開発，貿易・競争力，運輸・情報通信技術，水）に分類し，それぞれの分野での専門家を配置するという大幅な改革を行ってきた．

　貸付や融資を行うまでに時間がかかりすぎるという批判があり，無駄な費用を削減することにより，優先すべきプロジェクト（エネルギー関連の大型案件や）や開発資金に集中的にお金を集めることができると考えたのである．この新しい体制は，世銀内スタッフの知識の共有を促進，地域に縛られない国境を超えた協力体制の構築を目指しているものである．

　以上のような改革の意図や理念は実際には異なった結果を生んでいる．スタッフのリストラによって合理的な資金の配分を実現しようとする意図は，実際には新たに290人もの新規スタッフを雇用し，2000万ドルが各地域事務所の強化に支出されている．これは500人のスタッフのリストラの目標が達成されていないことを示す[45]．

　さらに，改革によって実際に効率的な運営ができているかといえば，そうではない．ある分野の専門家は世界中で活用できるという前提で改革を実施しているが，各地域独特の背景があるため，先進国や他地域にいる専門家が短期出張ですべて把握することはできない．加えて，これまで世銀は世界各地域の事務所に長期専門家がおり，しかも専門家は，プロジェクトごとに移動して案件にかかわることはできない．このため，今回の改革で有能な専門家は世銀から

流出したという．このような「改革」が真の改革であるかは疑わしい．地域事務所への権限移譲を進めてきた世銀が，上記のように分野別専門家との調整をどのように行うのかについて，その成果は今後の結果に待たれる．

　根本的には世銀の対象分野は非常に幅広いため，有限な資金・人材をどのように活用するかという問題がある．世界的にインフラ案件がますます資金を必要とするという意味では増加傾向にあるなか，いかに地域開発銀行にそうした案件をシェアするかということであり，世銀はもう少し包括的な観点から支援を行い，効率的な活用も重要となろう．

　世銀は今後の役割として'Knowledge Bank'の側面に加え，'Solution Bank'を目指しているとされる[46]．これまでの経験と知識の蓄積を生かして解決策を途上国の開発に向けるということである．この場合，必ずしも巨大な資金が必要とされない場合もあろう．技術協力分野でアドヴァイザリーの役割を果たすことも重要となる．しかし，その場合でもこれまでの国連機関，専門機関の技術協力案件とどのように協力し，あるいは重複を避けるかという問題が生じる．

3.5　プログラム運営面の改革

　世界銀行は2014年7月に世銀案件の実施に伴う評価を改善するため，新たなプログラム運営方式として国別支援フレームワーク（CPF）を採用している．これは，それまでの「画一的」であり，広範で焦点が定まっていないと批判[47]された国別援助戦略（CAS）に代わるものであり，対象国のニーズと政策の優先度の高さに応じて対応するものである．各国のプログラム運営について，①体系的国別診断（SCD）；②国別支援フレームワーク（CPF）；③成果・習熟レビュー（PLRs）；④完了・教訓レビュー（CLRs）の順に実施される．

　特に各国の状況を詳しく調査し，関係者や機関との十分な協議の上に作成された各国別の国別支援フレームワークに基づきレビューを行う．一連の世銀のプログラム・プロジェクト・助言案件等では，一般市民グループの関与（citizen engagement, CE）や，国際的非政府団体（NGO，例：Oxfam）などの意見も取り入れるメカニズムも採用している．

3.6　世界銀行の地域別分権化

　世界銀行は予算の削減が迫られており，前述のように組織改革が進行している．こうしたなか，今後世界各国の地域開発銀行（アジア開発銀行［ADB］，米州開発銀行［IDB］，アフリカ開発銀行［AfDB］等）や地域投資銀行（欧州投資銀行［EIB］，アジアインフラ投資銀行［AIIB］等）とどのような関係が築かれるのか注目される．

　世界銀行の融資額（2015）は，例えばアジア地域では IBRD が 1025 億ドル，IDA が 895 億ドル，総計 1919 億ドルである．一方，アジア開発銀行の融資総額は 220 億ドル（2014）であるが，ADB はアジアでは 2020 年までに毎年 7300 億米ドル（約 91 兆円）のインフラ投資需要があると予測する．AIIB の融資を含めてもなお膨大な資金が必要とされる．

　したがって，世銀の役割は，グローバルな課題に重点を置き，世界的な見地から必要とされる分野に融資は集中されるべきであろう．

3.7　IMF・世界銀行の協力問題

　IMF は中長期的発展において有効な活動可能な分野が限られているにもかかわらず，世銀とカントリープログラムやコンディショナリティについて一層緊密に協力することに合意しており，低所得国支援を継続してきた（表5-4）[48]．IMF と世銀の役割分担で大きな焦点となっている財政分野に関わる問題につき，2007 年 2 月に公表された IMF と世界銀行の協力に関する報告書（"Report of the External Review Committee on Bank-Fund Collaboration"，いわゆる Malan Report）では，両機関の主たる担当分野が提案されている[49]．同報告書では，IMF は①金融システムの健全性，マクロ経済関連，②資本自由化関連，③金融政策に関連する財政分野において主導し，世界銀行は，①金融システム改革，②資本市場発展，③開発関連機関（農業融資，中小企業金融等）分野にて主導権をとることが提案されている．

　しかし，IMF は世銀に比べてより硬直的な見方をする傾向があり，経済政策に関する根本的な相違がある．金融システムや資本自由化に関する課題について IMF が主導的な役割を果たす点については，非常に問題がある[50]．その理由は，今後ますます対象支援国として低所得国が中心となる現状では，IMF プロ

第5章　問われるブレトンウッズ機関の意義

表5-4　IMF・世界銀行協力への提言

1	IMF・世銀の代表部・理事及び幹部における協力関係の緊密化
2	スタッフの相互交換の推進
3	「協力に関する合意書」の締結(相互理事会承認)
4	支援対象国の危機管理における相互協力の推進
5	財政分野に関わるプログラム推進における相互のコーディネーション・協力の改善・主管分野： IMFは国内及び世界全体に関わる問題，世銀は金融セクターに関わる問題
6	低所得国におけるIMFの役割を明確化
7	技術協力に関し各国のニーズに適合させ，調整を強化，需要と調達の円滑化をはかる
8	案件融資・サービス面における手続き面での柔軟性を強化
9	両機関の協力に関して各国の代表・理事会にて定期的報告

(出所)　"Report of the External Review Committee on the Bank-Fund Collaboration" (Feb. 2007) より作成．

グラムの適用や金融分野の経済問題に関わることについては，IMF自体が旧来通りの分析フレームワークを維持しているため，当該国に不適切なプログラムを適用することになり，かえってマイナスの効果を及ぼす可能性も否定できないからである．

　従来，IMFと世銀の役割については，一般的にIMFがマクロ経済面で主たる責任を持ち，世界銀行は構造問題などミクロ分野での協力案件を担当するという分担があった．しかし，両機関の運営方式，風土が大きく異なり，いわば「水と油」のような関係にあるため，実際には「協力」は不十分であった[51]．特に両機関の支援プログラムの重複が目立ってきているが，最近では主要対象国が従来の中所得から低所得に移っており，こうした国ではマクロ経済面よりむしろ構造問題に取り組むミクロ分野での対応が必要となっていることを反映している[52]．

　さらに，公式には貧困削減戦略文書（Poverty Reduction Strategy Papers, PRSP）という中期計画を策定しているものの，ほとんどの低所得国では，IMFはマクロ経済および財政に関する詳細な調査分析はしても，中長期的な経済構造のありかたについて指針を与える仕事は本来なされていない．このため，世銀が構造問題について深く関与しており，PRSPについては，両機関の協力が効率的に行われているとは言えない．しかもPRSP作成にあたって非政府機関や市民団体などの意見や要望も取り入れて作成することになっているものの，実際には有力な機関が途上国，特にサブサハラ・アフリカなど低所得国）に存

在しないため，形式的なものとなっている[53]．

なお，IMFと世銀の協力に関しては，2007年の前記報告書以降も目立った成果が表れているとは言えない．

3.8 低所得国支援とPRSPの問題点

低所得国向けのプログラムにおいて，IMFと世界銀行が主体となって貧困削減戦略文書がIMFや世銀の支援を受けるための条件として作成される．PRSPは，広く社会分野にわたる当該国の政策を包括的に取り扱う文書であり，経済政策に加え，環境，教育，保健・衛生，ジェンダー等多分野にわたっている．

PRSP作成にあたり，公式的にはIMFや世銀のほか当該国政府とドナーである二国間政府機関や，NGOなど関係機関と協議・参画することとなっている．しかし，実際には形式的に参加する各国政府機関も実施に当たっては大きな影響力は残せず，実施段階では結局，当該国政府とIMF／世銀が主体となって関与されているとされる．

PRSPにおける世銀は，2000年に国連機関や世銀を中心に国際的に合意されたミレニアム開発目標（MDGs）に沿った旧PRGF（貧困削減・成長ファシリティ），HIPC（Heavily Indebted Poor Countries，重債務貧困国），債務維持性評価の見直しに関与した点において，IMFとは大きな相違がある．

一方，IMFが本来短期の国際収支の問題に対処するべき機関であるが，中長期的成長の分野に関与してきたことは当該国には大きなハンディとなっている可能性がある．IMFは国際収支バランス，特に経常収支を改善させるモデルに基本を置いており，短期に緊縮政策を実施し国内景気を悪化させ経常収支を改善するモデルに基づくプログラムを実施する機関である．このため，IMFはその公式見解として成長を唱えているものの，本質的矛盾を抱えている．具体的には，IMF経済分析フレームワークは基本的に短期の国際収支均衡を目指すものであって，世銀の中長期成長目標と基本的に矛盾する．

このため，多くのサブサハラ・アフリカ諸国ではIMFプログラムは有効に機能してこなかった可能性が高く，中長期的成長を促進しなかったことはその結果である．本来低所得国の中長期的開発という分野では，IMFは構造調整融資など開発金融というIMFの本来の機能とはいえない分野に参入し，世銀との

表5-5 重複する構造調整関連スキーム変遷

	構造調整貸付	関連文書/計画	概要
世界銀行	貧困削減支援融資 (PRSC: Poverty Reduction Strategy Credit)	貧困削減戦略文書 (PRSP: Poverty Reduction Strategy Paper) [1999以降]	重債務貧困国イニシアチブ (HIPC)・IDA融資対象国作成(世銀・IMF協力)
	(旧) 構造調整融資 (SAC: Structural Adjustment Credit)	国別援助戦略 (CAS:Country Assistance Strategy)	借入国のプログラム支援の中・長期的プラン
IMF	拡大クレジット・ファシリティ (ECF: Extended Credit Facility) [2014〜]	貧困削減戦略文書 (PRSP: Poverty Reduction Strategy Paper) [1999以降]	貧困削減・成長トラスト (Poverty Reduction and Growth Trust)
	[旧]貧困削減成長ファシリティ(PRGF: Poverty Reduction and Growth Facility) [2009-2013]	貧困削減戦略文書 (PRSP: Poverty Reduction Strategy Paper) [1999以降]	上記同様
	[旧] 拡張構造調整ファシリティ (ESAF: Extended Structural Adjustment Facility) [1987-1998]	国別援助戦略 (CAS:Country Assistance Strategy)作成に協力	上記同様

(出所) IMF, The World Bank.

重複分野は拡大してきた．ところが，IMFは従来からノウハウや蓄積が不足している低所得国における中長期的な成長やミクロ分野（産業やインフラ面など）はますます重要となっているにもかかわらず，その対応が一層困難になっている[54]．したがって，こうした分野への支援は，むしろ世銀が大きな役割を担うべきものである．

現在，サブサハラなど低所得国における財政問題に関わるIMFのスタンスは曖昧であり，これまで世界銀行とIMFは実質的な方向性に関する議論が実施されていなかった．例えば，1996年にIMFが世界銀行と実施してきた重債務貧困国（HIPC）に対する支援においては，当初，デット・サービス比率（債務返済額の対全輸出比率）が20％未満で総対外債務比（対輸出）は200％以下であることを目標に，最貧国を中心に実施されてきた．しかし，支援を受ける条件が厳しく，対象国ではかえって成長にマイナスとなる傾向があった．HIPCの対象国になるための条件に加え，実際に融資を受けるための二段階にわたる条件をクリアする必要があり，しかもIMFの経済的なコンディショナリティが課されるため，当該国は中長期にわたり緊縮的政策を強いられ，国民生活環境は悪化し，事実上「安定成長」の達成は困難となる．実際，IMFのHIPCの実際の融資機能活用は非常に限定的であった．問題は従来実際に融資

をするのは少額であっても，一国への影響力が大きかったことである．

例えば，HIPC の適用国モザンビークでは，健康保険サービスを受けるためサービス料・VAT が導入されたため，貧困層が医療を受けられず，社会問題が深刻化した（Kaboub, 2002）．これは，IMF の「くびき」が実際にこうした低所得国に対してむしろマイナスの影響を与えてきた典型例である．このことは世銀が IMF と「協力」体制を築くことは，世銀が目指す途上国の貧困削減および中長期的な経済発展とむしろ相反する結果を生むことを示す．

2000 年代から 2010 年代にかけても基本的に IEG の世銀案件に関する報告書は批判的見解を表明しているが，実際の案件ではさまざまな分野（保健・衛生，環境，など）において悪影響を及ぼしているとされる．特に世銀グループの IFC（国際金融公社）が実施するサブサハラ・アフリカ諸国など低所得国では，多国籍企業に有利な案件も多く，住民の利害を反映しない場合も多い[55]．

Box 4　世界銀行チーフエコノミストと世銀の方針

1990 年代後半に新自由主義と対局にある経済学者のスティグリッツ（Joseph E. Stiglitz）がチーフエコノミスト（兼副総裁）に就任（1997-2000）したことは改革派のウォルフェンソン総裁（在任 1995-2005）の下，世銀の方針転換を象徴するものであったといえる．それまでの世界銀行は IMF とともに原則的に市場主義に基づき極力政府の影響を排除し，民間部門の活動を支援するという立場であった．もちろん，1990 年代前半に日本政府の資金供与によって世銀から「東アジアの奇跡（East Asian Miracle）」を作成・公表し，それまでの市場経済を最優先し，政府および公共部門での活動を有効に活用できる東宝厚生は打ち出していたが，世銀全体の論調はまだ市場至上主義が優先していた．しかし，97 年の世銀の代表的出版物である世界開発報告（World Development Report）の「変革する世界における国家（The State in a Changing World）」において国家における政府部門の有効性を打ち出したことは画期的であった．しかし，その背景には当時の米国民主党クリントン政権下で Stiglitz は大きな役割を果たしていたことがあるといえる（特に大統領諮問委員会［1993-97］）．同氏は公共経済における

政府の役割を重視する立場から，東アジアなどで開発における政府主導の政策を積極的に評価してきた．もちろん，チーフエコノミストはトップのように世銀運営全体にかかわることはできないため，限界がある．また，共和党政権に交代したこともあり，Stiglitzは世銀を去り，再び世銀全体の方針が市場主義に振り戻しがあったのが2000年代である．

世銀総裁は従来米国政府の影響力が選定に影響を与え，米国出身者から選出されてきた（IMFは欧州出身者を専務理事とする）慣例がある．これは現在でも引き継がれてきた．現キム総裁は韓国系ではあるが米国籍であり，非欧米出身者とはいえない．

ただし，少なくともIMFより世銀はより途上国や新興国の立場を重視せざるを得ないこともあり，最近ではチーフエコノミストの地位は中国出身者のJustin Yifu Lin（2008-12）やインド出身者（Kaushik Basu, 2012-）がチーフエコノミストを務めている[56]．しかし，2012年の前回の総裁選では，実際にラテンアメリカやアフリカ出身者が候補者として名を連ねていたが，結局米国籍の人物が総裁に選出されたことで，欧米以外の地域の出身者がトップを担うことは依然として実現していない．しかし，次期総裁選では十分非欧米出身者が選出される可能性もある．この点ではIMFに比べそもそも「貧困撲滅」を掲げ途上国の経済発展を目指す機関としては先を行っていることは事実である．その意味で世銀が真に世界の貧困に対処する機関であるのであれば，非欧米出身者がトップを占める時代が来ることを期待したい．

注
1) "The IMF is particularly a surveillance institution, and its other activities derive their legitimacy from the surveillance mandate laid out in the Articles of Agreement."（Guitian, 1996）．
2) IEOは，サブサハラ・アフリカ諸国のプログラムに関する報告書（2007）を作成しているが，全体に透明性の向上やモニターの強化とともに，融資の有効性および必要額についてのパフォーマンス基準や代替的な政策の提示など一般的な提言に留まっている．このため2014年にIEOは再度サブサハラ・アフリカに対する支援プログラムをレビューした報告書を作成している．

3) PRGF は 2014 年以降拡大クレジット・ファシリティ（Extended Credit Facility, ECF）に変更されている．
4) 例えば IMF "An IEO Evaluation of IMF Exchange Rate Policy Advice, 1999–2005." (May 17, 2007).
5) IMF Working Paper は実際には大学研究者が著作している場合が多い．IMF スタッフによるものは四半期に発行する IMF Research Bulletin にサマリーが載せられる．
6) 当時，元調査局長 Rajan（前シカゴ大教授，現インド準備銀行総裁）は，予防的な融資機能が CCL のような失敗を繰り返さないためには，各国のリスク状況を反映した格付けに似たシステムを導入し，それぞれの条件を異なるような工夫をした上で予防的な融資機能を採用することを提案した（米国経済学会［2008.1］での R. Rajan のセッション "The Future of the IMF and the World Bank"）．
7) モロッコが同スキームに認定されているが，まったく活用されていない．
8) 現在では IMF 融資が当該国に対する支援開始のメルクマールとなる「呼び水効果」は薄れているといえる．
9) 欧州やラテンアメリカ，アジア地域の各国が結束すれば，相当な発言権が確保されるため，米国のみ 15％超を有する投票権に基づく拒否権を事実上阻止することも可能である，との見方もあるが，こうした考え方は根本的に米国のみが唯一拒否権を保持することの正当性が今日では崩れている事実を直視していない．
10) この場合，融資対象国のガバナンスが保証されず経済運営が円滑に実施されないことも想定される．しかし，ガイドラインとしての目標を掲げてゆく結果ベースの目標値を定めることに加え，返済されない場合には今後の融資プログラムを停止すればよい．第 2 節 2.3 参照．既に「長引く融資」問題点は指摘しているが，真に当該国の「自主性」を尊重するのであれば，こうした方針を確立することが望ましい．
11) インドのモディ首相は，欧州出身者が専務理事を継続することについて「今日の世界情勢を反映していない」との批判をした（2016 年 3 月 12 日の IMF 会合）．その上で，インドも出資するアジアインフラ投資銀行（AIIB）や，BRICS が設立した新開発銀行の重要な役割について言及し，欧米主導の金融秩序のあり方に疑問を呈した．
12) アジア危機のほか，トルコやアルゼンチンの経験でも当てはまる．第 7, 8 章参照．
13) Dreher (2001) は，IMF は短期の緊急融資に限り，開発目的の融資は停止するスキームを提案しているが，緊急融資の際の不適切なコンディショナリティが一層当該国を悪化させる恐れは依然として存在する．
14) チェンマイイニシャティブについては第 6 章 3 節参照．
15) この機関は 2007 年 12 月にベネズエラなど南米 7 か国（アルゼンチン，ブラジル，ボリビア，エクアドル，パラグアイ，ウルグアイ，ベネズエラ）間で設立された．その目的として，加盟国が通貨危機などに陥った場合に融資することに加え，各種開発案件への低利融資が期待されている．これは，IMF など米国寄りの国際機関に対抗してラテンアメリカ地域での柔軟な運営を目指した金融機関といえる．しかし，現在法的に設立されていても実体は伴っておらず，イニシャティブを発揮したチャ

ベス前大統領の死去と本部のあるベネズエラ事態の経済危機で実際に活動はされていない．これは，本来長期的に IMF に依存せずとも緊急時の外貨流動性を供給できる体制を南米で構築するものである．
16) ブラジルなど主要ラテンアメリカ諸国では，当面 IMF 世銀加盟を維持しながらも，今後の NDB の充実を見守る姿勢を示している．もちろん，当面 IMF に完全に代わる機能を担うわけではなく，資金面や運営についてさらに詳細なスキームの必要であろう．構造面のコンディショナリティは原則的に課さないが，融資を受けた国の政策的な保証ができないという意見もあろう．しかし，基本的に融資に対して当該国のオーナーシップに関わる問題まで条件をつける必要はないと考えられる．
17) 例えば，Khan and Sharma (2003) では 'outcome-based' conditionality（結果に則したコンディショナリティ）の利点として，①各国の経済政策策定に一層責任を持つことが可能；②一定目標達成によって当該国のインセンティブを向上できるが挙げられているが，同時に当該国の必要時に融資が得られるか不確定であること；③データ公表のラグなどがモニターの正確な判断の障害となる可能性；④自国の範囲を超える世界情勢の変化に伴う経済環境の変化の影響が排除できないこと，などの問題点がある．したがって，この方式では，当初一部資金を融資し，一定の目標を達成された後に残りの融資を実施するなどの方法が提案されている．しかし，いずれにしても結局従来のコンディショナリティの適用と事実上それほど大きく変わる可能性は低いと考えられる．
18) 一度理事会で協議され導入が見送られた Policy Monitoring Arrangement (PMA) に関連する問題は 2005 年 9 月の IMF 理事会でようやく検討課題に上ったが，07 年 10 月には正式に討議された結果，G24 によって拒否された．この背景には以前に導入されながらも使われず廃止された CCL と同様に，実際には非常に厳格な適用条件を課すもので，再度同様のものを設定しても有効ではないとの見方が多かったことがある．
19) 実際，PSI は従来の PRGF のスキームのコンディショナリティとなんら変わることはないと指摘されている (Action Aid International, 2007).
20) 同様の考え方は Easterly [2006b] でも表明されており，コンディショナリティに沿った融資でなく，対象国に簡素な信用供与に徹するべきであるとの立場を示しされている．
21) 河合 (2001) は「無条件で金融支援を行うと，貸手と借手の双方に深刻なモラルハザードの問題が発生し，過大かつリスクの高い国際資本取引が増大し，かえって通貨・金融危機の頻度が増える恐れがある」とする．しかし，Dreher (2005) は，98 か国について 1970-2000 年の期間を対象とした回帰分析により，クォータを残らず引出した国では，マネーサプライが増加し，財政赤字はむしろ拡大した結果を示している．したがって，モラルハザードが実際に起きるという考え方は必ずしも正当化できない．
22) アルゼンチンの例では債務削減と同時に為替下落により，輸出競争力をつけ経済成長路線に乗ったのは，むしろ長期にわたるカレンシーボード制下の緊縮政策および国際競争力低下などの「くびき」から開放されたことが大きな背景となっている．

23) このことは，現在では戦後日本や現在の中国・インドの経験で立証ずみである．したがって，財政収支改善のためには短期均衡を迫るより中長期的な経済成長を目指すことが重要であり，むしろ国内貯蓄・投資資金が有効に確保されるメカニズムの確立を促すべきであろう．発展途上国が基本的に中長期的な安定成長を目指すためには，初期段階では新規投資を含む海外直接投資目的以外の資本・金融自由化を奨励することは望ましくない．
24) UNCTAD のチーフエコノミスト Yilmaz Akyus は IMF のサーベイランスにおいて，資本流入規制に関するガイドラインを明確にすることを提言している（Bretton Woods Project, 2007）．
25) 世銀の分析（例えば RMSM-X）では，経済成長率が目標変数として設定されているが，IMF の基本モデルでは取り入れられていない．第 4 章参照．
26) 訳語「独立評価室」は IMF の邦訳ファクトシートでは「独立評価機関」とされているが，筆者が IEO を実際に訪問した経験から，規模的にも「評価室」とした方が適切であると判断している．現在 IEO Assistant Director を務める髙木信二の著書（2013）経歴でも「独立評価室」と表記されている．
27) 国別ケーススタディの中でもアルゼンチンに関する報告書については第 2 章でのアルゼンチン危機の項参照．
28) タイの IMF プログラムの経験については第 2 章参照．
29) タイの危機発生前後の IMF の対応についての詳細な論評は Stiglitz（2003）に詳しい．
30) Chapter 2, "Annual Report 2003", IEO, IMF, September 2003.
31) 実際に，1997 年 11 月の当初の IMF プログラムでのコンディショナリティには銀行のリストラが含まれ，これが預金保護を伴わないものであったため，急速に経済や市場の環境悪化と実体経済悪化に拍車をかけたとされる．インドネシア危機の場合，緊縮政策と同時に危機が政治・社会問題に発展し経済危機が深刻となる過程で銀行部門のリストラを IMF が「強制」した形になった．そのことが危機に拍車をかけ，為替下落，政権崩壊につながった．政治面は別としても，IMF の構造問題を改善するための経済政策は，そのタイミングと重点の置き方が誤っていたことは明らかであった．
32) 対象国はブルガリア，ルーマニア，ウクライナ，アルジェリア，エジプト，ヨルダン，コスタリカ，ペルー，エクアドル，ウルグアイ，ベネズエラ，フィリピン，パキスタンの 13 か国．
33) アルゼンチン融資では，2001 年の危機以降，長い間コンディショナリティを盾にして融資を延期してきたが，03 年 8 月にようやく新規融資としてスタンドバイ融資が実施された．
34) IMF（2015）．
35) 上記報告書を見る限り，結果的には，IMF の融資方針の責任についてはほとんど触れず，当該国の不十分な経済政策や財政状況の責任であると結論づける例が多い．
36) 2008 年 4 月の World Economic Outlook では景気減速や市場環境悪化は指摘していたが，景気はおおむね堅調であると楽観的見通しをしていた．08 年，09 年の世

界経済成長率はそれぞれ 3.7%，3.8%，先進国は同 1.3%，1.3%，新興国・途上国は同 6.7%，6.6% としていた．しかし，実際には世界経済の成長率はそれぞれ 2.8%，マイナス 0.5% であった．また，先進国は 0.5%，マイナス 3.5%，新興国・途上国は 5.5%，3.4% と大きく予測を下回った．

37) 従来の World Economic Outlook に公表される予測値はほとんど正確に現実の成長率やその他マクロ経済指標と一致していない．最近では半年に 1 回修正値を発表するが，それは直近の経済市場環境の変化を反映したものに過ぎない．

38) 世銀では IEG 報告書の勧告に関するレビューが定期的に行われ，実際に改善策が認められないかどうか厳しくチェックするシステムをとっている．

39) Bretton Woods Project（2016a）．

40) Bretton Woods Project（2014j）．

41) Romeo（2014）．

42) Bretton Woods Project（2015e）．

43) Oluwafemi and S.E. Naficy（2015）．

44) Bretton Woods Project（2016d）．

45) 実際には世銀本部スタッフは，改革案に沿って配置転換などを余儀なくされたため，流出が加速したため，新たな改革はスタッフのモラル低下を招いていると指摘される．Bretton Woods Observer（2015c）参照．

46) 児玉（2014）．

47) 世界銀行独立評価グループ（IEG）の報告書（2008）における指摘．以前の CAS の実施においては，標準となるリスク評価は行われなかったために低リスクか高リスクか判別し難いケースがみられた．リスク・マネジメントの具体的提言はされなかった（Bretton Woods Projects.2016c）．

48) IMF・世銀の協力に関して"Strengthening IMF-World Bank Collaboration on Country Programs and Conditionality － Progress Report"（February 24, 2004）参照．すでに IMF と世銀は「貧困・社会的影響の分析（PSIA）」の準備に関する協力を進めている．また，2004 年 4 月 25 日の IMF・世銀合同の開発委員会（Development Committee）の報告書では，途上国の貧困問題や社会開発に重点を置いた目標を掲げており，従来に比べより金融セクター以外の分野での支援に力点を置き，両機関および関連他機関が協力して取り組む姿勢をみせている．

49) IMF [2007b]．

50) 例えば，緊急時の資本規制について IMF は依然慎重で基本的に反対の立場をとるが，世銀は資本自由化に非常に慎重で資本規制は容認するスタンスをとっている．

51) IMF は伝統的に「軍隊」式のトップダウン形式が主流であるが，世界銀行は組織が巨大であることも手伝って統一的見解が支配的となることは稀であるとされる．最近ではようやく IMF の独立評価室（IEO）に世銀スタッフを出向させて配置するなどの措置が採られるようになってきたものの，あくまでオペレーション部局ではないため，IMF プログラム改善への実効性は限定的であるとみられる．

52) IMF はマクロ経済部門，世銀は構造問題や中長期的な幅広い開発分野を担当するとされるが，アフリカなど低所得国プログラムでは IMF が関与するべき分野は少

ない.
53) Kamruzzaman (2009).
54) IEO 報告書でも IMF が世銀との協力が不足しており,適切な分析ができていない点が指摘されている (IMF, 2007c).
55) Bretton Woods Project 2014j), (2016d).
56) 世銀とは対照的に IMF 調査局の歴代チーフエコノミストは欧米出身者であり,比較的正統的な(新古典派あるいはニューケインジアン)研究者がその地位についてきた.

第6章
ポスト・ブレトンウッズ体制における課題

本章では，今後の国際金融システムのあり方について検討する．今後の国際金融システム改革には，IMF の組織やプログラム自体の「構造改革」が不可欠である．また，過去においてたびたび IMF の問題点（プログラムや融資政策，適用の問題など）を指摘されても，IMF 自体が本質的に変革されてこなかった現状では，もはや IMF 自体が変わるというより，根本的なリストラが有効であることを示す．さらに，現行の IMF および世界銀行を通してみた現在の国際金融体制に対処する方策を提示する．続いて，「ポスト・ブレトンウッズ体制」において新興国中心の新開発銀行（New Development Bank, NDB）や緊急時の流動性支援体制の整備など，大きく変化している現状および課題について述べる[1]．

1. IMF が直面する課題

1.1 IMF の国際的資本・金融規制の方向性

世界金融危機後にようやく IMF も資本規制の有効性を限定的ながら認めてきた．研究論文では 2010 年に発表された IMF policy note (Ostry et al. 2010) で一部認めたものの，公式文書（IMF 2012a）では資本規制は有効な政策手段となり得ることを正式に認めた．ただし，マクロ経済政策に代わり得るものではないとした．

問題は，こうした IMF の姿勢の変化も全面的なものではなく，限定的であり，資本規制・管理もあくまで選択肢の一つとして提示しているに過ぎない．IMF の危機対応プログラム（例：スタンドバイ取極［SBA］；拡大信用供与措置

[EFF]）ではこれまで事実上，本格的に導入されたのはアイスランドのみである[2]．実際，こうした例は極めて特殊であり，しかも，IMF自体，積極的に新興国危機などで導入した例はほとんどない．短期の外貨流動性の不足に対し，短期資本の流出規制を導入することは，パニック的な通貨売却と資本流出を抑制し，それは間接的な規制より有効であることが認められている．また，実際に有効性が高いのは，平時においても抑制的な外貨取引により短期の投機的な金融取引を抑制することであり，重要であるにもかかわらず，IMFは「最後の手段」として限定的に導入可能としている．しかしIMFは組織として具体的に規制・管理に関してどのような政策を提示するべきであるか明確にしていない[3]．

資本の流出に伴う資本収支危機で通貨が大幅下落の危機に直面した当該国への政策助言については，従来のIMFの政策を根本的に変更し，第一に緊急措置として短期の資本規制を導入することは有効であろう．資本が当該国から急速に流出する資本収支危機に際して，大規模な資本移動に伴う為替取引は期間を限定した上で禁止し，自国通貨から外貨への交換には一定期間制限を設け，当該国への通貨保有に手数料を課することで短期のパニック的な資本移動が回避されうる[4]．しかし，対外債務が巨額の場合，アイスランドのように比較的長期にわたり資本流出規制を適用することも有用であろう．

1.2 IMFプログラムの有効性

IMFプログラムでは原則的に，四半期ごとのコンディショナリティの進捗状況に応じて融資を分割して実施する方式を依然として継続している．しかし，当該国の外貨流動性の危機は短期に大量の融資，十分な外貨支援が必要である．一方，大規模な融資にはIMFのみならず，世銀や各国の二国間金融機関，EUなどの地域的な枠組みのなかで協力した支援が必要であり，実際過去においてアジアやラテンアメリカの主要新興国などの資本収支危機や，ユーロ危機の際には他の機関との融資が必要とされた．しかし，こうした融資も従来通りのコンディショナリティを維持するのであれば，危機的状況や景気低迷は継続する．ユーロ危機が深刻化したギリシャの状況は正にその典型例である．今後，不適切なコンディショナリティの短期の実施を求めるのではなく，中長期的な成長

をめざす政策を導入するべきであろう．

1.3 緊急時の支援体制構築と最後の貸手機能

従来，IMF は国際収支上の危機に直面する国々に外貨流動性を供給しその融資に伴う利払いによって主に運営資金を賄ってきた．しかし，最近では 1990 年代後半以降に見られたような新興国・途上国での資本収支危機が発生する可能性は低下している．この背景には，各国経済のファンダメンタルズの改善に加え，各種の資本・金融収支の管理や規制が導入されていることがある．

しかしながら，新興国・途上国，特に資本・金融取引が自由化された小国では今後とも適切な管理・規制を導入しない限り，資金の短期流出に起因する資本収支危機が発生する可能性も残されている．また，ヘッジファンド等を含む投機筋によって，世界的な市場不安から当該国の金融商品（国債，株式）を売買することで危機を深刻化させる可能性も依然存在する．

したがって，今後とも「最後の貸手 (lender-of-last-resort)」機能の充実を世界規模で整備することが求められている．しかし，IMF はあくまで「基金」であり，しかも，そのプログラム上の問題，コンディショナリティの不適切性から大多数の新興国・途上国では既に IMF に依存しない経済構造を構築しつつあり，世界的に国際金融体制の適切な仕組みの構築を求められている．

既にグローバル規模では新開発銀行（NDB）とともに新興国・途上国を対象に緊急時外貨準備基金（Contingent Reserve Arrangement, CRA）が設立されている．実際の運営は未知数であるが，少なくとも従来までのような IMF の不適切な緊縮政策に偏重し，直接的に外貨準備増に関係しない構造改革を求められるようなコンディショナリティは採用されないであろう．

地域別には欧州では ESM として EU 加盟国，なかでもユーロ圏諸国へのセーフティネットはある程度機能しつつある．また，アジアでは 2016 年春から事実上の「アジア通貨基金」設立に向けて，チェンマイ・イニシャティブと AMRO（ASEAN＋3マクロ経済調査事務局）の機能を正式に国際機関化している．このようにグローバル規模に加え，各地域の緊急時の外貨流動性不足に対応できる体制ができつつある．しかし，まだこうしたスキームは導入されたばかりであり，本格的に機能するかどうかは未知数である．

1.4　IMFプログラムの根本的見直し

　現在の IMF の通常融資プログラムは大幅に減少しており，主要新興国・途上国では IMF プログラムをほとんど受け入れていない．大半のアフリカのプログラムは，旧構造調整融資の流れを汲む貧困削減・成長ファシリティ（Poverty Reduction and Growth Facility, PRGF），現在では拡大クレジット・ファシリティ（Extended Credit Facility, ECF）として位置づけられる低利融資プログラムであるが，これらは IMF の収益に直接貢献しない．低所得国向け構造融資は，通常プログラムと異なり，低利融資で加盟国の基金に基づくものであるため，IMF 収入源にならない．したがって，IMF の運営資金維持には通常プログラムの増加が必要であるにもかかわらず，現状では新興国・途上国では IMF プログラム下に融資を受けようとする国は非常に少数である．しかも長期的にアジアやラテンアメリカの主要新興国・途上国で「IMF 離れ」を起こしている現状では，小国に対する支援は可能でも，中規模以上の国々に対する「最後の貸手」となりえない．

　仮に IMF が当面中期的に融資機能を機能させるためには，危機に際して当該国への融資は SDR の一定限度内で無制限とし，コンディショナリティをつけないということが望ましい．これは，これまでの IMF の経験から景気悪化に伴いますます状況が悪化する各国の資本収支危機と IMF プログラムの経験から導き出されよう[5]．

1.5　資本規制・管理プログラム

　第4章4で述べたように，現行の IMF 融資プログラムでは，資本・金融規制のプログラムの組み込みはほとんど実現していない．しかし，現在の国際金融市場の状況を鑑み，今後のプログラムでは積極的に資本・金融・通貨取引規制と管理の導入を本格化させることが期待される．現在のような資本規制は例外的であり，導入に一定の条件を必要とするというような曖昧な立場であれば，実際には IMF プログラム下で融資を受けても危機に面した当該国の金融・経済状況は根本的に改善することは期待できず，短期的に資本流出，為替の下落が加速し，対外債務の急拡大が進む可能性が高い．

1.6 IMFの融資機能低下と情報提供・技術協力・コンサル機能への移行

IMFは，アジア危機以降，その融資政策や経済プログラムが批判されたことを受け，独自に「改革」を実施してきた．しかし，それらは技術的・表面的な分野に留まっており，本質的かつ根本的な改革はいまだ実施されていない．

BRICsをはじめ途上国の経済規模が拡大し世界的に影響力が高まっているなか，IMFは従来の先進国中心型の運営を行ってきた状況を改めることが急務である．特にガバナンスの問題として，クォータや「投票権」の問題が議論されてきた．例えば，国際連合に匹敵する加盟国を抱え，圧倒的に途上国が多いにもかかわらず，中国をはじめ過小評価されている途上国や新興国の投票権の見直しは2006年に始まったばかりであり，現在の経済力に見合った新興国・途上国の発言権に関しては若干修正されたが，適切な配分は09年に合意されたもののいまだに確保されていない．また，IMF融資プログラムの本質的な見直しやコンディショナリティの問題，各国の「オーナーシップ」の尊重なども形式的でその内容はほとんど変化していない[6]．しかも，米国が事実上唯一の「拒否権」を保持している状況についてはほとんど変化していない．

最近では，アジア地域においてIMFは積極的に技術支援案件やサーベイランス（第Ⅳ条に基づく経済調査）を通したアドバイスやコンサルティング的な業務を強化している．これは，融資業務がほとんどなく「開店休業」であることから，業務の遂行を考慮したものといえよう．しかし，アジア地域ではIMFの存在意義はますます低いものとなっていることは否定しがたい．したがって，これまでIMFが実施してきた緊急時の支援融資業務の責任は，今後ASEAN＋3マクロ経済調査事務局（AMRO）とチェンマイ・イニシャティブ（CMIM）が将来的に設立をめざしているアジア通貨基金に引き継がれるものとみられる（3.4.2参照）．

2. 世界銀行が直面する課題

2.1 緊急時の短期融資：DDO（Deferred Drawdown Option）

本来急激な資本流出を伴う資本収支危機に対しては，外貨流動性支援に徹した方が当該国にとってむしろ有益であろう[7]．これは，メキシコ（1994），韓国

(1997/8), ブラジル（1999）に対して, IMF をはじめ関係国際機関や二国間資金を動員し大量の外貨流動性供給によって危機を比較的短期に脱した例からも理解できよう. しかし, IMF は財政収支のみならず構造改革をコンディショナリティに組み込み, 短期での実施が求められる.

世界銀行は, 国際的な資本収支危機に伴う外貨流動性不足への支援への対応も行っている. 世銀は 2004 年に従来の構造調整融資（SAL）に代わって開発政策融資（DPL）や繰延引出オプション（Deferred Drawdown Option, DDO）を導入した. 当面, 国際収支危機に直面した国々では緊急時にはこの制度の活用が検討されるべきであろう. それは以下の理由からである.

DDO は IMF のスタンバイ取極（SBA）に基づく融資に比べ有利な条件（LIBOR 水準および長期の返済期間）で最大 3 年間融資するもので, 世銀独自の判断にもとづいて融資を実施することが可能である. 世銀はセンシティブな領域に関するコンディショナリティには非常に慎重な対応をとっており, 今後の途上国の危機的な状況において IMF がアジア危機時に適応したような目標を課すことは避けると考えられる.

DDO 実績の一例は 2009 年にインドネシア・ルピアの急激な下落に対する緊急支援に実施された. 当時日本, オーストラリア, アジア開発銀行（ADB）などの融資を活用して実施された総額 55 億の資金のなかから 20 億円をそれに振り向けた. この時も同国はアジア危機時の経験から IMF に支援要請を行わなかったが, 無事に乗り切った.

2.2　IDA（国際開発協会）資金活用

第二世銀と呼ばれる世界銀行グループの IDA（国際開発協会）は低所得国向けソフトローンに特化しており, 近年サブサハラ・アフリカなどの低所得国に向けた支援が増加している. 今後, 国際機関の最貧国を含む低所得国に対する支援の比重はますます高まり, 長期的には被支援国の経済発展を目的とする構造プログラムを実施する世銀や, 民間との協調案件を実施する世銀グループの IFC（国際金融公社）などの比重が高まろう. この点において, 世界銀行グループは開発融資機関としての役割が引き続き期待される. ただし, インフラ案件など個別案件は地域開発銀行が主たる担当をする一方, 世銀グループはグロー

バル規模の開発問題に力点を置く必要がある．既に世銀は 40 か国以上の途上国と通貨・金利スワップなど，各国が外貨準備不足を補填するスキームを導入している．したがって，世銀は，途上国の流動性危機に対しても柔軟に対処することが期待される．

2.3 多様化する世界銀行の活動合理化

現在グローバルな課題として地球温暖化などを含む環境問題，資源問題，人口および保健衛生などさまざまな問題がますます重要となっている．中長期的には，世銀はこうしたグローバル規模の総合的な問題に対処することに集中し，主な個別プロジェクト実施は地域開発銀行などが主体となって実施することが望ましい．世銀の従来活動は他の地域開発銀行（アジア開発銀行［ADB］，米州開発銀行［IDB］，アフリカ開発銀行［AfDB］など）や，UNDP（国連開発計画），UNDESA（国連経済社会局），WHO（世界保健機関），ILO（国際労働機関），FAO（国際食糧農業機関），UNIDO（国連工業開発機関）など，国連諸機関および NGO など関連機関との見直しの中で改めて位置づけられるべきであろう．特に ADB など地域開発金融機関と世銀との役割分担も必要とされよう．例えば ADB は地域のインフラ，環境，資本市場育成を中心活動分野としており，世銀は他のグローバル分野に力点を置くことが重要であろう．

一方，世界経済に関する調査では，世銀と IMF は重複するため，マクロ経済動向は IMF が担当する一方，世銀はグループ全体として開発金融，政策面を含めた世界的な中長期的開発問題，低所得国向け途上国融資などに特化する．また，IMF は OECD のカバーしない途上国のマクロ経済調査や各国の金融データベースの管理，および世界の地域の調査報告を行うことが望ましい．

3. 新しい国際金融の方向性と対応

従来米国など先進国を中心として動いてきた世界経済・市場は，台頭する新興国や途上国の影響力がますます拡大する中，これまでの米ドル中心の基軸通貨体制について見直しが必要な時期となっている．特に新興国の中でも急激に経済規模を拡大した中国については，通貨人民元の国際化の進展とともに，今

後の国際金融体制の再構築において大きな影響を与える意味で，一層考慮すべき必須の課題となっている．本節では，まず IMF が疑似的に担ってきた「最後の貸手」機能の問題から論じる．

3.1 「最後の貸手」機能と先進国中央銀行の役割

現在，IMF の緊急支援スキーム（スタンドバイ取極［SBA］や拡大信用供与措置［EFF］）に基づく融資は，短期的な外貨準備の不足に対応した国々に対する中小規模の資金しか用意できず，これまでも世界銀行や他の国際金融機関，地域開発銀行，主要国の二国間金融機関に依存してきた．この意味から，長期的な観点から当該国の外貨流動性が急減し不足する緊急時に際して，従来の IMF は「最後の貸手」機能を果たすことができない．

ユーロ危機においても，ギリシャ向け融資は IMF よりむしろ EU からの支援メカニズムや欧州中央銀行（ECB）のような中銀によるさまざまな金融緩和策が講じられてきた．特に 2008 年のリーマンショック以降の世界金融危機において，先進国のみならず新興国に対して，米国連邦準備理事会（FRB）がスワップする協定を結んで世界的危機を回避する役割をはたしてきた．このことは，世界通貨である基軸通貨としての米ドルを調整する立場にある FRB が，部分的に事実上の「最後の貸手」（lender-of-last-resort, LLR）の役割を果たしてきたことになる．

このように，FRB や日本銀行など日米中央銀行は，世界市場の流動性供給の役割を担っている．2008 年世界金融危機後の世界市場への流動性供給は急速に拡大した．具体的には，FRB や日銀は主要新興国（韓国，シンガポール等）と通貨スワップ協定を締結し，危機対応を強化した．こうした公式協定のみならず，すべての新興国・途上国において米ドルを中心とした資金供給は，世界金融危機後の信用供与面での大幅な変化に対応する役割が強化された．その意味で，日米など主要先進国における「疑似世界中央銀行」的な役割が一層拡大したといえよう．

日本銀行はもともと，2001-06 年に史上初めて量的金融緩和政策を導入したが，当時円キャリー取引を通して世界市場に流動性が供給された．同様のことは 08 年以降の日銀の包括金融緩和や量的・質的金融緩和のように容易に，米ド

ルを通して世界市場に供給された．このように現在では事実上の世界の中央銀行の役割を果たす FRB のみならず日銀の役割も非常に大きなものとなっている．特に日銀当座預金を海外市場での金融投資に「活用」する外国銀行は，当然のことながら日銀の豊富な資金供給を世界市場（ユーロ市場）で運用する[8]．

FRB は既に国内と国外への資金供給を行い，「二重の役割」(dual roles) を果たしていると指摘されており (McBride et al. 2015)，日銀も米国市場やアジアをはじめユーロ市場において多大な影響を持っていると考えられる (Ohta, 2014; 大田，2015)．現在では米ドルの流動性の責任を持つ FRB のみならず，日銀や ECB[9] も多大な責任を負っている．

2014 年 10 月まで導入された FRB のいわゆる QE3 までの量的金融緩和策は，世界市場に米ドルによる流動性を供給した事実から，実際には先進国のみならず新興国・途上国向けの金融拡大の役割を果たした．しかも 01 年から 06 年までの世界初の日銀による量的緩和策や世界金融危機発生後の包括金融緩和，13 年からの量的・質的緩和政策（いわゆる黒田バズーカ）の導入によって，キャリートレードを通して米ドルが大量にグローバル規模で拡大してきた．この結果，新興国やユーロ諸国では資本流入バブルが生じ，その後の急激な資金引揚げと流入の繰り返しによってむしろ市場は不安定化している．

FRB は 2015 年に資金供給についてのルールの厳格化のため，一定の基準を設け，①「broad-based」の条件，②「破綻先」の定義，③適格担保の範囲，④ガバナンスの内容などを具体的に規定している[10]．

上記のように世界金融危機後の FRB および日銀の量的緩和により，両者とも膨大な資産拡大があり，それが世界市場に流動性として供給されている現実がある．このため，今後資産を圧縮する過程において，先進国・新興国・途上国全体に大きな影響が及ぶ可能性が大きい．特に日銀の場合，2013 年以降急速に拡大してきた量的・質的緩和政策を正式に終了する見通しは立っていない．今後は世界の金融市場において FRB や日銀および ECB の金融政策が当面大きな焦点となる．

こうした点を考慮すれば，国際金融市場が現在のように自由化され，資本移動が拡大してきた中，事実上の世界の「最後の貸手」としての先進国の中央銀行の役割とその動向如何では世界経済・市場に大きな影響を与え，場合によっ

ては危機的な状況を招きかねない．

　一方，先進国の中央銀行は当面可能な範囲で，外貨準備不足に対して外貨を融通することを慎重に行う場合には，グローバル市場安定化に寄与する可能性がある．最近注目されるのは日米の先進国のみならず，スウェーデン中央銀行 (Riksbank) とウクライナが通貨スワップ協定を締結したことである (2015 年 9 月)．この結果，ウクライナは当面外貨準備を確保することが可能となり，IMF もそれを公式に「歓迎」する立場を表明した[11]．このように，先進国の中央銀行が新興国の一部の流動性不安に対処する方式も，当面活用することも有用であろう．ただし，規模の大きい先進国の通貨供給は，世界的な資本移動に大きな影響を及ぼすことを十分考慮する必要がある．

3.2　グローバル市場の流動性管理

　「最期の貸手」の機能を有効に働かせて，現在の IMF の基金としての資金制約などの問題を解決する手段として，Obstfeld (2009) は IMF が中心の役割を果たして日米欧の中央銀行，すなわち FRB，日本銀行，ECB による流動性の供給を行う機能のイニシャティブを採ることを提唱している[12]．しかし，この場合の融資対象国の審査の問題としてモラルハザードの課題を挙げているものの，IMF 自体のプログラムやサーベイランスおよびコンディショナリティに問題があったため，IMF が機関として新興国・途上国に信認を受けていないことが全く考慮されていない．

　したがって，そうした日米欧の主要中央銀行が緊急時に流動性供給を行うためには，新興国・途上国の実情を考慮し合理的な意見が反映される機関や仕組みが設立されることが望ましい．世界に分散投資されている資産（これは FRB や日銀資産に関係する）の管理は，先進国のみならず新興国・途上国市場において非常に重要である．特に比較的規模が小さく世界市場の動向に大きく左右されやすい後者において管理・モニターがますます必要となっている．

3.3　IMF の経済調査専門機関化

　アフリカを中心とする低所得向けの構造融資プログラム[13]では，本来の国際収支上の短期的な問題への支援ではなく，中長期的な成長を目指した構造改革

支援であるにもかかわらず，これらのプログラムでは依然として緊縮政策やリストラが主体となったコンディショナリティが実施されてきており，力関係からIMFに従わざるを得ない小国相手のプログラムではその傾向が強い．

しかし，本来中長期的な構造問題や産業発展を含む経済開発やインフラ面での支援は，世界銀行やアフリカ開発銀行など開発銀行の役割である．実際，世銀は各国で中期計画に沿ってさまざまな分野で当該国への支援案件を実施しているが，ラテンアメリカやアフリカでは大きな役割を果たしている．

このようにIMFは対象国の選択や分野においても本来の役割からますます乖離している．したがって，長期的には以下のようにIMFの役割・機能は比較優位のある分野に特化することが選択肢として挙げられよう．

第1に，IMFの経済調査機関への転換である．IMFは，本来経済調査に適するマクロエコノミストが職員の大半を占めており，マクロ経済調査には対応しているものの，国全体の行方を左右する経済政策に関する対応は不十分で問題が多い．特に財政収支を過度に重視し，中長期的な成長や社会面での影響は考慮されない傾向がある．したがって，あくまでグローバル規模の経済モニター機能に徹することが残された現実的な将来像であろう．

第2に，上記と関連して，IMFの機能を分離し新機関を設立することである（第7章5節参照）．当面IMFプログラムの大半が欧州向けであり，従来から踏み出す領域まで支援する可能性のあるギリシャのような融資案件を抱え，「欧州通貨基金」化しているものの，長期的には「最後の貸手」機能を一層充実させるために，現行のIMFの融資機能を分離し，国際準備制度の創設や新機関（世界中央銀行）の創設などが検討されることが望ましい[14]．その場合，本部として欧州，とりわけユーロ市場の中心であるロンドンは国際金融機関の拠点として重要であり，中長期的にはアフリカ地域への支援が中心となると考えられる点からも，最も適した場所となろう．

3.4 地域的連携
3.4.1 アジアにおけるポスト・ブレトンウッズ体制

アジア危機以降，今後アジア危機のような「資本収支危機」の発生に対応するアジア地域の金融体制の構築の必要性が共通認識となった．その過程で最初

に日本政府は「新宮沢構想」を打ち出していた．これは，①公的資金協力（アジア諸国への日本輸出入銀行〔現国際協力銀行〕融資の供与，アジア諸国の発行するソブリン債 [1] の輸銀による取得，アジア諸国への円借款の供与等），②国際金融資本市場から円滑に資金調達できるための保証機能の活用や利子補給，③国際開発金融機関との協調による資金支援，④技術協力を含む総合的な支援策であった．この構想では，日本がアジア諸国に対し中長期および短期の資金支援としてそれぞれ150億ドル，計300億ドル規模の資金支援スキームであった．

さらに，1999年11月に開催された ASEAN＋3 の非公式首脳会議では，通貨・金融分野の協力につき，ASEAN＋3 の枠組みを通じた東アジアにおける自助・支援メカニズムを強化することが合意された．これは，今後同様の危機発生に対応し外貨流動性を確保するために，一層各国間での協力を確保するメカニズムである．この合意に基づき2000年5月にタイのチェンマイでアジア諸国首脳により東・東南アジア諸国が相互に緊急時に協力するシステムとしてチェンマイ・イニシャティブ（CMI）が発足した．03年末時点で8か国（日本・中国・韓国・インドネシア・マレーシア・フィリピン・シンガポール・タイ）が参加した．当初は二国間のスワップのみであったが，10年3月に各国が参加して資金の融通が可能となった，マルチ化された CMIM (Chiang Mai Initiative Multilateralization) が発効した．これにより，さらにプールされる金額も増加し，参加国は ASEAN と東アジア3か国（日本・中国・韓国）の13か国となった．しかし，以下のように CMIM を実際に機能させる仕組みが必要となった．

3.4.2 チェンマイ・イニシャティブと AMRO の設立

チェンマイ・イニシャティブは従来資金枠の拡大のみにとどまっており，根本的な問題である融資枠利用の際の IMF・リンクの問題は解決されなかった．これはコンディショナリティとして借入枠のうち大部分（80％）は IMF とのコンディショナリティ，審査基準を満たさなければならず，独自の裁量分は20％に過ぎなかったことが大きい．2014年に IMF デリンク割合（引出可能上限額に対して，IMF プログラムなしで発動可能な割合）を30％まで拡大したものの，

アジア危機の際の IMF プログラムの失敗経験から，アジア諸国では IMF プログラムに沿った政策をとることには消極的であった．このため，世界金融危機時に外貨流動性の問題が生じても，韓国などは日本や米国とのスワップ枠の取り決めによって乗り切ってきた．この点で，これまでチェンマイ・イニシアティブは実際に使われてこなかった．

独自の判断で通貨スワップを実施し，資金を融通するためには，IMF の調査・サーベイに依存しない体制が必要とされる．そこで 2011 年 4 月に日本や中国，韓国，インドネシアなど 13 か国が参加する「東南アジア諸国連合（ASEAN）＋ 3 マクロ経済調査事務局（ASEAN + 3 Macroeconomic Research Office, AMRO）」がシンガポールに設置され，マルチ化されたチェンマイ・イニシアティブ（CMIM）を実施する際に，IMF のサーベイランスに依存しなくとも独自の調査に基づき融資の取極が行える準備を行ってきた．そして 2016 年 2 月に AMRO は正式に国際機関として発足し，独自の判断で緊急時の融資が可能となった．まさに「アジア版 IMF」の誕生である．このようなアジア諸国対象の国際金融機関ができたということは，IMF のように危機の際でも緊縮財政を前面的にコンディショナリティとして受け入れさせ，資本規制を歓迎しないような方策をとるという問題に直面することはなくなる．同機関は，今後資本の急激な流出に伴う通貨危機の警戒体制強化などを目指す．国際機関への昇格で信用力が向上し，IMF などとの連携・情報交換を通じて調査・分析能力が高まれば，同機関の存在感は強まる．15 年には米国が利上げ局面に入り，新興国では資金が流出し，通貨が売られるなど通貨危機の火種がくすぶる．危機の芽を早期発見する監視体制を強化する意義は大きい．

さらに，AMRO は，本格的に緊急時の融資機能を担う場合，IMF とは根本的に異なる運営を目指すべきであろう．それは緊縮策を融資の条件として短期に導入することを強要しないことである．また，通常の IMF プログラムのように外貨流動性危機に直接的には不要な構造改革（例：民営化政策，公共部門縮小等）をコンディショナリティにいれることは極力避けるべきであろう[15]．

3.4.3 地域開発金融の競合と共存：AIIB と ADB

アジアインフラ投資銀行（Asian Infrastructure Investment Bank, AIIB）は 2015

年12月に正式に発足し，資本金1千億ドル（約12兆円），本部北京に500人規模の体制となり，16年1月より業務を開始した．欧州やアジアなどから57か国が創設メンバーとして参加している．

　AIIBの設立は今後の中国のみならず，アジア経済の発展とそれを支える経済インフラの充実をサポートする．AIIBはアジア開発銀行（ADB）と業務は競合するものの，当面のインフラ開発案件のニーズの拡大に伴いアジア地域でのインフラ開発の進展と各国の経済発展に寄与することが期待される．

　AIIB設立に際して，一般的には米国主導で運営がされてきたIMFや世界銀行などブレトンウッズ体制の，先進国中心の体制に対する新興国・途上国の発言権の拡大と反発を反映しているとみられている．また，AIIBはこれまでのような国際機関とは違い，本部は北京にあり，中国人の総裁を指名しており，最大の拠出国は中国であることから，中国の国内金融機関の一つに過ぎないとの見方（美根，2015）もある．

　しかし，このような一面的な見方は現実的な分析とはいえない．その理由は，第1に，米国自体AIIBの設立は容認しており，むしろ背後で支持しているとみられていることである．実際，米国は現在，AIIBについては中国主導で進めてゆくことを公認しており，これは世界銀行やアジア開発銀行のプロジェクト資金を合わせても今後の拡大するインフラ需要資金を賄うことができないという，現実的な問題に直面しているためであるとみられる．台頭する中国の経済力を背景として，世界銀行総裁も正式にAIIBとの協力を積極的に進めると公表している[16]．しかも，米国はAIIB設立については背後で支持しているとされる[17]．

　第2に，アジアのインフラ開発には今後ますます巨額の融資資金が必要である事実があることが挙げられる．実際，これまで重要な地域開発資金を請け負ってきたADBの内部の試算では今後アジアにおけるインフラ案件投資必要額は8兆ドル程度必要であるとされる．しかし，こうした巨額資金は従来の国際機関，地域開発機関では全く不足する見通しである．こうした絶対的な資金ニーズに加え，ADBもAIIBと競合するというよりむしろAIIBへの協力を積極化することが明確に示されている．

　さらに，アジア地域では50以上の金融機関・団体が参加する「アジア金融協

力協会」の設立が予定されている．2016年7月に発足する．これにより世界の金融業界のルール作りにアジアの金融機関や関連団体の意見を反映させることを目指している．同協会は，中国銀行協会が事務局を兼務し，中国主導のアジアでの金融インフラ整備に寄与する試みの一環とみられる．

3.4.4 アジアのインフラ整備とPPP

ADBは新たに官民連携事業（Public-Private Partnership, PPP）などを含む民間企業との協力を進めるため，信託基金「アジア太平洋プロジェクト組成ファシリティ」を設置している．これは，主にアジア地域の電力，鉄道，高速道路などのインフラ事業が対象で，2020年までに30～40件の融資を目指している．ADBは14年にPPPなど民間部門を活用するために，官民連携部を設置している．また，全体の資金管理を効率的に行うため，ADBは低所得向けのアジア開発基金（ADF）と中所得国向けの通常資本財源（OCR）を統合した．これによりADBの年間融資額は新規増資に依存せず，約5割程度と大幅に増加し，最大200億ドルまで拡大する見通しである[18]．

ただし，巨大化するインフラ案件について，安易に民間資金に依存することには慎重になる必要がある．それは，最近世銀など国際機関で顕著な傾向に，民間資金を活用して民間部門の巨大案件への関与の方策としてPPPは必ずしも長期的に合理的であるとは限らず，多くの失敗例があるからである．公式的には資金に限度のある公共部門に加え，民間部門の専門性や効率性を活用する意義が強調されている．しかし，こうした思惑とは逆に官民双方の思惑の違いから，数々の問題が生じる可能性がある．すなわち，民間部門は利益最優先で当該国住民への便益を軽視する一方，公共部門は資金調達面のメリットのみを追求し，具体的な運営に関わる政策や規制の問題の重要性をおざなりにするなどの問題が生じる．

とくに，インフラ開発に伴う資金や運営に関わるリスク管理の重要性である．長期的案件は綿密な費用便益分析に基づき決定し，予期せざるリスク，例えば建設コストの高騰などについて十分に予期した上で実施されなければならない．こうした面で世界銀行やADB，さらに日本の国際協力機構（JICA）や国際協力銀行（JBIC）などのこれまでの経験やノウハウが生かされる必要がある．その

意味で新設の国際機関である AIIB や新開発銀行 (NDB) はこれまでの既存の機関の経験と蓄積を十分生かす必要がある．

3.4.5 アジアの金融インフラ

2015 年に初めて導入された ASEAN＋3 の枠組みに基づく域内債券発行が実施された．これはみずほ銀行によりタイ・バーツ建て債券が発行されたもので，域内における債券のクロスボーダー取引の促進を目指す「ASEAN＋3 債券共通発行フレームワーク」下で 30 億バーツが起債された．「ASEAN＋3 債券市場フォーラム」は，アジア域内で発行体が資金調達を容易とするため，域内での債券発行・投資プロセスを標準化した．対象は，香港，日本，マレーシア，フィリピン，シンガポール，タイであり，さらに拡大される見通しである．

こうしたスキームの利点は①現地通貨による資金調達のため米ドル等外貨に比べ，短期の資金流出リスクは軽減され，為替リスクが軽減されること，②域内での生産ネットワークを構築している企業では，サプライチェーンの深化のもとより多様な国々で業務を行う企業に有利な環境となることに加え，③アジア各国の貯蓄率の高まりから証券投資の多様化に対応できることである．

ADB は「ASEAN＋3 債券共通発行フレームワーク」を支援してきた．これは，幅広い債券発行体や投資家に対し市場を開放していくことは，最終的には経済と市場の強靭化・安定化が期待されるためである．このように ADB が主体となってアジアの金融インフラ，特に株式市場に比べ発展が遅れている債券市場の域内の発展を今後推進することは，域外からの投機的資本流出入のリスクを軽減すると同時に，資本収支危機自体のリスク低下につながる可能性もある．したがって，国際金融機関はこうした地域開発金融機関の支援の枠組みを今後取り入れてゆく必要があろう．

今後 ASEAN では，域内で債券の情報開示システム共通化や一般投資家の国債購入を可能とする体制を構築する予定である．さらに，銀行分野では ASEAN 銀行統合フレームワーク (ASEAN Banking Integration Framework, ABIF) に基づき，共同で運営可能な銀行を認可，「適格 ASEAN 銀行 (Qualified ASEAN Banks, QAB)」とし，域内での金融市場のさらなる発展・深化を推進している[19]．これにより域外からの資本流出入に伴う通貨の変動や資本市場の不

安定性を軽減することが期待される．

3.5 日本のアジア地域における開発支援への方向性

AIIB や ADB など地域開発機関や世界銀行などの国際金融機関，さらに日本の関連機関を通して今後日本の協力の方向性として，どのようなものが望ましいであろうか．この点に関して神田（2015b）は，①円借款と技術協力・無償資金協力の有機的な連携および海外投融資の強化に加え，新設円借款（EBF, VGF, PPP-standby）の活用，②日本と ADB の協力の推進・深化（円借款による海外投融資と ADB の民間投資部門の協力など），③ JBIC の機能強化等による従来の慎重な融資姿勢より踏み込んだリスク案件への積極化，④質の高いインフレ投資の強化に向けた国際的標準の定着化，などを挙げている．このような日本と ADB の協力強化により一層のインフラ案件など大規模な海外案件に対処することが必要とされよう．

また，AIIB に日本も加盟することによって，これまで ADB で培った経験に基づく運営のノウハウは生かされるはずである．日本国内では，AIIB への参加慎重論があるが，今後は日米両国とも AIIB に参加する可能性は存在する．この条件として，ADB との提携・協力・すみわけについてさらなる推進がみられることが必要である．実際，ADB と AIIB は今後緊密に協力し協調融資を実施する方針であることが確認されている．AIIB の金立群総裁は，今後の AIIB の活動として日本の JBIC や JICA との協調融資での連携，日本市場での AIIB 債券発行などの可能性を挙げている[20]．その意味で今後とも日本および関係機関の協力は中国主導の AIIB としても非常に大きな意味を持っている．

注
1) 設立 70 年が経過した IMF および世界銀行に関する反省や課題について全体像に関しては Bretton Woods Project（2014e）参照．
2) パキスタンでは 2008 年 11 月の IMF プログラム趣意書（Letter of Intent）では為替取引制限を撤廃することが明記された．一方，ウクライナのプログラムでは IMF プログラムが同国の安定化にほとんど寄与せず，中銀が為替管理を導入した（2015 年）が，公式の徹底した措置ではなく，趣意書でも明記されていない（Serkin, et al. 16/25. 202015）．
3) Caliari（2015）は，IMF のプログラム実施に関して疑問を呈している．IMF プロ

グラムの調査部門での結果をもとに正式な見解を公表しても（IMF, 2012），実際の各国プログラム運営においてどのような場合にどのような政策が導入されるべきか，あるいは具体的な危機に直面した当該国に対してプログラムに組み入れるところまで至っていないことを指摘している．

4) こうした規制をした国に対して外資は当該国に今後資本投資しなくなるとの指摘もあるが，マレーシアが1998年から1年間実施し結果的に成功した事例にみられるように，同国が現在に至るまで経済成長と同時に安定化した点は否定しようがない．Caves et al. (2007) は，資本規制のマイナス効果として外国投資家が当該国への将来的な投資が減少するリスクについて指摘しているが，これはマレーシアのような成功例について学習していないものとみられる（同第24章参照）．
5) Ocampo (2011) では，IMFの融資は一定限度まで無制限に貸出をするべきであるとする．
6) Stiglitzは，IMFの貧困問題への取組みやコンディショナリティにおける反省については若干改善されたとするが，経済運営の基本的な問題では点数は大きく低下する，と指摘する（Stiglitz [2004]）．
7) 不適切な融資のコンディショナリティは当該国にはむしろ経済を不安定化させる可能性が高い．
8) 外銀は邦銀と異なり日銀当座預金の資金を日本国内の実際の貸出にはほとんど使われていない．
9) ECBの場合は，量的金融緩和（ユーロ建て国債買取等）の実施は2015年に始められたばかりであり，日米の役割に比べ世界市場での流動性供給の役割は相対的に少ない．しかしEUの主要国を占めるユーロ圏での流動性供給はECBの裁量に依存している．
10) 井上 (2016) は，新たなルールは「バジョット・ルール」，a) solvent but illiquidな先を対象とすべき，b) 無制限に資金供給すべき，c) ペナルティ金利を課すべき，d) 健全な担保を取るべき，という4条件に沿ったものであるとしている．
11) IMF (2015g)．
12) Obstfeldは世界金融危機後の国際市場での流動性供給に実際にFRB経由で新興国等に資金が供給された経験を挙げている．
13) 最近では，IMFのプログラムは必ずしも当該国への融資の形でなくとも，中期プログラムとしてさまざまな助言や勧告をしている．実際の融資額は非常に少ない．低所得向けの「貧困削減・成長ファシリティでは，緊急時の支援融資を導入しており，新たな形式を導入したものの，実際には使われていない．一方，世銀の案件は各国それなりに維持しているものの，各国の根本的な経済政策の方向性を規定するほどの案件は少ない．
14) 大田 (2009a) 第7章．
15) Kawai (2015) は事実上アジア通貨基金として果たすAMROの運営方針について直接的言及はしていないが，IMFのような1か国が独占的な拒否権を握ることがないようにするべきであるとしている．
16) 世銀のキム総裁は，2015年10月22日にAIIB金立群総裁と会見し，AIIBと世銀

銀行，アジア開発銀行などは互いに競い合う関係ではなく，アジア諸国のインフラ整備の需要を満たすためにAIIBと世界銀行やアジア開発銀行との協力を推進することを希望していることを表明している．
17) 髙島（2015）によれば，米中は対立関係になく，そもそもAIIB設立を中国に持ちかけたのは米国であるというシンクタンクの分析を紹介している．
18) 2017年1月より実施．
19) Frost（2016）．
20) 関根（2016a）．

第7章
新しい国際金融の課題と展望

1. 国際金融市場の安定化と各国の安定成長に向けて

　1970年代までの戦後日本における経験は，資本自由化にあたり慎重かつ周到な準備期間が必要であり，金融市場の安定化には資本管理・監督と規制が重要であることを示している．もちろん，現代のように瞬時に資本と資金が移動する世界が実現している状況では，実物経済を基本とした決済が中心であった過去と大きく異なっているのは事実である．

　しかし，現在の経済・金融グローバル化のなかで国際資本移動の急激な変化が新興国・途上国のみならず，先進国市場に対しても大幅な変動をもたらし不安定な動きが加速している事実は重く受け止め，何らかの対策を講ずることが必要である．最近の東京市場では為替と株式売買がほぼ外国人投資家のポートフォリオ投資行動によるところが大きいと考えられる．日本市場へのポートフォリオ資産配分を一定とすれば，為替と株価は逆相関の関係で動くのはいわば自然の動きであった．しかし，こうした関係ではもはや説明できない絶対的なグローバル市場での資金シフトが起きてきた．そうした場合，新興国市場からの資本/資金流出が大規模かつ急激である場合，現在までのIMFなど国際金融機関による流動性供給（貸出）では全く不十分となる可能性が高い．厳密にはIMFが「最期の貸手」機能を果たせないため，事前にそうした国際資本の流出入による当該国の不安定な影響を最小限に食い止める必要がある．

　したがって，今後は先進国を含めた世界全体における積極的な資本流出入の適切な管理と規制導入が必要である[1]．これは，株式市場においても企業の業

績と短期的にかかわらない投機的要因から乱高下する状況を改善する観点からも重要であろう．現在国際金融体制を安定化するために包括的な体制がほとんどできていないため，各国の自足的な安定成長を達成することが困難となっている．したがって，国際金融市場の資本の急激な拡大と移動に関して秩序ある体制を気づくことが求められている．

2. 資本・金融規制の方向性と背景

現在では過去数十年における急激な資本の流出入に伴う危機を経験し，先進国のみならず新興国・途上国でも適切な規制が重要であることが一般的に認識されてきた．しかし，この認識はグローバル規模で一般的に共有されてきたのはリーマンショックおよび世界金融危機以降の事である．このため，IMF も2010年以降公式に資本流出入に伴う経済・市場の不安定化を鑑み規制や監視について容認する方向を示してきた．

一方，アジア開発銀行（ADB）および ADB 研究所（ADBI）は日本の経験を周知しているスタッフも多く，資本規制の必要性については公式に認めている[2]．実際 ADBI において盛んに議論され，その関連研究成果は Working Paper や出版物で数多くみられる[3]．しかし，具体的な開発案件では開発銀行である立場から，マクロ経済政策についてコミットしているとは言えない．

さらに，学界では，J. Stiglitz, や A. J. Ocampo が主催するコロンビア大学の Initiative for Policy Dialogue（IDP）では資本・金融規制に関する数多くの研究成果が公表されている[4]．これらの中には，例えば資本管理・規制によって為替相場の安定化や外貨準備の減少に対する歯止めとなる効果が期待できると主張する研究もある[5]．具体的には，一定水準以上の経常収支赤字を資本規制導入の基準とするなどの具体的提案（Gochoco-Bautista, 2013）も有効であろう．また，具体的な資本規制の効果について様々な角度から研究が行われている[6]．資本流入規制については既に IMF も公式見解で有効性をみとめているものの，流出規制の有効性については明確な見解を示していない．しかし，資本流出規制の方が流入規制よりも市場の安定性の実現には効果的であり，さらに金融政策の独立性に有効であると指摘されている（Ersten & Ocampo, 2013）．また，間

表 7-1 資本・金融流入（間接）規制の効果

国	期間	資本流入規制の効果			
		総資本流入	構成(長期・短期)	資産価格	為替相場
①チリ	1990年代	影響なし	影響なし	長期：影響なし 短期：株価安定	長期：影響なし 短期：為替相場下落
②ブラジル	2009–2013	資本流入増	**長期資本増加** **短期資本減少**	長期：影響なし 短期：資産価格下落 累積効果は ADR 相殺	実質レート低下 ボラティリティ低下
③韓国	2009–	短期で資本流入増	長期：デリバティブ増 短期：非 FDI，短期資本流入増	長期：影響なし 短期：株価上昇	**長期：為替変動減少** 短期：為替相場上昇

(注) 太字は当初の規制の目的を達成した項目を示す．
(出所) Gallagher (2015) Tab.4.4 より筆者作成．

接規制（例：中銀強制準備制度［URR］，金融取引税［IOF，ブラジル］）を導入した国々では一部為替安定や株価変動の安定化等目的を達成しても，直接的規制に比べ効果は弱い（表 7-1）．

資本・金融規制（管理）の積極的な意義は以下の点が挙げられる．

第 1 に，当該国の為替相場や外貨準備の安定に寄与し，マクロ経済政策全体の安定化につながりやすい．この点については，現在では考えられないほど資本移動が規制されていた米ドル本位制の 1970 年代初めまでの先進国を含む世界の市場の状況は，現在に比べはるかに安定的に推移していた事が指摘できる．

第 2 に，金融投資の技術や速度が急速に発展し，瞬時にグローバル市場で資金が移動する中，投資家の収益目的のために投機的な投資が拡大していることに対し，それに歯止めをかけることにより，堅実かつ中長期的な投資による当該国の経済・市場の発展を促す．

第 3 に，国際市場における過度の投機防止のためのグローバル課税の課題である．先進国・新興国を問わず，グローバル化が進展する中，各国の税率が相違するため多国籍企業の本社は本国から他国に移動しがちである．したがって，国境を超えた脱税を防止，適切な課税を行うためグローバル規模の取組みがますます重要となっている．

第 4 に，国際的な金融機関の監視・監督に関する制度の整備である．これは，中央銀行や金融当局による国際的な活動を行う銀行や投資銀行の資産評価を含

むリスク評価が既存の公式枠組み (Basel II, III等) のみでは適切な管理は困難となっていることも考慮する必要がある.

3. 望ましい世界市場監視体制および金融規制のあり方

3.1 概論

今日,米国のみが米ドル基軸通貨体制を背景に巨大な資本流入（世界全体の約半分）を享受する一方,大幅な経常収支赤字を維持しているという国際不均衡の問題がある.一方,アジア危機経験国など東・東南アジア諸国や産油国は外貨準備を必要以上に積増し,結果的に米国債に投資され,米国の巨大な経常赤字を支えている.この国際的不均衡は,IMF創設当初に米国が圧倒的経済力を背景に豊富な外貨準備を保有する状況と全く異なる.このため,世界各国の国際収支均衡のために,現在改めてケインズ (John Maynard Keynes) が提案した国際清算同盟 (International Clearing Union) の概念に注目する動きもでている[7].米国への資本流入が世界全体の過半数を占めるという状況を徐々に変革し,必要とされる途上国に外貨を還流し有効利用することが必要である[8].とりわけBRICsなどエマージング諸国や産油国の経済力および影響力が増大するなか,国際的な外貨準備の再配分も必要とされる.特に外貨準備が不足するサブサハラなどその他の途上国・低所得国については,将来的な危機に対応するグローバル規模での適切な国際金融システムの構築が望まれている.

将来的に国際金融システムにおける何らかの保証的枠組みが必要であるため,従来のIMFのスタンドバイ取極 (SBA) など通常プログラムを見直す提案もある.例えばDreher (2001) は,IMFは短期の緊急融資に限り,開発目的の融資は停止するスキームを提案している.この提案は,不必要なコンディショナリティによる構造改革なく直接流動性を供給できるという意味がある.しかし,コンディショナリティをつけて融資しても,むしろ当該国は逆に対外借入に依存せざるを得ない状況に追い込まれかねない矛盾を,根本的に解決することが必要である[9].しかも,IMFはその資金のみでは過去の資本収支危機を解決できず,世銀や各国関係金融機関からの資金に依存せざるを得ないため,真の国際的「最後の貸手」機能を担うことはできない.したがって,新興国・途上国

全体が東・東南アジア諸国のように外貨準備が積増しできる状況にある場合には，例えば，アジア諸国のチェンマイ・イニシャティブのように緊急時の流動性の供給体制を整備し，新機関をグローバル規模で構築すればよい．また，新興国・途上国向けに BRICS 銀行傘下の CRA（緊急時外貨準備金基金）のような機能を持つ危機発生時の外貨流動性供給機能を強化することも有用であろう．それでも，大規模な危機の発生にたいして絶対的な資金が不足する場合もありうる．

3.2 非公式資金移動への国際的な金融機関による取引監視・監督

現在，緊急の課題は，公式な国際資金移動に対する枠組みが整備されつつあるのに対し，非公式ルートでの国際資本移動や資金移動が急速に拡大していることである．これはビットコインのような疑似通貨でのインターネット経由の取引にとどまらず，合法的に Tax Haven（租税回避地）を使って，通常であれば記録される国際間の資金取引を地下に潜入させ，公式記録に残らないようにすることである．

今日，世界的な銀行など金融機関の国境間の取引は，BIS（国際決済銀行）により主要国取引は記録され統計が公表されている．しかし，こうした公式統計では全く実体が把握できていない．しかも公式統計に表れている資金移動も，実際には第三国経由で当該国が資金を移動させていることが非常に多い．中国への資金は香港経由が多く，公式統計でも外国直接投資（FDI）については香港が最大の投資国であるが，これは香港を経由しているだけであり，実際はほとんどの主要先進国からの投資である．こうした国際資本移動を監視管理することは，国際金融市場を安定化させる上で不可欠である．

2016 年 2 月の G20 では正式に国際資本移動の適切な管理に関する方向性を確認している．当面は FSB（金融安定理事会）を事務局として G20 と協議の上，どのような手法で国際資本移動のボラティリティを縮小させ，先進国，新興国・途上国と取り組むかさまざまな手法が検討されよう．しかし，基本的に規制に消極的な英米と，既に金融取引税を導入している EU 主要国と，管理については積極的に取り組む方向を示す日本などと，先進国間の調整が新興国・途上国間にもまして困難な局面が予想される．

3.3　間接的規制（金融取引税）

国際投機的な金融取引のために株価や為替を含め大幅に変動するボラティリティの高まりが，各国の安定的な経済成長や市場の安定性に大きなリスク要因となっている．金融取引税はこうした市場のボラティリティを低下させる役割があるほか，①公正で中立な課税（自動的に課税されるシステム），②低い徴税回避の可能性の側面が期待される．もちろん，①の点において，対象となる投資家や金融商品の範囲によっては厳密に公正でない課税もありうる．さらに，②の徴税回避もさまざまな手段（例：経常取引として流入した資金が金融取引に使われる場合）がありうるため，国内外取引全てにわたる金融取引に対する課税を実施しない限り，徴税回避されてしまう可能性もある．

国際的な金融取引税を最初に主張したのはケインズ（1936）であり，米国金融市場での投機的動きに懸念を示した．戦後トービン（James Tobin）が国際金融取引（特に通貨取引）に課税するいわゆるトービン税が主張された（1972）．

金融取引税（Financial Transaction Tax, FTT）は，①証券取引税，②通貨取引に関わる課税（トービン税＝高低二重の課税率を伴う通貨取引税；銀行取引税；自動的な金融取引課税）などに分類されるが，現在最も注目されるのは国際的な証券取引（株式売買や債券）に対する課税であろう．

国際金融危機後，韓国や主要新興国において投機的な短期資本の流出入に伴う為替相場や金融市場の安定化を実現するために，金融取引に関わる課税など間接的規制が導入されたが，それに比べ直接的規制（外貨交換制限，外国投資家の国内への制限など）の効果的であるとされる[10]．しかし，原則国内外の金融取引の自由化を実施してきた先進国では，間接的規制が現実的である．その意味でEUが導入する国境を越える金融取引に課税する金融取引税（FTT）は証券取引および金融デリバティブを対象とし，前者には0.1％，後者には0.01％課税するものである．現在までのところFTTの導入は英米日や北欧など先進国の主要国では検討されておらず，大陸欧州のEUが中心でEU10か国（ドイツ，フランス，イタリア，スペイン，ベルギー，オーストリア，ポルトガル，ギリシャ，スロベニア，スロバキア）で2016年中には実施される運びとなっている[11]．今後デリバティブ取引については可能な限り広範なベースでの課税を目指している[12]．参加国は全てユーロ参加国であり，非ユーロ圏のEU

加盟国である英国とスウェーデンなど北欧諸国では導入に反対の意向を表明している．ただし，英国では最大野党・労働党が，金融取引税を「ロビンフッド税（Robin Hood tax）」として導入に賛成の立場を明らかにしている．労働党では課税制度の改革の一環として富裕層がより大きな負担を担うべきとの考え方で，FTT の導入を訴えている[13]．労働党の試算によれば全世界で導入されれば，30億ポンド（46億ドル）もの税収が期待できるとする．また，2000年の国際的な NGO の推計によれば全世界でトービン税を導入した場合，少なくとも 1500-3000 億ドルの収入が期待されるとしていた．これを全世界の途上国の開発基金にする提案もされている．今後，英国で労働党政権に交代した場合，英国も FTT 参加の可能性が高まろう．

　さらに，日本においても近年の量的緩和政策に伴う株価および為替変動のボラティリティが非常に高まっているなか，金融市場および経済の安定化と健全な長期的な発展のためには何らかの金融規制を導入することが必要である．FTT の導入によって，日本の金融市場のボラティリティは低下し，資本流出入によるリスクが軽減されることは疑いない．すなわち，FTT の導入によって投機筋による短期の売買の動きに左右される株価や為替相場の目まぐるしい変動を抑制することが可能となる．同時に，財政赤字の深刻化に伴い，金融取引税の導入により国際金融資本や富裕層からの課税範囲を広げることで，財政収支改善に貢献することは非常に意義深い．この観点から日本においても EU 型の FTT 導入の検討をすることが望まれる．

　一方，米国においても，これまでの新自由主義の結果，極端な所得の不平等と貧富の格差が生じ，貧困層の増加によって同国の長期的な潜在成長率にも影響を与えているとの認識は高まっている．したがって，米国でもこうした FTT の導入も検討されるべき時期に来ていると考えられる．

　金融取引税は全ての国（少なくとも先進国）が採用しないと有効ではないとの指摘がある．しかし，EU 主要国が採用し，日本も採用することになれば，グローバル市場におけるボラティリティの縮小にはポジティブな効果が期待できる．日米欧先進国で FTT が導入された場合，現在世界が直面している国際市場における歴史的水準の流動性の拡大に伴う市場の不安，さらに新興国を中心とした資本流出に伴う通貨下落や市場環境の悪化にも，一定程度の効果が期待

できよう．

3.4 関連国際機関と先進国の改革

主要先進国中央銀行が加盟している BIS (Bank for International Settlements) では既に金融機関のリスク評価の基準として Basel I (1988), II (2004), III (2010) を作成している．既に各国の金融機関で Basel II まではおおむね導入されてきたが，新たな Basel III についてはまだ全面的に採用されていない．Basel II では過度に金融商品の対象を資産として拡大したため，潜在的なリスクを見逃すこととなり，結果的にリーマンショックに始まる世界金融危機とそれに続くユーロ危機を引き起こした経験がある．そうした国際資本移動リスクと金融機関のリスク管理の厳格化を定める方針で Basel III の導入が図られているが，依然として最終的な結論に至っていない[14]．しかし，中長期的に安定的な国際金融秩序の維持のための国際基準の作成は厳正に行われる必要がある．

一方，先進国中央銀行のなかでも量的緩和政策などさまざまな手法を導入している日本銀行では，過去の包括金融緩和や量的質的緩和政策のなかで，既に(指数連動型)上場投資信託 (ETF)，国債買取りを強化してきたが，こうした措置は市場に流動性を供給する目的で実施されてきたものの，実体経済にはほとんど効果がなかった．その一方，中央銀行としての日銀バランスシートの質は確実に悪化してきた．それはリスク資産の比率が各段に高まっているからである．中央銀行への信認が低下すれば，通貨価値の維持は困難であり，ひいては当該国経済・金融市場に大きな損失を与えるリスクが高まる．したがって，今後長期的に現行の量的・質的緩和 (QQE) を継続することは困難であることに加え，今後は行き過ぎた国際市場の投機防止とグローバル課税の課題に取り組むべき段階に来ているといえよう．

4. 長期的な国際金融システムの構築と再検討

長期的な国際収支危機に対処するための包括的かつ合理的なシステムの構築は非常に需要な課題である[15]．既に新興国・途上国では世界金融危機後，独自の資本・金融規制や為替取引規制を導入しているが，すべての国でその方式が

異なり，また各国の置かれた地理的条件や経済規模の大小，さらに経済・市場の相違も大きく関連しており，画一的な処方箋は適用できない．

しかし，以下に挙げる案は国際金融システムの再構築にあたり重要な課題を包含しており，検討する価値は十分にあろう．

4.1 世界基軸通貨の課題：SDR の活用と国際準備通貨

世界金融危機 (2008) 発生後の 2009 年 9 月に国際連合総会がイニシャティブをとり，Stiglitz を委員長とした国連総会議長諮問報告書（2009）(Report of the Commission of Experts of the President of the United Nations GeneralAssembly on Reforms of the International Monetary and Financial System) ではさまざまな国際金融体制の改革案が提起されている．その中で，それまでに同氏および Ocampo が提案していた国際準備通貨（Global Reserve Currency）の発行を採りあげている[16]．

この国際準備通貨単位として SDR を活用する案は既に Stiglitz および Ocampo も提唱している．IMF の交換通貨単位である SDR（Special Drawing Right, 特別引出権）は主要通貨をバスケットとして日々変動するため，唯一の国際的単位である[17]．ただし，SDR を国際準備通貨にしても現行のように米国の影響力が大きい IMF 体制を維持したまま移行することは真の改革とはならない．また本来 IMF は世界中央銀行ではない．もちろん増資を行い各国に SDR 配分を行うことは可能であるものの，緊急時に IMF に依存しようとする国，あるいはその必要性がある国は急速に減少している．現在では主要な途上国，新興国ではほとんど IMF プログラムは採用せず，ますます影響力が低下している．しかも過去数年間大半の融資プログラムは欧州に向けられてきたが，欧州でも融資案件の主導権は明らかに EU が握っている．

最近まで事実上世界準備通貨の大量供給は FRB および日銀を通して行われてきた．しかし，有り余る通貨供給はグローバル市場でバブルを生みだし，その反動で大幅な株式下落や通貨下落を引き起こした．したがって，今日のような金融市場がグローバル化した状況において主要先進国／地域（日米欧）の通貨供給は世界的に合意されたうえで行われなくてはならない．したがって，ほぼ全世界の各国が加盟する IMF のような国際機関が統括するべきであるが，

現実的には SDR は過去 70 年間で数回しか増資配分しておらず，経済・金融市場の変化に対応できていない．しかも，IMF が先進国，特に米国中心に運営されている状況では，世界的観点で公平に通貨供給が行われていない．既に指摘したように過剰流動性を生み出した FRB や日銀の量的緩和政策は主に金融投資あるいは投機的市場での運用に使われてきたため，実体経済に寄与するものではなかった．仮に公平に SDR が使われると仮定して，以下が SDR を国際準備通貨として機能させるケースとして以下が考えられる．

(a) 現行制度のまま，世界的な交換通貨として SDR を IMF 以外で交換可能通貨とする．ただし，実際の紙幣や現金の発行はせず，貿易や金融決済時の交換性通貨単位として公式に認可する．

(b) SDR あるいは同様の通貨を各国の協定に基づき，一定の通貨発行量につき[18]主要国間（たとえば G20）で協議の上，調整を行う．ただし，この場合，各国の通貨供給量や金利など金融政策全般への影響を及ぼす．

(c) 1930 年代に考案したケインズ案にそって，「世界中央銀行」を設立し，この組織が SDR あるいは共通通貨バスケットに沿った新通貨を発行するが，その具体的な紙幣や硬貨については各国の調整と承認を得ることが必要．

以上のうち，(c) 案では，各国の通貨発行権とマネーサプライなど金融政策の自由度を制限することになる．各国の金融政策の自由度の観点からこの案の短期的実現性は低いものの長期的には望ましい．一方，(a) 案は中長期的には現在の米ドル基軸通貨体制に対するさまざまな問題について一定程度の改善が見込まれる．しかし，この案は暫定的なものであり，根本的な改革にはならない．その意味で (b) 案は新たな機関を設立せずして事実上の世界規模での中銀の機能を果たすことができる．ただし，この場合でも，主要国関での通貨発行やマネタリーベースの設定についての合意に至るための調整が長引くと有効性が薄れる可能性が高い．したがって，長期的には当面の案である (a) から (b)，さらに (c) と時間をかけて実現してゆくための具体的な行動が求められよう．

Box 5　中国人民元と国際化

　中国は，人民元の国際化を計画的に推進してきたが，貿易・投資において新興国との案件では人民元取引は着実に拡大している．実際，人民元は国際通貨ではないものの，すでに銀行間の通貨取引（SIBOS）では大幅に増加している．

　一方，相対的にかつてほどの地位を維持できなくなっている米ドル基軸体制は，当面継続するものの，歴史的背景から経済力や国際通貨取引で既にピークアウトしている．21世紀に入り米国経済および政治外交的な地位が低下し，相対的に中国をはじめとする新興国の地位が向上してきたため，2016年10月より中国人民元はIMFの通貨単位として用いられているSDR（Special Drawing Rights, 特別引出権）に組み入れられることになった．したがって，IMFの疑似通貨単位であるSDRに中国人民元が組み入れられてきたことは現実的経済金融情勢の反映に過ぎない．

　1990年代半ばまで円の地位はIMFのSDRの通貨比率の中でも米ドルに次いで最も高い比率にあったことに象徴されるようにアジアでの主要通貨としての期待が高まった．しかし，アジア危機と日本の融危機を経て，日本の金融機関と金融市場の存在感と地位は低下してきた[19]．また，米ドルへのスワップを通じて外貨エクスポージャーは米ドル建てが主体となってきた．このため，国際金融機関での円建て貸出比率は縮小し，米ドル比率が高まることとなった．

　IMFの準備通貨単位として用いられているSDRにおける日本円の比率も1990年代に比べ大幅に低下しており，2016年10月に中国人民元が組み入れられ，日本円は人民元の10.92％を下回る8.33％に低下する（米ドル41.73％；ユーロ30.93％；英ポンド8.09％）．このように円の比重低下と反比例して高まってきたのが中国人民元である．

　IMFがSDRに人民元を組入れるにあたり，考慮した点は，「財・サービス貿易」と通貨の「自由な利用可能性」の2点の重視だったとされる．IMF事務局の報告書によれば，人民元と主要通貨と比較した場合，貿易比率では人民元は20％程度のシェアを占めているが，外貨準備，外国為替取

引，国際的な銀行取引，債券発行・取引の観点からは人民元の取引シェアは限定的（5％以下）であった．しかし，SDR はあくまで IMF 内の各国通貨との交換および融資の際の通貨単位として用いられており，国際市場で取引されているものでないため，いわば象徴的な疑似通貨単位である．しかし，SDR の通貨バスケットに組み入れられる人民元の存在感は今後ますます高まることは確実であろう．

　既に欧州主要国からは，中国人民元の国際通貨としての容認が示されている．中国当局はユーロ市場での証券取引の中国本土（上海など）とリンクさせる計画を進めている．このため，例えば人民元建て債券発行や引き受け，売買などにおいて英国では新たな取引機会の拡大として歓迎している．中国側も人民元国際化の一環として推進している．ユーロ市場の中心であるロンドン市場との連携は今後とも拡大する見通しである．

　中国人民元は主要通貨と直接交換できる体制は整いつつあるが，欧米や日本など主要市場では経常取引以外の目的での自由な通貨交換が実現されていない．また個人口座も限度額があり，貿易などでは人民元の「国際化」に沿って経常取引を中心に主要国通貨との交換性の実現や取引を実施してきたが，2015 年 8 月の上海市場の株価の大幅下落にみられるように金融バブルの崩壊が生じた．この背景には中国市場での不動産取引への過剰投資などがあるものの，根本的には過剰流動性に基づく取引が急速に拡大したことがある．したがって，部分的にせよ資本・金融自由化をいったん認めると，大量に資本の流出入が生じる結果，バブル生成とその崩壊が起きる．これはまさに資本自由化されたうえ，資本が急速に流出したために起きた，アジア危機に代表される「資本収支危機」の構図そのものである．したがって，資本自由化と人民元国際化の過程における中国の例は，今後とも新興国・途上国での金融・資本自由化の過程における経験として重要である．

4.2　中期的改革案：G20 を超えて

世界金融危機後，2009 年 4 月に国際金融市場の安定化を図るためにそれまで

の金融安定化フォーラム (FSF) を改編し,金融安定理事会 (Financial Stability Board, FSB) に再編し,主要25か国・地域[20]の中央銀行,金融監督当局,財務省,IMF, 世界銀行, BIS, OECD 等の代表が参加している.従来の先進国主体の組織ではなく新興国を含む G20 のメンバーが国際金融の諸問題を討議する場となった.FSB は G20 の会合において世界経済金融に関する課題についてまとめて提言している.しかし,恒久的な機関ではなく事務局は BIS におかれ影響力は限定的である.例えば16年2月末に出された声明においても国際金融経済に関するリスクに対処するように求めているが概念的であり,具体性に乏しい.BIS における関連委員会 (the Committee on Payments and Market Infrastructures ; the International Organization of Securities Commissions) に対して central counter party (CCP) の頑健性に対する対処を求めるなど,BIS における活動を改めて強調するにとどまっている[21].

　こうした主要先進国,新興国と関係国際機関 (IMF, 世界銀行など) が討議する場を提供することは継続的に実施するべきであるが,中期的には一定の事務局を持つ国際機関として機能することが重要である.現在,中央銀行間の調整は BIS, 各国大蔵省・財務省の代表は IMF や世銀などブレトンウッズ機関,先進国の経済に関しては OECD, 地域開発に関してはアジア開発銀行 (ADB) や米州開発銀行 (IDB) 等地域開発金融機関が存在している.また新興国中心で設立された新開発銀行 (BRICS Bank, NDB) 傘下の CRA (緊急時外貨準備金基金) などが存在し,さらに地域的にはラテンアメリカ中小国では FLAR, 中東北アフリカ地域ではアラブ通貨基金 (AMF), アジア太平洋地域では ASEAN+3 マクロ経済調査事務局 (AMRO) などが存在しているが,いずれも地域ごとの判断で個別に機能している.このため,全世界規模で先進国や新興国の主要国全体の各国政府・機関の利害調整には定期的に実施される G20 が唯一機能している.現在,G20 は 2009 年に国際経済協力の第一の協議体として位置付けられている.しかし,短期間に関係者・機関が討議するだけでは世界各国で一致した何らかの方針を実施・実行する各省は得られず,結局方針の確認程度にすぎない.G20 の合意や声明も継続的なフォローアップなしでは現在直面する世界経済金融の問題の解決は困難である.

　したがって,前述の国連総会報告書でも提案しているような常設の「国際経

済調整理事会(Global Economic Coordination Council)」の設置が望ましいであろう．これにより，現在世界が直面するさまざまな経済・金融問題などを関係国・機関等が討議し，調整を行い取極めに合意し関係国・機関が実施できるようにする必要がある[22]．

5. 新しい国際金融体制の構築

5.1 新機関設立構想

現行の国際金融機関による国際金融システムの維持は限界に近づいており，なかでもIMF自体の根本的かつ抜本的な「構造改革」が必要となっている．さらに，単に国際金融機関のみならず，各国政府が真剣に国際金融システム改革に乗り出すことが長期的な観点から必要となっている．

国際金融体制の秩序と各国の経済金融の安定化のために，Gallagher (2015)は当面の改革として10項目の提案を行っている．それには，①国際資本移動に関する各国の恒久的な反循環的（countercyclical）な規制の導入，②資本・資金源の多様化，③過去の金融危機の経験の検証と自覚，④各国の資本流出入の規制再構築，⑤IMFクォータ配分の改革，⑥新たな機関の設立（方向性の例として，BRIC銀行や外貨準備機能など），⑦国際資本移動の関する資本投資側と受入国双方に関する調整メカニズムの構築などが挙げられている．

Gallagherも示唆している新機関設立に関連して，以下に示すように国際金融体制の再編を行うことで，米国の巨額の貿易・経常収支赤字が東アジア諸国からの資本流入に依存するという国際的な不均衡の問題をグローバル規模で是正し，米国債が東アジアや産油国の主要投資対象となっている現状を部分的に変える役割を担うことも期待される[23]．

5.2 国際決済同盟構想（ケインズ案）概要

今後，長期的には各国が基金への口座を持ち，その引出を限度額内で自由化するという設立当初に出されていたケインズ案[24]に近い方式（世界中央銀行＝Global Central Bank）に基づく，新機関を設立することも考慮されるべきであろう．1943年に発表したケインズ案における国際清算同盟（International

Clearing Union, ICU）に沿ったものとする．

　ケインズの案は，IMF 設立に先立ち提案した国際清算同盟（ICU）は諸国の中央銀行にとっての中央銀行であり，新通貨バンコール（Bancor）を発行する中央銀行として，各国に当座貸越枠を設定する．各国通貨と Bancor の為替レートは固定され，当座貸越の限度額は，過去 5 年間の貿易額平均の 2 分の 1 とする．限度額を超えた債務国は赤字分に対してペナルティーを科せられるが，債権国（国際収支勘定が黒字の国）も，超過分に対して利子を払う．赤字国は，輸出を伸ばすために平価の切下げが義務づけられる．一方，黒字国は平価を切り上げる．黒字国が輸出超過を改めない場合は，当座貸越の限度額を超えた分を ICU が没収し，準備金に組み込む．具体的運営は以下の通りである[25]．

・各国が口座を持ち，その口座では新通貨単位の Bancor が使用され，その通貨は決済目的以外では使用できないため，実際にしようする際には各国の通貨に交換する
・各国はクォータ（Quota）を当該国の過去 3 年間分の貿易額（輸出入合計額）の平均額を基準に設定
・各国が引き出しをした際，残高不足が生じたときは，当座貸越を受けることができる
・黒字国は超過分の 1％を ICU の準備口座に振替えられる
・経常収支の赤字国は一定の限度を超え，口座の債務バランス（Debt balance）が悪化し，そのクォータの 4 分の 1 が 1 年以上超過した国は，Bancor 単位で 5％までの切下げが理事会承認によって認められる．さらに，金その他の準備を使ってバランス均衡につとめ，当該国の国際収支均衡のための政策を採ることを推奨する
・口座の黒字国はそのクォータの半分を超えた場合，内需拡大策をとり，関税その他の輸入制限措置を撤廃・削減，さらに途上国の発展のために借款を設定するなどの措置をとる
・本部はロンドンおよびニューヨークとし，理事会はロンドンあるいはワシントンで行う
・理事会は基本的に創設参加国の 12 の代表（ブロック）で構成

　ケインズは当初から国際資本移動や国際貿易の結果，各国での国際収支が不

均衡となることを予想している．このため，ケインズ案では，各国とも口座が過度に黒字あるいは赤字にならないようなインセンティブが働くため，国際間の収支はゼロ均衡に近づくことが想定される．よって，こうした合理的なシステムでは世界の国際主旨不均衡は自動的に調整メカニズムが働くこととなる．ただし，1944年当時圧倒的に外貨を保有していた米国では，この案では米国からの他国への資金の移転が加速する可能性があったため，結局実現しなかった．現代に当てはめると，ケインズが提案した国際収支不均衡を是正する手段は精緻化する必要はあるものの，国際資本移動の拡大した現在では原則を尊重することは有益であろう．

5.3 国連「国際通貨金融システム改革に関する委員会[26]」における提案における国際金融体制改革案

Stiglitzが国連総会議長諮問専門委員会報告書で提案している国際金融体制改革案では，新規に国際準備制度の構築を提案している．

このスキームは，基本的にStiglitzが以前に提案していた「世界紙幣」(global greenbacks[27])発行案に基づくもので，概要は以下のとおりである[28]．

① 協定に署名した全ての国に所定金額の国際準備金として用意し，それと同額（年間約4000億ドル）の紙幣を発行する．
② 準備通貨発行の責任機関は「国際準備銀行」などの新設機関あるいは既存の機関（IMF）の双方をオプションとして提示
③ 年間発行額の規模は準備資産の増加とバランスをとる
④ 国際通貨証明書（International Currency Certificate, ICC）への交換を行うが，現行のSDRでもよい
⑤ 現行のIMFのSDR使用の場合は，発行を定期的・自動的とし，世界的景気循環に対して「反循環的（counter-cyclical）」なものとする
⑥ 危機に面した当該国に準備金の提供を行う

国際準備通貨では現行のIMFの通貨単位であるSDRのように大部分が先進国に配分されるのではなく，各国の中央銀行はその責任の下で共通の貨幣単位（例：SDR）を保有し，必要時に各国はドルやユーロなど主要通貨に交換した上で自国通貨に交換して用いる[29]．この場合，交換レートは現行か過去3年間の

平均値（ただし，後者の場合，転換制限を設け，危機的状況以外は認めない）とする．基本的に準備金を貿易赤字など経常収支赤字に対処するために使用可能であるが，剰余金は国際的な公共財（global public goods：医療・保健，環境問題などへの対処），残余金は最貧国への投資にも使用が可能であるとするもので

表 7-2　新国際金融システム案比較

分類	新機関案	国連国際通貨金融体制案（Stiglits 案）
名称	世界中央銀行（World Central Bank）	国際準備通貨制度 (Global Reserve Currency System)
役割・機能	・世界中央（準備）銀行 （新機関の設立）	・国際準備通貨制度（IMF 制度の拡充・変革あるいは世界準備銀行による通貨発行）
運営	・各国中央銀行，BIS と連携 ・欧州中銀と連携，国際決済システム（TARGET II, Euroclear 等）利用 ・資産運用は専門家部署担当 ・各国政府系ファンド預託資金活用 ・原則的に無条件引出可能（コンディショナリティ無し） ・一定規模以上の経常黒字国は外貨準備を口座に振込義務 ・一定規模以上の経常赤字国は一定枠まで引出可能	・準備制度では原則的に「国際通貨証書（ICC）」（あるいは SDR）各国中央銀行がを保有 ・毎年新たに通貨供給（年間 3000 億ドル規模あるいはそれ以上） ・公定交換レートは現行か過去 3 年間の平均値 （後者は転換制限を設け，危機的状況以外は認めず） ・「国際通貨証書」を自国通貨に交換可能 ・貸出された SDR 等は危機後返済 ・未使用の先進国等の SDR は途上国・新興国が使用できる
資金の使途	・国際金融危機に対応 (lender-of-last-resort) ・国際収支不均衡調整（経常赤字に伴う外貨不足）	・国際金融（国際収支不均衡調整含む） ・貧困問題の解決（最貧国支援）[2006] ・③開発的プロジェクトに基金出資；国際公共財（環境問題等）[2006]
基準通貨	・新通貨（基準は主要通貨のバスケット設定） ・交換レートは一定期間ごとに見直し	・「世界紙幣」(global greenbacks) ・公定交換レートは現行か過去 3 年間の平均値 （後者の場合，転換制限を設け，危機的状況以外は認めず）
設立形態・場所	・新機関（ロンドン） （IMF とは独立し，IMF は国際経済機関 (IEO) に再編）	①新規（例；国際準備銀行）あるいは既存機関

（注）　Stiglitz 提案は 2006 年と 2009 年では若干異なるため，2006 年のものは括弧内に表記している．
（出所）　J.E. Stiglitz (2006, 2009), 筆者作成．

ある．この基本的な構想は世界紙幣を発行する点でケインズ案に似ているが，準備金の設立とその活用方法を提示したものに留まっている．

一方，筆者が提案する新機関は，そのような通貨創出機能を備え，各国中央銀行の準備金を基本としながらも，その設立場所と運営方法についても提案するものである．新機関は，例えば長期的には各国中銀が口座を持ち，必要時に各国が引き出せる制度である．本質的に現存機関と異なるのは，「基金」ではなく，世界の中銀としてとして現在FRBや日銀が一部の国に対して実施している通貨スワップ協定などの枠組みを超えたものが必要である．

現存のシステムでも可能な二国間の通貨スワップでは日米中央銀行は比較的信用力のある新興国などが対象となっている．このため，信用力が十分でない新興国・途上国を対象としてグローバル規模で危機対応のための機関として新機関の設立することは意義深い．

5.4　新機関（世界中央銀行）設立案

長期的に設立が望ましい機関は，「世界中央銀行」（World Central Bank）であり，「最後の貸手」（lender-of-last resort, LLR）機能を担う意味で重要である．新機関設立のもうひとつの理由は，前述のStiglitzも提唱しているような世界的な準備制度の設立案にも関係している[30]．同氏の提案は，世界的に何らかの外貨準備のプールによって保障する制度が必要であるということであり，そのためには中立的な機関が必要となる．

新機関「世界中央銀行」は主に「最後の貸手」（LLR）機能の役割を果たす意味で現在のIMFと決定的に異なる．確かに現在のIMFでもSDRを必要に応じて発行し，加盟国に必要時に流動性供給をすることはできるが，「基金」としてその規模には限度がある．事実上現在の世界の流動性を供給しているのは米国FRBや，日本銀行であり，最近ではECBも加わっている．したがって，今日では事実上世界準備通貨の大量供給は先進国の主要中央銀行を通して行われてきた．しかし，有り余る通貨供給はバブルを生みだし，その反動で世界の市場で大幅な株式下落や通貨下落を引き起こした．しかも，長期的に米ドルに依存した国際的な流動性供給は不適切である．

世界的な資本移動の拡大に伴う不安定な状況を回避するためには，グローバ

ル市場における通貨供給は世界的に合意されたうえで行われなくてはならない．運営は先進国中央銀行である FRB，ECB，日銀のみならず，主要国 G20 の協議の上，世界的な資金供給について定期的に世界経済・金融市場の状況に応じて望ましい水準を決定する．ちなみに，現行の IMF では SDR 配分の見直しと増資は非常にまれにしか行われないため，変化する国際金融の現実に適切な対応ができない．

　それでは，現在の IMF はどのような機関となるべきであろうか．IMF のスタッフは大半がエコノミストでマクロ経済の専門家であるため，将来的には調査研究機関として存続することが望ましい．したがって，現在の IMF は「国際経済機関」(International Economic Organization, IEO：仮称）と名前を変更した上，その機能をグローバル規模の経済・金融調査（途上国中心）やフォーラム活動などに限定する[31]．

　新機関（世界中央銀行）では資金はユーロ市場などで堅実な資産運用を行うことが期待される[32]．したがって，例えば各国の政府系ファンドの運用資産の一部を新機関に委託し，経常収支赤字などで外貨準備が不足する国に対し準備金を引き出すことを可能にする．新機関では，各国中央銀行が保有する口座残高を超える引出も可能となる．各国口座を超える引出については，原則的に一般商業レートを下回るものの，基準レートを若干上回る程度の金利を支払うこととする．また，資金の一部は世界銀行，UNDP など国連機関の国際的な公共案件（特に環境問題や保健衛生）活動特別資金としてプールすることも考えられる．

　一方，各国の政府系投資ファンドが新機関に準備金を置くことも可能とする．これは，新機関にプールされた資金をグローバル市場で安定的資金運用を実施し，国際公共財投資や最貧国への支援準備金として使用することが期待されるためである．例えば各国の主権国家資産ファンド（SWF）はそれぞれ自国の利害にあわせて投資収益を最大化するため，各国民間企業の M&A やリスクの比較的高い分野への投資が今後ますます拡大し，これが国際金融システムや資金フローに大きな影響を与える恐れもある．

5.5 運営面の課題

上記新機関の運営については以下の方針を採ることとする．

国際収支不均衡の是正

新機関は基本的にケインズ案での Bancor と異なり，主要通貨のバスケットで構成される現在の IMF の通貨単位である SDR あるいはそれに相当するものとする．したがって，SDR 換算された通貨単位で運用される．各国の口座にある資金が枯渇した場合，あるいは，緊急時には当該国の口座以上の流動性を供給することを可能とする．ただし，その額は当該国の例えば GDP 比 3％程度などと制限を設ける．また，各国口座を上回る資金の引出はその条件として経常収支が 3 年連続 GDP 比 5％以上の赤字，あるいは当該国の外貨準備高が輸入カバレッジ 1.5ヶ月分を下回った場合などを条件とする．もちろん，こうした条件についてはさらに検討する必要があろう．

通貨危機などの際，各国口座のバランスを大幅に上回る引出がされる場合，最後の貸手 (LLR) 機能を持つ新機関は，制限をどのように設定するかが問題となる．ケインズ案では，「赤字国の赤字が，割当を受けたバンコールの一定比以上になると，その国は為替レートの切下げ，一定額の金準備の引渡し，海外投資規制等を受け，逆に黒字国の黒字の割合が一定比以上になると，逆に為替レートの切上げ，国内拡大政策，海外援助などを求める」となっている．実際には，新機関の理事会が権限を持ち，ケインズ案で示されたような調整機能を持つためには，基礎となる統計資料などは各国中銀や財務当局などが関与するため，比較的入手が容易であろう．

ここで，欧州やアジアで設立されてきた新しい地域的な危機対応の基金との関係をみると，新機関は各地域の準備基金である欧州安定メカニズム (ESM)，事実上のアジア通貨基金である AMRO (ASEAN + 3 Macroeconomic Office) や新興国中心の NDB (New Development Bank) 傘下の CRA (Contingent Reserve Arrangement) などと協調する．新機関は原則的に，すべての先進国・新興国・途上国の国際収支上の困難な場合を対象とする．

第 7 章　新しい国際金融の課題と展望　　　　　　　　　　251

各国口座の不均衡について

　ケインズ案では，各国の貿易総額（輸出入合計額）を考慮して口座のクォータを決定する方式であった．新機関では，経常収支と金融・資本収支総額のバランスを考慮し，国際収支全体を対象とする方式とする．この方式であれば，その額は理論的には当該国の外貨準備高および誤差・脱漏に等しくなる．国により誤差脱漏の大きい国（例：中国，ロシア）では，実際に国内の外貨準備高は公式値以上である可能性があるため，このような方式をとることが望ましい．

通貨単位

　国際資本移動が大幅に拡大し，先進国のみならず途上国での資金の流出入が当該国の外貨準備に大きな影響を与える現在，国際的な外貨準備の偏在（東アジアおよび産油国）を是正するためには，米国債以外の準備資産運用を多角化する必要がある．このため，現行では，主要先進国の通貨バスケットを考慮したSDRに準じた単位として使用されるが，長期的には，新興国の通貨をバスケットに組み込む必要がある．

理事会

　ケインズ案では，各主要国・地域代表の12代表を理事会メンバーとすることが示されている．現在では，IMF理事会において主要先進国5か国（米国，日本，ドイツ，英国，フランス）に加え，19の国・グループ代表計24の代表理事によって運営されており，これに準ずることとする．

　新機関では，IMFのような重要事項の決定について，85％条項による米国が事実上唯一の拒否権を有する状況は廃止し，重要事項については3分の2程度に制限を緩めることが提案できよう[33]．

所在地

　ケインズ案では，本部をロンドンおよびニューヨークとし，理事会はロンドンあるいはワシントンとしていたが，新機関の本部の所在地は，ワシントンに本部のある世界銀行とIMFが米国の影響力が強いことを鑑み，ロンドンに本部を置くことが最も適切であろう．その理由は，世界のユーロマネー運用の中

心はロンドン市場であり，さらにオイルマネーの中心はロンドン市場を通して投資されており，資金の集積が容易であるためである．ブレトンウッズ機関の世界銀行は引き続き米国（ワシントン）に留まることを考慮し，米国および欧州のバランスをとることの意義もある．この新機関の本部の所在地は，これまでの世界銀行総裁および IMF 専務理事がそれぞれ米国出身と欧州出身という慣習を今後廃止することも含めて改革が必要である．

コンディショナリティ

　上記の新たな「最後の貸手」の設立に関して最も重要な点は，危機時には大量かつ短期に流動性を当該国に供給できる体制を構築することが望ましい．危機に直面する当該国では，必要十分な外貨流動性を供給することが重要であるため，流動性が逼迫した当該国に当面不要かつ不適切なコンディショナリティ（金融リストラ等を含む構造「改革」，財政緊縮，金利引上げ等）は課さず，可能な限り資金の引出は可能とする．新機関は，新興国が設立した BRICS CRA が主に新興国，途上国向けであるのに対し，この新機関は先進国，新興国・途上国を問わず世界各国を対象とする．もちろん，CRA や既存の ESM, AMRO, ラテンアメリカ準備基金（FLAR）など地域金融準備機関はセーフティネットとしての基金として協力する．ただし，NDA, CRA とも主要新興国が主体であり，途上国に対する融資も拡大する予定である．

資本規制

　一般的に途上国・新興国など資本流出に伴う「資本収支危機」に直面している当該国では直接的な外貨交換目標値の設定や短期取引目的の資金流出を抑制することが望ましい．新機関は緊急時の正式な政策手段として資本流出規制策を導入することが必要とされよう．資本流出規制はこれまでに IMF のプログラムでは一部の例外（アイスランド）しか認められていない．アイスランドの結果的な成功は，大量に資金流出圧力に面した国ではこうした資本流出規制政策が非常に有効であること，さらに外貨流動性の危機と為替下落の危機のみならず，金融危機への対処や景気回復策としても有効であることを証明している．したがって，新興国・途上国のみならず，日本のような先進国においても，何

らかの資本・金融規制を導入することは有効であろう．現状のように外人投資家の思惑で東京市場が大きく左右される現状では，投機的な短期取引を全面的に抑制することが長期的な経済・市場の安定につながる可能性が高い．

5.6　国際的債務再編メカニズムの構築

　2015年にギリシャの債務返済が困難となり事実上デフォルトとなったケースは，先進国においても急激な資本流出入と対外債務のリスクの深刻さを示している．IMFは上記のように現状では従来にない分野，すなわち国際収支上の困難ではなく財政収支上の困難な国への支援という領域に踏み出してきたが，これが常態化すると，財政収支が悪化した国でありかつ返済がほとんど不可能な国に対してIMFが融資を継続することが起こりかねない．しかも，ギリシャ問題はユーロ通貨の信認の低下への懸念という問題があり，従来の支援とは異なる側面がある．現在ではIMFやEUは債務再編なしでは融資継続困難という立場に転換しているものの，本格的な累積債務削減にはなお時間を要する．民間債務の部分的削減は実施したものの，ソブリン債の債務削減も必要となっているギリシャの例は，今後とも資本金融自由化とともにクロスボーダーの金融取引が拡大する状況下，今後とも債務再編メカニズムの設立は不可欠であることを示す．

　先進国においても資本金融取引の完全自由化の中で国際的な資本流出入が当該国の国内貯蓄率を低下させ，安易に海外資金に依存する構造を定着しやすい．さらに，（域内）通貨固定と資本自由化は本質的な債務危機を引き起こし，返済不可能な水準まで悪化しうることを証明した．このことは，いかに金融市場が整備され自由化されている先進国でも，むしろそれゆえに容易にリスクが拡大しやすくなる点で資本自由化は根本的な問題をはらんでいる．

　国際的な債務再編メカニズムの構築は国際金融体制の安定化には不可欠であるが，政治・外交的な問題が密接に関係しており，その実現は容易ではない[34]．しかし，資本自由化に対する慎重な対応や規制・管理に加え，対外債務返済が困難となった場合の国際的な協調体制の下で対外債務問題を処理するメカニズムとフレームワークを中長期的に確立することが今こそ求められている[35]．

注
1) 日本の経済学者のなかでは，こうした考え方は少数であろうが，市場関係者の利益を最優先するか，大多数の一般国民の利益を優先するかによって，こうした政策に対するスタンスは異なろう．資本規制に賛成するのは，一部の経済学者ではない立場の人々である．外国人投資家に短期のキャピタルゲインに課税することを主張，株式市場本来の役割である成長資金調達の目的に使われるべきであるとする．
2) 例えば，タイとマレーシアの経験から FDI や証券投資に対する資本規制の影響について分析しており，総じて有効としている Gochoco-Bautista et al.（2010）の研究など参照．
3) Villafuerte and Yap（2015）はアジアにおける資本規制の包括的なレビューをしている．
4) Fernandez et al.（2014）ではさまざまな関連研究がまとめられている．
5) Ocampo et al.（2008）参照．また Gallagher（2015）は包括的な資本・金融規制の有効性に関してまとめている．
6) 大田（2012）第6章では，資本規制の効果の実例研究の比較検討をしている．
7) Constabile（2008）は，ケインズ案（国際決済同盟）において各国の国際収支（特に経常収支）の不均衡が，その運営メカニズムによって次第に収束してゆくことに注目する．
8) アジア債券市場の育成はアジア地域の資金還流の一環として推進されようが，根本的には世界的な外貨流動性が緊急時に無条件で得られるシステムが必要である．東アジアを中心とした外貨準備の運用問題は，既に世界的に認識されており，Harold James は，IMF がドル外貨準備の管理に関し役割を果たすべきであると主張する（Bretton Woods Project, 2008b）．
9) Stiglitz（2006a）は，アルゼンチンが IMF のコンディショナリティを受け入れて借入を継続した場合，景気低迷が続き，さらに IMF 融資に依存が続いた可能性を指摘する．Stiglitz（2006a）Chapter 8 参照．
10) Ocampo & Palma（2008）参照．
11) 各国の思惑も微妙に異なるため，最終的な具体案の合意まで調整に手間取る可能性もある．EU の金融取引税の詳細については Hemmelgarn et al.（2016）参照．
12) 当初参加を検討していたエストニアは FTT 導入に伴う事務手続きコストと実際の税収を考慮して導入のメリットが少ないと判断し，当面参加を見送っている（Maurice, 2015）．
13) Brinded（2015）．
14) Basel III では，普通株と内部留保など比較的安定的な「中核的自己資本（Tier1）」を，投資や融資などの損失を被る恐れがある「リスク資産」に対して，一定割合（全資産の 7% 以上）保有することが義務づけられている．しかし，リスク資産の算定についてさまざまな見解がある．
15) 国際金融体制の在り方について包括的に論じたものとして Ocampo（2014）参照．
16) Ocampo（2011）．
17) 中国は，5 年に 1 回の見直しに合わせて 2015 年に SDR に中国人民元を加えるこ

とが承認され，16年11月から中国人民元がSDR通貨として組み入れられる．しかし，SDR通貨として名実ともに認められるためには，①通貨の完全な交換性，②資本・為替取引自由化が必要である．しかし，公式には実現されていない．
18) 詳細なSDRをめぐる議論はOcampo（2011）参照（Special Drawing Rights and the Reform of the Global Reserve system" in Reforming the International Financial System for Development, Initiative for Policy Dialogue, Columbia University）．
19) 神田（2015b）第2章5.参照．
20) 先進国（米国，日本，英国，フランス，ドイツ，イタリア，スペイン，スイス，カナダ，オーストラリア，オランダ），EU，新興国（中国，インド，ロシア，ブラジル，南ア，アルゼンチン，韓国，シンガポール，香港，インドネシア，メキシコ，サウジアラビア）を含む．
21) FSBに関与する関連機関および委員会はIMF，世界銀行，BIS，OECDのほか，関連のバーゼル銀行監督委員会（Basel Committee on Banking Supervision, BCBS），グローバル金融システム委員会（Committee on the Global Financial System, CGFS），決済・市場インフラ委員会（Committee on Payments and Market Infrastructures, CPMI），保険監督者国際機構（International Association of Insurance Supervisors, IAIS）および国際公認会計士協会（International Accounting Standards Board, IASB），証券監督者国際機構（International Organization of Securities Commissions, IOSCO）である．
22) Stiglitz（2009）Chapter 4.21,22参照．ここでは，世界経済・市場におけるシステミック・リスクの根本的な対策を検討するものとしている．
23) ただし，米国当局は，経常赤字ファイナンス維持のため，エマージング諸国を含む海外投資家が米国債に継続的に投資することを望むであろう．仮に世界基金（新機関）に預金された資金の分散的運用が一層進むことを考慮すれば，T-bill以外の金融商品に資産が分散化されることになるため，米国当局はそうした機関の設立には反対する可能性がある．
24) 現状では，米国は国益を考慮してこのような案には当面反対するであろう．しかし，新たな国際機関が，積極的に資金の運用をグローバル規模で行うオプションもあり，その場合，米国債のみならずグローバル市場での運用が可能となる．さらに，現存のECBが運営しているTARGET2のような欧州中銀間での決済システムなどと提携し運用することも一案である．そうした場合，米国債も投資対象となり，巨大な赤字を補う一助にはなろう．
25) 以下の国際決済同盟に関する取り決めはKeynes全集第25巻（1980）による．
26) 正式名称は"Report of the Commission of Experts of the President of the U.N. General Assembly on Reforms of the International Monetary and Financial System"（September 21, 2009）．委員会メンバーにはStiglitzの他，Ocampo（コロンビア大教授），元国連事務総長Boutros-Ghali，榊原英輔（元財務官）など総勢18名が加わっていた．
27) Stiglitz（2006a）では，'greenbacks'と呼称しているが，2009年国連案ではIMF

のSDRのような通貨単位も用いることは可能であるとしている。SDRを代替通貨単位とする考え方はOcampo（2011）でも表明されている。

28) Stiglitz（2009）（原文報告書）およびStiglitz（2011）第5章参照。
29) 現行のSDRではIMF側の資産構成ではSDRは預金として勘定されず，あくまで各国中央銀行の司祭・負債として構成されている。この点で，国際準備通貨制度は根本的に異なる。
30) Stiglitz（2006a）Chapter 9（Reforming the Global Reserve System）参照。
31) Eatwell & Taylor（2001）は，IMFが中銀を監督するBISとの連携を主張する。BISは先進国・主要エマージング各国の中銀の金融および資金流出入統計を担当する。さらにBISは現行の活動範囲にとどまらず，実際に「中央銀行の銀行」としての立場を果たしうることを考えれば，新機関の設立にあたり従来に比べ積極的な役割や活動の連携が期待される。ただし，BISは先進国及び中所得主要国がメンバーであるため，低所得国を含む途上国全般をカバーする新機関の設立が必要である。さらに，OECDは先進国の各種統計の整備・調査を行う。
32) 専門スタッフによって資産運用を委託する金融機関の選択およびバランスシート管理を行う。ロンドンに拠点を置くことは，金融面のみならず，従来ワシントンにあったIMFへの米国の影響力を弱めるという政治経済的な観点から欧州に設立する意義は大きいと考えられる。さらに，既存の欧州中央銀行（ECB）が設立した決済システムであるTARGET II，さらに既存の大規模な決済機関のEuroclearなどを活用し，積極的な運営が望まれる。
33) ケインズはもともとIMFの原型の案となった米国案のInternational Monetary Stabilization Fundの運営に関しての多数決条項で5分の4以上とする規定を緩和するべきであるとの見解を示している（ケインズ全集24巻p.322-323）。これは明らかに米国のみが決定事項に大きな影響を与える可能性を排除したものと考えられる。
34) 最初に国家債務再編メカニズムを提案したのはA.O.クルーガーIMF筆頭副専務理事（当時）であったが，加盟国に拒否され実現しなかった。
35) 具体的な対外債務削減の方法などについてはGuzman et al.（2016）参照。

参考文献

荒巻健二（2004a）「金融グローバリゼーションが途上国の成長と不安定性に及ぼす影響─IMFスタッフによる実証結果のサーベイ─」，国際協力銀行（JBIC）開発研究所報 第18号2月．

荒巻健二（2004b）「資本取引自由化の sequencing─日本の経験と中国への示唆─」，国際協力銀行（JBIC）開発研究所報　第21号11月．

池上彰（2015）「経済の問題」（国際協力から自立の道へ），ゲスト宮司正毅，JICA Web (http://www.jica.go.jp/aboutoda/ikegami/06/index.html)

石川滋（2002a）「貧困削減か成長促進か」『日本学士院紀要』第56巻第2号．

石川滋（2002b）「世界銀行の国際開発政策見直しと日本のODA」『社会科学研究』第53巻第6号．

井出穰治・児玉千代子（2014）『IMFと世界銀行の最前線』日本評論社．

稲田十一（2002）「世銀改革をめぐる近年の議論」『世界銀行等の開発援助政策に係わる検討』財務省/JCIF「MDBs研究会」報告書，2002年3月，1-17頁．

井上哲也（2015）「FRBによる「最後の貸し手（LLR）」の改訂」Note on Financial Markets, Dec.31, 2015．野村総合研究所．

上原啓一（2015）「アジアインフラ投資銀行の設立に向けた動きについて─アジアのインフラ投資をいかに推進していくのか─」『立法と調査』No. 369．

蛯谷敏（2016）「世界を揺さぶるチャイナ・オイルショック─ガーナ，チャイルショックでアフリカが直面するきついツケ─」日経ビジネスオンライン，2016年2月16日．

大田英明（2005）「IMF・世銀の分析フレームワークと経済プログラム─必要とされる「現実的」分析モデル─」『愛媛経済論集』第24巻第3号，1-28頁．

大田英明（2006）「IMFの経済プログラムと今後の課題─必要とされる分析フレームワークの見直し─」『国際比較研究』愛媛大学国際比較研究会，2006Vol.2, 1-26頁．

大田英明（2006a）「IMFの経済プログラムと今後の課題（1），（2）」『国際金融』1158号，26-42頁，1159号，44-49頁，2006年12月（2006.1.1, 2006.2.1）．

大田英明（2007）「ブレトンウッズ機関の課題と展望─苦悩するIMFと迫られる根本的見直し─」『愛媛経済論集』第26巻第3号，1-21頁，2007年8月．

大田英明（2008a）「望まれるIMF『改革』路線の根本的見直し」『愛媛経済論集』第25巻第1号，1-28頁．

大田英明（2008c）『「新」国際金融システムの課題─迫られるIMFの「構造改革」─』東京経済情報出版．

大田英明（2009）『IMF─使命と誤算─』中央公論新社．

大田英明（2011）「インドの資本自由化と規制─金融市場における有効性─」『愛媛経済論集』第30巻第1・2・3号，1-20頁．

大田英明（2012a）『資本規制の経済学』日本評論社．

大田英明（2012b）「インドネシアの資本自由化と規制─実体経済と金融市場における

有効性―」『愛媛経済論集』，第 32 巻第 1 号：15-41 頁．
大田英明（2012c）「ラテンアメリカの資本自由化と規制―アルゼンチンとチリの経験―」『愛媛大学法文学部論集』総合政策学科編，第 33 号，1-55 頁．
大田英明（2013）「日本の金融政策と資本流出入の影響―無力化する国内金融政策―」『立命館国際研究』第 26 巻 2 号，1-41 頁．
大田英明（2015）「先進国金融政策の新興国への影響―国際資本移動に伴うリスクと規制の課題―」，『立命館国際研究』第 28 巻 2 号，85-117 頁．
大野泉（2000）『開発援助戦略の変革』NTT 出版株式会社．
大野健一，大野泉（1998）『IMF と世界銀行　内側からみた開発金融機関』日本評論社．
大野早苗・福田慎一（2006）「通貨危機後の東アジア経済圏における為替政策」福田慎一・小川英治編『国際金融システムの制度設計：通貨危機後の東アジアへの教訓』東京大学出版会．
岡村健司編（2009）『国際金融危機と IMF』大蔵財務協会．
奥田宏司（1989）『途上国債務危機と IMF，世界銀行―80 年代のブレトンウッズ機関とドル体制―』同文舘．
河合正弘（2001）「新興市場経済と国際金融システム改革―東アジア通貨・金融危機の教訓―」フィナンシャル・レビュー，財務省財務総合政策研究所，January 2001.
柯隆（2015）「中国の国際戦略　AIIB の狙い，課題と行方」『China Focus』富士通総研 8 月 8 日．
神田眞人（2015a）「インフラ支援について」，『ファイナンス』2015 年 7 月号．
神田眞人（2015b）『国際金融のフロンティア』財経詳報社．
金堅敏（2015）「中国のアジアインフラ投資銀行（AIIB）戦略の真意」，富士通総研 Web，2015 年 5 月 14 日．
国宗浩三編（2007）『IMF と開発途上国』調査研究報告書，アジア経済研究所．
清水聡（2015）「アジアにおけるインフラ・ファイナンス―現状と課題―」『環太平洋ビジネス情報』，Vol.15. No.59.
瀬藤芳哉（2006）「IMF 独立政策評価室レポートのアルゼンチン政府のコメントについて」『開発金研究所報』第 28 号，168-183 頁，国際協力銀行．
関根栄一（2014）「双方向での人民元建て証券投資を促進する上海・香港相互株式制度」『季刊 中国資本市場研究』Vol.8-2.
関根栄一（2016a）「アジアインフラ投資銀行（AIIB）の発足と今後想定される融資活動」『野村資本市場クォータリー』2016 年冬号，野村資本市場研究所．
関根栄一（2016b）「IMF の特別引出権（SDR）への人民元の採用の意味と今後の焦点」『資本市場クォータリー』2016 年冬号野村資本市場研究所．
高木信二（2006）「通貨危機の政治経済学：アルゼンチンから学ぶ」福田・小川編『国際金融システムの制度設計：通貨危機後の東アジアへの教訓』第 8 章，東京大学出版会．
高木信二（2013）『新しい国際通貨制度に向けて』，NTT 出版．
高島康司（2015）「米・中に踊らされる日本．複数のシンクタンクが見抜いた AIIB の真実」Money Voice（http://www.mag2.com/p/money/6353）2015 年 11 月 19 日．

田中五郎（2002）『国際通貨制度の改革』日本評論社.
西川輝（2014）『IMF自由主義政策の形成』名古屋大学出版会.
西濱徹（2015）「中国人民銀，堪らず追加金融緩和～市場の催促に応じて再び「なり振り構わず」Asia Trends,（8/26）第一生命経済研究所.
西村豪太（2015）『米中経済戦争：AIIB対TPP』東洋経済新報社.
日本経済新聞（2016）「新シルクロードに商機　アジア投資銀きょう開業：山東如意・科天集団…中国企業，中央アジア・中東へ」，2016年1月16日.
日本貿易振興機構（JETRO）（2015）「自動車産業開発計画，ブハリ新政権の取り組みに注目」『通商弘報』，2015年8月4日.
本間雅美（2008）『世界銀行と開発政策融資』，同文館出版，2008年3月.
堀江正人（2013）「ラトビア経済の現状と今後の展望」三菱UFJリサーチコンサルティング，2013年8月30日.
真壁昭夫『AIIBの正体』祥伝社新書，2015年.
丸山静雄（1991）『アジアの開発と援助』新日本出版社.
三浦有史（2015）「AIIB参加の是非を考える―グローバルな投資構造，開発金融秩序，ガバナンスの観点から―」日本総合研究所.
美根慶樹（2015）「プロから見ればAIIBは国際機関ではない　アジアインフラ銀行は中国の国内銀行だ」東洋経済オンライン，2015年8月1日.
宮崎正弘（2015）『AIIB　アジアインフラ投資銀行の凄惨な末路』PHP研究所.
宗永健作（2015）「AIIB:アジアインフラ投資銀行設立をめぐる動き」三井物産戦略研究所．[http://mitsui.mgssi.com/issues/report/r150512_munenaga.pdf#search='].
文京洙（2015）『新・韓国現代史』岩波書店.
盛真以子（2007）「ワシントン・コンセンサス」の諸問題とその克服への道―中南米における「ポスト・ワシントン・コンセンサス」の適用をめぐって―」『岡山大学経済学会雑誌』第39巻第3号：1-22頁.
吉冨勝（2003）『アジア経済の真実―奇蹟，危機，制度の進化』，東洋経済新報社.
吉田頼且（2004）「ラテン・アメリカの金融協力フレームワーク」『国際経済金融論考』.
Aizenman, Joshua, M.D. Chinn, and H.Ito (2010) The Emerging Global Financial Architecture: Tracing and Evaluating the New Patterns of the Trilemma's Configurations, *Journal of International Money and Finance*, 29(4): 6145–41.
Alberola, E.,Lopez, H. & Seven, L. (2004) Tango with the Gringo: The hard peg and real misalignment in Argentina, World Bank Policy Research Working Paper No. 3322, June 2004.
Asian Development Bank (2013) *The Road to Asean Financial Integration A Combined Study on Assessing the Financial Landscape and Formulating Milestones for Monetary and Financial Integration in ASEAN*, ADB and ASEAN, 2013.
Aziz, Iwan J. (2001) Modeling Crisis Evolution and Counterfactual Policy Simulations: A Country Case Study, *ADB Institute Working Pape*r No.23, August 2001.

Bacha, Edmar (1990) A three-gap model of foreign transfers and the GDP growth rate in developing countries, *Journal of Development Economics*, 1990, vol. 32 (2): 279–296.

Baqir, Reza, Rodney Ramcharan, Ratna Sahay (2005) IMF Program Design and Growth: Is Optimism Deliberate? Is it Defensible?, *IMF Staff Papers* Vol.52. No.2.

Barth, Richard & Hemphill, William (2000) *Financial Programming and Policy: The Case of Turkey*, IMF Institute, IMF.

Berg, Andrew G.; Ostry, Jonathan D. (2011) Inequality and Unsustainable Growth: Two Sides of the Same Coin?, International Monetary Fund. p. 20. 8 April, 2011.

Birdsall, Nancy and Fukuyama, Francis (2015) The Post-Washington Consensus, *Foreign Affairs*, March/April 2011.

Buira, Ariel (2003) An Analysis of IMF Conditionality, XVI Technical Group Meeting of the Intergovernmental Group 24, February 13–14, 2003.

Bulir, Ales and Soojin Moon (2006) Long-Term Fiscal Developments and IMF Conditionality: Is There a Link?, in A.Mody & A. Rebucci ed. *IMF-Supported Programs*, IMF.

Bretton Woods Project (2006) IMF macroeconomic advice: 'thanks, but no thanks', *Bretton Woods Update 58*, November/ December 2006.

Bretton Woods Project (2007a) Ungovernable debate over Fund governance Reform, *Bretton Woods Update, 58,* November/ December 2007.

Bretton Woods Project (2007b), "Fund fights capital controls, not turbulent capital markets, *Bretton Woods Update 58*, November/ December 2007.

Bretton Woods Project (2008a) Staff in black: IMF faces structural adjustment, *Bretton Woods Update* 59, Jan./Feb., 2008.

Bretton Woods Project (2008b) As dollar, markets crash where is the IMF? , *Bretton Woods Update 59,* Jan./Feb., 2008.

Bretton Woods Project (2009a) Will IMF loans hurt the poor this time around?," *Bretton Woods Update 64,* January/February 2009.

Bretton Woods Project (2009b) IMF Bigger but not much nicer" *Bretton Woods Update 65,* March/April 2009.

Bretton Woods Project (2009c) IMF emergency loans: Greater flexibility to overcome the crisis?," *Bretton Woods Update 65,* March/April 2009.

Bretton Woods Project (2009d) Latin America: Return to the IMF or reinforce alternatives?, *Bretton Woods Update 65,* March/April 2009.

Bretton Woods Project (2009e) G20 'trillion' dollars magic trick: Reforms remain house of cards, *Bretton Woods Update 65,* March/April 2009.

Bretton Woods Project (2009f) IMF austerity chills crisis countries," *Bretton Woods Update 66,* July/August 2009.

Bretton Woods Project (2009g) Hungary and the IMF," *Bretton Woods Update 66,*

July/August 2009.

Bretton Woods Project (2009h) Rebranding hides little change for IMF lending, *Bretton Woods Update 67,* September/October 2009.

Bretton Woods Project (2014a) *IMF conditionality and its discontents*, 23 January 2014 *Bretton Woods Observer*, Winter 2014.

Bretton Woods Project (2014b) World Bank's climate change crusade: rhetoric or reality?, *Bretton Woods Observer*, Spring, 2014.

Bretton Woods Project (2014c) The rise of the infrastructure giants Bank's infrastructure hegemony challenged in Asia, *Bretton Woods Observer* Summer, 2014.

Bretton Woods Project (2014d) World Bank-funded mines threatening livelihoods, *Bretton Woods Observer*, Summer 2014.

Bretton Woods Project (2014e) IMF: Ukraine's "tough programme"; *Bretton Woods Observer*, Summer 2014.

Bretton Woods Project (2014f) Ghana under pressure: IMF loan feared, *Bretton Woods Observer*, Summer 2014.

Bretton Woods Project (2014g) IMF and World Bank: another 70 years? *Bretton Woods Observer*, Autumn 2014.

Bretton Woods Project (2014i) Ghana and the IMF- A Window into Africa's Future?, *Bretton Woods Observer*, Autumn 2014.

Bretton Woods Project (2014j) A poor diagnosis: the World Bank's health record, *Bretton Woods Observer*, Autumn 2014.

Bretton Woods Project (2015a) IMF loans and conditions increasing, *Bretton Woods Observer,* Winter 2015.

Bretton Woods Project (2015b) Out with the new, in with the old? World Bank restructure reveals "colonial mindset", *Bretton Woods Observer,* Winter 2015.

Bretton Woods Project (2015c) World Bank results: "a long-term, steady downward Trend, *Bretton Woods Observer*, Summer, 2015.

Bretton Woods Project (2015d) Greece: IMF fails to learn own "lesson on the economic impact of austerity," *Bretton Woods Observer*, September 2015.

Bretton Woods Project (2015e) Throwing evidence to the wind? The World Bank Continues pushing PPPs, *Bretton Woods Observer,* Autumn 2015.

Bretton Woods Project (2016a) World Bank's risk rating record for policy lending slammed by internal evaluator, *Bretton Woods Observer,* Winter 2016.

Bretton Woods Project (2016b) IMF rule-change sustains lending to Ukraine, 1 February 2016.

Bretton Woods Project (2016c) World Bank's country engagement approach 7 February.

Bretton Woods Project (2016d) World Bank call for hydropower to combat climate change challenged, 8 February 2016.

Bretton Woods Project (2016e) IMF contemplates returning to Greece ... again, 8 February, 2016.

Brinded, Lianna (2015) Britain's Labour party is backing a popular new tax on the City, *Business Insider,* Sep. 28, 2015. (http://uk.businessinsider.com/labour-party-john-mcdonnell-and-jeremy-corbyns-economic-plans-include-robin-hood-tax-2015-9)

Caliari, Aldo (2015) Miracle-makers" IMF, World Bank found wearing no clothes at Lima Annual Meetings, *Rethinking Bretton Woods*, Oct 21, 2015.

Carasik, Lauren (2015) The World Bank has an accountability problem: Bank fails to protect critics but safeguards its impunity, Digital Commons, Western New England University School of Law. July 22, 2015.

Chen, H.C. Derek, T. Ranaweera and A. Storozhuk (2004) The RMSM-X + P: A Minimal Poverty Module for the RMSM-X, *Policy Research Working Paper*, World Bank.

Chen, Qianying, A. Filardo, Dong He and Feng Zhu (2015) Financial crisis, US unconventional monetary policy and international spillovers, *BIS Working Papers* No 494, Monetary and Economic Department, March 2015.

Chinn-Ito Index– A de jure measure of financial openness– (http://web.pdx.edu/~ito/Chinn-Ito_website.htm)

Chwieroth, Jeffery M. (2010) *What Matters for Financial Liberalization*, Princeton University Press.

Chwieroth, J.M. (2010) *Capital Ideas: The IMF and the Rise of Financial Liberalization*. Princeton University Press.

Chwieroth, J.M. (2013) Controlling Capital: The IMF and Transformational Incremental Change from within International Organizations, *New Political Economy*. 19 (3) : 445–469.

D' Arista, Jane and Griffith-Jones, Stephany (2011) Reforming Financial Regulation: What needs to be done, in Sundarem ed. (2011), Columbia University Press.

Dell'Ariccia, Giovanni, et al. (2008) Reaping the Benefits of Financial Globalization, *IMF Occasional Paper* No. 264.

Devarajan, S. and D. S. Go (with F.M.Charlier, A. Dabalen, W.R.Easterly, H.Fofack, J.A.Izquierdo and L.Koryukin) (2002) The 123PRSP Model.

Devarajan, S., D.D.Go, J.D.Lewis, S. Robinson, and P.Sinko (1997) Simple General Equilibrium Modeling, in J.F.Francois and K.A. Reinhart ed. (1997), *Applied Methods for Trade Policy Analysis* A Handbook, Cambridge University Press.

Devarajan, S., and D. Go (with F. Charlier, A. Dabalen, W. Easterly, H. Fofack, A. Izquierdo, and L. Koryukin) (2002) A Macroeconomic Framework for Poverty Reduction Strategy Papers, with an Application to Zambia. World Bank.

DFID (2007) The UK and the World Bank," Department for International Development (DFID), November 2007.

Dhingra, Sonal (2004) Equity Market vs. Capital Account Liberalization: A Comparison of Growth Effects of Liberalization Policies in Developing Countries, July.

Drazen, Allan (2002) Conditionality and Pwnership in IMF Lending: A Political Economy Approach, *IMF Staff Paper*, Vo.49.

Dreher, Axel (2001) The Development and Implementation of IMF and World Bank Conditionality, *HWWA Discussion Paper*, November 14.

Dreher, A. and Vaubel, Roland (2003) The Causes and Consequences of IMF Conditionality, *International Finance* 0309004, October.

Dreher, A. and R. Vaubel (2004a) Do IMF and IBRD cause moral hazard and political business cycles?: Evidence from panel data, *Open Economic Review*, Vol.15, No.1:5-22.

Dreher, A. and R. Vaubel (2004b) The Causes and Consequences of IMF Conditionality, *Emerging Market Finance and Trade* 40 (3) : 26-54, May

Dreher, A. and N. Jensen (2005) Independent Ctor or Agent? An Empirical Analysis of the Impact of US Interests on IMF Conditons, *KOF Working Papers* No.118, December 2005.

Dreher, A. (2006a) IMF and economic growth: The effects of programs, loans, and compliance with conditionality, *World Development,* Volume 34, Issue 5: 769-788.

Dreher, A. (2006b) Does Globalization Affect Growth: Evidence from a New Index of Globalization, *Applied Economics* 38 (10) : 1091-1110.

Dreher, A. and S.M. Rupprecht (2007) IMF programs and reforms – inhibition or encouragement?, Department of Management, Technology, and Economics, Zurich, 26 March.

Dreher, A. S.Marchesi and J.R.Vreeland (2007), The Politics of IMF Forecasts, *KOF Working Papers* No.176.

Dreher, A. (2008) IMF Conditionality: Theory and Evidence, *KOF Working Papers* No.188 February.

Dreher, A. and S. Walter (2008) Does the IMF Help or Hurt? The Effect of IMF Programs on the Likelihood and Outcome of Currency Crises, *KOF Working Papers* No.186, January.

Easterly, William (1999) The Ghost of Financing Gap, *Journal of Development Economics* 60 (2) : 423-438.

Easterly, W., R. Islam, and J.E. Stiglitz (2000) Explaining Growth Volatility, The World Bank, January 2000.

Easterly, W. (2000) The effect of IMF and World Bank programs on poverty, Working Paper Series, New York University, December 2000.

Easterly, W. (2001) The Lost Decades: Developing Countries' Stagnation in Spite of Policy Reform 1980-1998, World Bank, February 2001.

Easterly, William and Levine, Ross (2001) *What have we learned from a decade of empirical research on growth?* It's Not Factor Accumulation: Stylized Facts and Growth Models, *World Bank Economic Review* Vol. 15, Issue 2; 177-29, August 2011.

Easterly, W. (2002) What did structural adjustment adjust?: The association of policies and growth with repeated IMF and World Bank adjustment loans", *Center for Global Development*, Institute for International Economics, August 2002.

Easterly, W. (2006a) An Identity Crisis? :Examining IMF Financial Programming, *World Development*, Vol. 34 (6) : 964-980.

Easterly, W. (2006b) *The White Man's Burden*, The Penguin Press, N.Y.

Eatwell, John and L.J. Taylor (2001) Global Finance at Risk: The Case for International Regulation, The New Press, February (岩本武和・伊豆久訳『金融グローバル化の危機—国際金融規制の経済学, 岩波書店』).

Edwards, Sebastian and Raul Susmel (2001) Volatility Dependence and Contagion in Emerging Equity Markets, *NBER Working Paper* No.8506.

Eichengreen, B., Kletzer, K., Mody, A. (2005) The IMF in a World of Private Capital Markets, *NBER Working Paper* No.11198, March 2005.

Eichengreen, B., Gupta, P. and Mody, A. (2006) Sudden Stops and IMF-Supported Programs, *NBER Working Paper* 12235, May 2006.

Ellmers, Bodo (2015) Greece should default on its IMF loans, *Bretton Woods Observer,* August 2015.

Engstraem, Mats (2009) Latvia's Crisis: the Swedish factor, *Open Democracy* 10 June.

Epstein, Gerald (2011) Should Financial Flows be Regulated? Yes, in *Reforming the International Financial System for Development* ed.by J.K.Sundaram, Columbia University Press, New York.

Erten, Bilge and J.A. Ocampo (2013) Capital Account Regulations, Foreign Exchange Pressure, and Crisis Resilience, *Working Paper Series*, Initiative for Policy Dialogue, October 2013.

Eurodad (2006) World Bank and IMF conditionality: a development injustice, June 2006.

Fernandez, Andrés, Michael W. Klein, Alessandro Rebucci, Martin Schindler, and Martín Uribe (2015) Capital Control Measures: A New Dataset, *NBER Working Paper* No.20970, February 2015.

Fischer, Stanley (1997) Capital-Account Liberalization and the Role of the IMF, at the IMF Seminar "*Asia and the IMF*", September 19.

Fischer, S. (1998) The Asian Crisis and the Changing Role of IMF, in *Finance and Development*, June 1988.

Fischer, S. (2000a) The Role of IMF, Presentation to the IFIAC Commission (Meltzer

Commission), 2 February.
Fischer, S. (2000b) Ecuador and IMF, Hoover Institution Conference on Currency Unions, Palo Alto, California, May 19, 2000, IMF.
Fischer, S. (2001a) Exchange Rate Regimes: Is the Bipolar View Correct?, *Journal of Economic Perspectives:* 15 (2).
Fischer, S. (2001b) Farewell to the IMF Executive Board, August 30, 2001. IMF.
Frost, Emily (2016) Recent Banking Sector Developments in the ASEAN Region, *Internationalbanker*, March 21, 2016.
Gallagher, Kevin P. and Yuan Tian (2014) Regulating Capital Flows in Emerging Markets: The IMF and the Global Financial Crisis, *GEGI Working Paper* No.3, Global Economic Governance Initiative, Boston University.
Gallagher, Kevin P. (2015) *Ruling Capital: Emerging Markets and the Regulation of Cross- Border Finance*, Cornell University Press.
Ghosh, Atish R. and Mahvash S.Qureshi (2006) What's In a Name? That Which We Call Capital Controls, IMF *Working Paper* 16-25.
Glick, Reuven, Guo, Xueyan, and Hutchison, Michael (2004) Currency Crises, Capital Account Liberalization, and Selection Bias, June.
Ghosh, A., L. Timothy, A. Thomas, and J. Zalduendo (2006), Program Objectives and, Program Success, in 'IMF-Supported Programs: Recent Staff Research: Recent Staff Research ed. A. Mody and A. Rebucci, IMF.
Gochoco-Bautista, Maria S., J. Jongwanich, and J.W. Lee (2010) How Effective are Capital Controls in Asia?, *ADB Economics Working Paper* No. 224, October 2010.
Gochoco-Bautista, Maria Socorro,Rhee, Changyong (2013) Capital Controls: A Pragmatic Proposal, *ADB Economics Working Paper Series,* No.337, February 2013.
Gonzales Armijo, Mariana (2014) Dangers of dilution: World Bank's new weak environmental and social framework, Observer, Bretton Woods Project, Autumn 2014.
Grant, Wyn and Graham K. Wilson (2012) The Consequences of the Global Financial Crisis: The Rhetoric of Reform and Regulation, Oxford University Press.
Granville, Briggitte and Sushanta Mallick, (2005) How Best to Link Poverty Reduction and Debt Sustainability in IMF-World Bank Models? *International Review of Applied Economics*, 19 (1) : 67–85.
Guitian, Manuel (1996) The Unique Nature of the Responsibilities of the International Monetary Fund, *International Monetary Fund Pamphlet series* No.46.
Guzman, Martin, J. A. Ocampo. and J. E. Stiglitz ed, (2016) *Too Little, too Late: The Quest to Resolve Sovereign Debt Crises,* Initiative for Policy Dialogue, Columbia University Press, May.

Hammer, Karin (2015) Iceland Makes Strong Recovery from 2008 Financial Crisis, *IMF Survey*. March 13 2015.

Helleiner, Eric (2011) Contemporary Reform of Global Financial Governance: Implications of and lessons from the past, in *Reforming the International Financial System for Development*, ed. By Sundarem, Jomo Kwame, Columbia University Press.

Hemmelgarn, Thomas, G. Nicodème, B. Tasnadi, and P. Vermote (2016) Financial Transaction Taxes in the European Union, *European Commission*, January 2016.

Hofman, David (2009) Metal Fatigue, *Finance & Development* Vo.46 No.1, March2009.

Hudson, Michael (2015) Why Greece's Debt is Illegal, July 11, 2015.

IMF (1998a) Three-Year Extended Fund Facility for Argentina, February 4 1998.

IMF (1998b) IMF Approves Three-Year Extended Fund Facility for Argentina, *Press Release* No. 98/1, February 4, 1998.

IMF (1998c) Argentina: Recent Economic Developments, *IMF Staff Country Report* No.98/38, April 1998.

IMF (1998d) Hedge Funds and Financial Market Dynamics, May.

IMF (1998b) The IMF's Responce to the Asian Crisis, 17 January.

IMF (1998c) In Defence of the IMF's Emergency Role in East Asia, *International Herald Tribune* 9 October.

IMF (1998d) Communique of the Interim Committee of the Board of Governors of the IMF, October 4.

IMF (1998e) Financial Sector Soundness and International Financial Reform M. Camdessus, Managing Director, Nov.18.

IMF (1999a) IMF Press Briefing "Transparency, Standards, and CCL April 26.

IMF (1999b) Report of the Managing Director to the Interim Committee on Progress in Strengthening the Architecture of the International Financial System" April 26.

IMF (1999c) Communique of the Interim Committee of the Board of the Governors of IMF, Press Release No. 99/15 27 April.

IMF (2000a) IMF Approves US$7.2 Billion Three-Year Stand-By Credit for Argentina, Press Release No. 00/17, March 10, 2000.

IMF (2000b) Argentina's Structural Reforms of the 1990s, *Finance and Development*, March 2000, Volume 37, Number 1.

IMF (2000c) Argentina: Article Consultation and First Review under the Stand-By Arrangement, and the Modification of Performance Criteria, *IMF Staff Country Report* No. 00/164, December 2000.

IMF (2002a) A Sovereign Debt Restructuring Mechanism – Further Reflection and Future Work, February 14.

IMF (2002b) The New Approach to Sovereign Debt Restructuring: Setting the

Incentives Right, March 1.
IMF (2003a) Evaluation Report on Fiscal Adjustment in IMF-Supported Programs, IEO, September.
IMF (2003b) Operational Guidance on the New Conditionality Guidelines, May 8.
IMF (2003b) Progress Report to International Monetary and Financial Committee on Crisis Resolution, September 5.
IMF (2003c) Operational Guidance on the New Conditionality Guidelines, May 8.
IMF (2003d) The IMF and Recent Capital Account Crises – Indonesia, Korea and Brazil, Independent Evaluation Office (IEO), September.
IMF (2003e) Lessons from the Crisis in Argentina Policy Development and Review Department, October 8.
IMF (2003f) *IMF Survey*, Vol.32 No.32 December 15.
IMF (2004a) Strengthening IMF-World Bank Collaboration on Country Programs and Conditionality — Progress Report, February 24.
IMF (2004b) Crisis Resolution: What the Fund is Doing Keynote Address by A. O. Krueger, First Deputy Managing Director, June 22.
IMF (2004c) Biennial Review of the Implementation of the Fund's Surveillance and of the 1977 Surveillance Decision- Content of Surveillance, July 2.
IMF (2004d) Biennial Review of the Fund's Surveillance — Overview; Modalities of Surveillance; Content of Surveillance; and Public Information Notice on the Executive Board Discussion, August 24.
IMF (2004e) Argentina: First Review Under the Stand-By Arrangement and Request for Waiver of Nonobservance and Applicability of Performance Criteria, *IMF Country Report* No. 04/194, July 2004.
IMF (2004f) Policy Monitoring Arrangement, Policy Development and Review Department, September 8.
IMF (2004g) The IMF and Argentina, 1991–2001, Independent Evaluation Office, October.
IMF (2004h) Macroeconomic and Structural Policies in Fund-Supported Programs: Review of Experience, Policy Development and Review Department, Nov.24, 2004.
IMF (2005a) IMF Executive Board Discusses Program Design, PIN No.05/16, February 8.
IMF (2005b) Executive Board Discusses Review of the Conditionality Guidelines IMF PIN No.05/52, April 15,
IMF (2005c) IEO *Report on the Evaluation of the IMF's Approach to Capital Account Liberalization,* April 20.
IMF (2005d) *Annual Report on Exchange Arrangements and Exchange Restrictions (AREAR),* August.
IMF (2005e) Implementation of the Policy Support Instrument, the Policy

Development and Review and Legal Department, September 2.

IMF (2005f) Financial Sector Assessment A Handbook (Chapter 12: Sequencing Financial Sector Reforms), [IMF and World Bank], September 29.

IMF (2005g) *IEO Evaluation Report: IMF Support to Jordan, 1989–2004,* December 6.

IMF (2005h) Executive Board Discusses Review of the Conditionality Guidelines IMF PIN No.05/52, April 15.

IMF (2006a) Review of Ex Post Assessments and Issues Relating to the Policy on Longer-Term Program Engagement, March 20.

IMF (2006b) The Managing Director's Report on Implementing on the Fund's Medium –term Strategy, April 15.

IMF (2006c) External Evaluation of IMF surveillance IEO, July 15.

IMF (2006d) IMF-Supported Programs: Recent Staff Research, ed. by Mody, Ashoka and Rebucci, Alessandro, IMF.

IMF (2007a) Committee to Study Sustainable Long-term Financing of the IMF : Final Report, January 31.

IMF (2007b) *An IEO Evaluation of IMF Exchange Rate Policy Advice, 1999-2005,* May 17.

IMF (2007c) *An IEO Evaluation of Structural Conditionality in IMF-Supported Programs,* November 27.

IMF (2008a) Ukraine: 2008 Article IV Consultation —Staff Report for Ukraine, *IMF Country Report* No. 08/227, July 2008.

IMF (2008b) Possible Topics for Evaluation over the Medium Term, IEO, August 5, 2008.

IMF (2008c) Review of Limits on Access to Financing in the Credit Tranches and Under the Extended Fund facility, and Overall Access Limits Under the General Resources Account, by Strategy, policy and Review and Finance Dept. September 2.

IMF (2008d) Hungary: 2008 Article IV Consultation, September, 2008.

IMF (2008e) European Economic Outlook, October 2008.

IMF (2008f) Hungary: Letter of Intent, and Technical memorandum of Understanding, November 4, 2008.

IMF (2008g) Pakistan: Letter of Intent, Memorandum of Economic and Financial Policies, and Technical Memorandum of Understanding, November 20.

IMF (2009a) Republic of Latvia: Request for Stand-By Arrangement - Staff Report; Staff Supplement, *IMF Country Report* No.09/3.

IMF (2009b) Initial Lessons of the Crisis for the Global Architecture and the IMF, Strategy, Policy, and Review Department, February 18, 2009.

IMF (2009c) IMF Overhauls Lending Framework, Press Release No. 09/85, March 24.

IMF (2009d) Committee on IMF Governance Reform: Final Report, March 24, 2009.

IMF (2009e) Group of Twenty March 13–14, 2009 London, Note by the Staff of the IMF.
IMF (2009f) *World Economic Outlook*, April / October 2009.
IMF (2009g) Romania: Letter of Intent and Technical Memorandum of Understanding, April 24, 2009.
IMF (2009h) IMF Key to Crisis Policy Response, IMF Survey online April 24, 2009.
IMF (2009i) *Communiqué of the International Monetary and Financial Committee of the Board of Governors of the International Monetary Fund*, Press Release No. 09/139, April 25, 2009.
IMF (2009j) Ukraine: First Review under the Stand-By Arrangement, Requests for Waivers of Nonobservance of Performance Criteria, and Rephasing of Purchases Under the Arrangement, *IMF Country Report* No. 09/173, May 2009.
IMF (2009k) Kyrgyz Republic: Letter of Intent and Technical Memorandum of Understanding, May 2009.
IMF (2009l) Background Note The IMF Response to the Global Crisis: Meeting the Needs of Low-Income Countries, July 29 2009.
IMF (2009m) Ukraine: Second Review under the Stand-By Arrangement and Request for Modification of Performance Criteria, *IMF Country Report* No.09/270, September 2009.
IMF (2009n) Romania: Letter of Intent and Technical Memorandum of Understanding, September 8.
IMF (2009o), Hungary: Letter of Intent and Technical Memorandum of Understanding, September 16, International Monetary Fund (IMF) (20).
IMF (2010a) Statement at the Conclusion of the IMF Mission to Ukraine, *Press Release* No. 10/132, April 2, 2010.
IMF (2010b) Statement by IMF Managing Director Dominique Strauss-Kahn Following his Meeting with President Yanukovych of Ukraine, *Press Release* No.10/144.
IMF (2011a) IMF Performance in the Run-up to the Financial and Economic Crisis: IMF Surveillance in 2004–07, Independent Evaluation Office (IEO), IMF.
IMF (2011b) Recent Experiences in Managing Capital Inflows- Cross-Cutting Themes and Possible Policy Framework, IMF.
IMF (2011c) Iceland's Unorthodox Policies Suggest Alternative Way Out of Crisis, *IMF Survey online* November 03, 2011.
IMF (2012a) The Liberalization and Management of Capital Flows: An Institutitonal View, International Monetary Fund, November 14 2012.
IMF (2012b) Liberalizing Capital Flows and Managing Outflows, *Background Paper*, March 13, 2012.
IMF (2013a) Guidance Note for the Liberalization and Management of Capital Flows, April 25, 2013.

IMF (2013b) Iceland: Selected Issues, 2013 Article IV Consultation and third Post-Program Monitoring Discussions, July 2013.
IMF (2013c) IMF Executive Board Concludes 2013 Article IV Consultation and Third Post Program Monitoring Discussions with Iceland, Press Release No.13/300 August 7.
IMF (2014a) Republic of Latvia: 2014 Article IV Consultation-Staff Report; Press Release, IMF Country Report, No14/115. May 2014.
IMF (2014b) Greece: Fifth Review under the Extended Arrangement under the Extended Fund Facility, and Request for Waiver of nonobservance of Performance Criterion and Rephasing of Access, *IMF Country Report* No.14/151, June 2014..
IMF (2014c) .Iceland: 2014 Article IV Consultation Fourth Post-Program Monitoring Discussions, July 2014.
IMF (2015a) Ukraine: Letter of Intent, Memorandum of Economic and Financial Policies, and Technical Memorandum of Understanding, February 27, 2015.
IMF (2015b) Nigeria: Selected Issue Paper, *IMF Country Report* No. 15/85, March 2015.
IMF (2015c) IMF's Approach to Capital Account Liberalization : Revisiting The 2005 IEO Evaluation, Independent Evaluation Office, IMF, March 2015.
IMF (2015d) Ghana: Request for a Three-year Arrangement under the Extended Credit Facility Staff Report, April 2015.
IMF (2015e) Iceland: Sixth Post-Program Monitoring Discussions, June 2015.
IMF (2015f) Ukraine: First Review under the Extended Arrangement, July 22, 2015.
IMF (2015g) IMF Welcomes the Riksbank's Swap Agreement with the National Bank of Ukraine, *Press Release* No. 15/426, September 18, 2015.
IMF (2015h) . IMF Assesses Its Experience with Crisis programs, *IMF Survey*, December 16, IMF.
IMF (2015i) Managing Capital Outflows—Further Operational Considerations, December 3, 2015.
IMF (2016a) Ghana: Second Review under the Extended Credit Facility Arrangement and Request for Waiver for Nonobservance of Performance Criterion, IMF *Country Report* No. 16/16, January 2016.
IMF (2016b) Ukraine: Technical Assistance Report, IMF Country Report No.16/25, January 2016.
IMF (2016c) Strengthening the International Monetary System : Stocktaking, February 22.
IMF (2016d) IMF Managing Director Christine Lagarde Letter to Greece Prime Minister Alexis Tsipras, *Press Release* No. 16/149, April 3.
Irwin, Gregor, Christopher L.Gilbert and David Vines (2004) How should the IMF view capital controls?, in D.Vines & C. L. Gilbert. ed. *The IMF and its Critics*,

Cambridge University Press.

Ishii, Shogo, and Karl Habermeier (2002) Capital Account Liberalization and Financial Sector Stability, *IMF Occasional Paper* No. 211.

Joice, Joseph P. (2005) Time Past and Time Present: a Duration Analysis of IMF Program Spells, *Review of International Economics*, 13 (2) : 283-297, 2005.

Joice, J. P. (2013) *The IMF and Global Financial Crises: Phoenix Rising?*, Cambridge University Press.

Johnston, R. Barry (1998) Sequencing Capital Account Liberalizations and Financial Sector Reform, *IMF Paper on Policy Analysis and Assessment* 98/8, IMF.

JETRO「海外ビジネス情報」http://www.jetro.go.jp/world/invest.html.

Kamruzzaman, Palash (February 2009) Poverty Reduction Strategy Papers and the rhetoric of participation, *Development in Practice* 19 (1).

Kawai, Masahiro and Domenico Lombardi (2012) Financial Regionalism, *Finance & Development,* 49 (3). September 2012.

Kawai, Masahiro (2015) From the Chiang Mai Initiative to an Asian Monetary Fund, *ADBI Working Paper*, No.527, Asian Development Bank Institute, May 2015.

Khan, Mohsin S.and N.U. Haque (1990) Adjustment with Gowth: Relating the Analytical Approaches of the IMF and World Bank, *Journal of Development Economcs,* 155-179.

Khan, Mohsin S. and Sunil Sharma (2003) "IMF Conditionality and Country Ownership of Adjustment Programs," *The World Bank Research Observer*, 18 (2) : 227-248.

Killick, Tony (1995) *IMF Programmes in Developing Countries: design and impact*, Routledge.

Killick, T. (2002) *The Streamlining of the IMF Conditionality: Aspirations, Reality and Repercussions*, Overseas Development Institute, London, April.

Kregel, Jan (2011) The Report of the Commission of Experts on Reform of the International Monetary and Financial System its Outlook, in J.K. Sundarem ed. (2011), Columbia University Press.

Krugman, Paul (2011) Olivier Blanchard Isn't Very Serious. *The Conscience of a Liberal.* New York Times, 21 December 2011.

Krugman, Paul (2012) The IMF and Capital Controls, *The New York Times*, December 4 (http://krugman.blogs.nytimes.com/2012/12/04/).

Latin American Herald Tribune (2009) Nicaragua Rejects "Absurd" IMF Demands, July 9, 2009.

Marchesi, Silvia and Sabani, Laura (2006) Prolonged Use and Conditionality Failure, *UNU-WIDERResearch Paper* No.2006/11, United Nations University, November.

Maurice, Eric (2015) EU financial transaction tax on life support, *euobserver 8 December* https://euobserver.com/economic/131435.

McBride, James and Mohammed Aly, Sergie (2015) The Role of the U.S. Federal Reserve, *Council on Foreign Affairs*, December 17, 2015.

Mohsin S. Khan and Sunil Sharma (2001) *IMF Conditionality and Ownership of Programs, IMF Working Paper,* WP/01/142.

Moody's (2015) Iceland: FAQ: Capital Controls and the New Liberalization Strategy, *Issue-in-depth*, 15 July 205.

Mossalem, Mohammed (2015) IMF policy in the MENA region: Lessons unlearnt, *Bretton* Woods Project, December 15, 2015.

Mussa, Michael (2003) Argentina and the Fund: anatomy of a policy failure, in *The IMF and its Critics*, ed. D.Vines and C.L.Gilbert, Cambridge University Press.

Nazemroaya, Mahdi Darius (2014) . Eagles of Empire and economic terrorism: Are vulture funds instruments of US policy?, *RT Question More*, 24 Oct, 2014.

Obstfeld, Maurice (2009) Lenders of Last Resort in a Globalized World, *IMES Discussion Paper* No. 2009-E-18, Institute for Monetary and Economic Studies, Bank of Japan.

Ocampo, Jose Antonio and G.Palma (2008) Capital Market Liberalization and Development, J.A. Ocampo And J. Stiglitz ed. (2008) *Capital Market Liberalization and Development*, Oxford University Press.

Ocampo, J. A, S. Spiegel and J. Stiglitz (2008) . The Role of Preventive Capital Account Regulations, In *Capital Market Liberalization and Development*, J.A. Ocampo and J. Stiglitz ed. (2008) , Oxford University Press.

Ocampo, J. A (2009) Reforming Global Reserve System, in S.Griffith-Jones, Ocampo, & Stiglitz ed. *Time for Visible Hand: Lessons from the 2008 World Financial Crisis,* Oxford University Press.

Ocampo, J. A (2011) Special Drawing Rights and the Reform of the Global Reserve System, in J.K.Sundarem (2011) , Columbia University Press.

Ocampo, J.A. (2012) The Case For and Experience with Capital Account Regulations. Pardee Center Task Force, Regulating Global Flows for Long-Run Development. Boston.

Ohta, Hideaki (1998) Verifying the IMF Prescription: Suggested improvements to the International Financial Assistance Policy, Application of the IMF Prescription throughout the World, *Nomura Asia Focus* Autumn 1998: 4–49, 20–26.

Ohta, H. (2008) Capital/Financial Liberalization and Economic Development, *Bulletin of the Faculty of Law and Letters, Comprehensive Policy making*, No.24, February 2008.

Ohta, H. (2010) Effectiveness of Capital Controls in Asia: India and China as Successful Cases for Capital account liberalization. *Working Paper Series* No.017, Center for China and Asian Studies, Nihon University, March 2010.

Ohta, H. (2010) Effectiveness of Capital Controls on the Economies in Indonesia and Malaysia, *Working Paper Series* No.018, Center for China and Asian Studies,

Nihon University, March 2010.

Ohta, H. (2012) Capital Account Liberalization and Capital Controls in Indonesia: Effectiveness of Controls in the Real Economy and Monetary/Financial Sector, *Paper presented for the 13th International Convention of the East Asian Economic Association (EAEA)*, Singapore, 19–20 October 2012.

Ohta, H. (2013) Impact of Increasing Capital Flows on the Real Economy and Financial Markets in Japan: Ineffectiveness of Monetary Policy Instruments, *Ritsumeikan Annual Review of International Studies*, 2013. vol.12: 115–150.

Ohta, H. (2014) Evaluation of Monetary Policy in Japan: Integration between the US and Japanese Markets, *Working Paper Series* IR2014-3, International Studies Association of Ritsumeikan University, September 24, 2014.

Oluwafemi, Akinbode and Shayda E Naficy (2015) Public water: the antidote to failed World Bank water policy in Lagos, *Bretton Woods Observer*, Bretton Woods Project, Summer 2015.

Ostry, Jonathan D., et al. (2010) Capital Inflows: The Role of Controls, *IMF Staff Position Note* 10/04, February 19.

Ostry, J. D., et al. (2011) Managing Capital Inflows: What Tools to Use?, *IMF Staff Position Note, SDN/11/06,* April 5.

Ostry, J. D., and Atish Ghosh (2013) Obstacles to International Policy Coordination, and How to Overcome Them, *IMF Staff Discussion Note* 13/11.

Ostry, J. D., Andrew Berg and Charalambos G. Tsangarides (2014) Redistribution, Inequality, and Growth, *IMF Staff Discussion Note*14/2.

Polak, Jacque (1997) The IMF Monetary Model at Forty, *IMF Working Paper* No.97/49, April 1997.

Przeworski,Adam and J. R.Vreeland (2000) The effect of IMF programs on economic growth, *Journal of Development Economics,* 62 (2) : 385–421.

Qing, Koh Gui (2015) "China's AIIB to Offer Loans with Fewer Strings Attached", Reuters, Sept . 1, 2015

Rajan, Raghuram (2016) New Rules for the Monetary Game, *Project Syndicate,* March 21, 2016.

Reuters (2015) "ADB Says to Identify Future Projects for Co-Financing with AIIB", Sept. 21, 2015.

Rey, Helene (2013) Dilemma not Trilemma: The Global Financial Cycle and Monetary Policy Independence, *Federal Reserve Bank of Kansas City Economic Policy Symposium*.

Rey, H. (2014a) World Asset Markets and the Global Financial Cycle, *Working Paper* July 2014.

Rey, H. (2014b) The International Credit Channel and Monetary Autonomy, *Mundell-Fleming Lecture at the IMF* on 13 November 2014.

Rodrik, Dani (2009) *Let Developing Countries rule, Vo.28, January.*

Rogoff, K. (2002) An Open Letter to Joseph Stiglitz, July 2 2002.

Romero, Maria Jose (2014) Where is the public in PPPs? Analysing the World Bank's support for public-private partnerships, *Bretton Woods Observer*, Autumn.

Rubin, Robert E. (2003) *In an Uncertain World*, Random House, 2003.

Sachs, Jeffery (1997a) The Wrong Medicine for Asia, *New York Times*, 3 November.

Sachs, J. (1997b) IMF is a power unto itself, *Financial Times*, 11 December29.

Sachs, J. Steven Radelet (1998) The Onset of the East Asia Financial Crises, NBER Currency Conference, 30 March.

Sanger,D.E. & Stevenson,W (1998) Second-Guessing the Economic Doctor, *New York Times*, 1 February.

Serkin,Gavin, Marton Eder and Agnes Lovasz. (2015) Ukraine Tightens Currency Controls as IMF Deal Gives Little Help, *Bloomberg,* February 24 2015.

Serra, Narcis and J.E. Stiglitz ed. (2008) . *The Washington Consensus Reconsidered: Towards a New Global Governance*, Oxford University Press.

Stiglitz, Joseph E. (2003) *Globalization and Its Discontents*, Norton Publishing.

Stiglitz, J.E. (2004) Capital-Market Liberalization, Globalization, and the IMF," *Oxford Review of Economic Policy,* 20 (1) .

Stiglitz, J.E. (2006) *Making Globalization Work,* Allen Lane, September.

Stiglitz, J.E. (2008a) The Future of Global Governance, in *The Washington Consensus Reconsidered: Towards a New Global Governance*, ed. by Narcis Serra and J.E. Stiglitz, Oxford University Press.

Stiglitz, J.E. (2008b) The Post Washington Consensus Consensus, The Initiative for Policy Dialogue.

Stiglitz, J.E. (2009a) Reform is needed. Reform is in the air. We can't afford to fail, *The Guardian*, 27 March 2009.

Stiglitz, J.E. (2009b) Report of the Commission of Experts of the President of the United Nations General Assembly on Reforms of the International Monetary and Financial System, Sept. 21.

Stiglitz, J.E. (2010) Contagion, Liberalization and the Optimal Structure of Globalization, *Journal of Globalization and Development*, 1 (2) .

Stiglitz, J.E. and Bruce Greenwald (2010) Towards A New Global Reserve System. *Journal of Globalization and Development,* 1 (2) , Article10.

South China Morning Post (2015) World Bank Chief Jim Yong Kim Says Lender Ready To Work with AIIB, 2015. [http://www.scmp.com/news/china/economy/article/1841016/world-bank-chief-jim-yong-kim-says-lender-ready-work-aiib.]

Sullivan, Mark P. and Nelson, Rebecca M. (2015) Argentina: Background and U.S. Relations, Congressional Research Service, August 11, 2015.

Sundarem, Jomo Kwame (2011) *Reforming the International Financial System for Development*. Initiative for Policy Dialogue, Columbia University Press.

Sundarem, Jomo Kwame (2011) The Global Financial and Economic Crisis and Its Impact on Development, in Sundarem ed. (2011) Columbia University Press.

Thirkell-White, Ben (2005) *The IMF and the Politics of Financial Globalization: From the Asian Crisis to a New International Financial Architecture?*, Palgrave.

Torre, Augusto, E.L. Yeyati, and S.L.Schmukler (2003) Living and Dying with Hard Pegs: The Rise and Fall of Argentina's Currency Board, *Economia*, January 15, 2003.

Truman, Edwin M. (2008) On What Terms the IMF Worth Funding?, Peterson Institute for International Economics, *Working Paper*, 08-11, December.

United Nations (2009) Report of the Commission of Experts of the President of the United Nations General Assembly on Reforms of the International Monetary and Financial System, September 21, 2009.

Villafuerte, James and Josef T. Yap (2015) Managing Capital Flows in Asia: An Overview of Key Issues, *ADB Economics Working Paper* NO.464, November 2015.

Vines, David and Gilbert, C.L. ed. (2004) *The IMF and its Critics: Reform of Global Financial Architecture*, Cambridge University Press.

Vollman,Carolin (2015) The IMF's chameleon policies on unions are changing colours, *Bretton Woods Observer,* Summer 2015.

Williamson, John (2008) A Short History of the Washington in *Washington Consensus Reconsidered*, Consensus ed. N. Serra & Joseph E. Stiglitz Oxford University Press.

Wilson, Dominic (2004) The IMF and capital; account liberalization, in *The IMF and its Critics,* ed. D.Vines and C.L.Gilbert, Cambridge University Press.

Winfrey, Michael (2009) IMF Pressures emerging Europe as turmoil eases, Reuters June 30, 2009.

Wood, Angela (2004) One Step Forward, Two Step Back: Ownership, PRSPs and IFI on Conditionality, *World Vision Special Report in the 60th year of the IMF/World Bank*, U.K.

World Bank (2009) *EU10 Regular Economic Report in Focus,* February, 2009.

Wroughton, Lesley (2009) IMF backs off on currency monitoring rule, Reuters, June 30.

Yoshitomi, Masaru and Ohno, Kenichi (1999) Capital-Account Crisis and Credit Contraction: The New Nature of Crisis Requires New Policy Responses, *ADB Institute Working Paper* No.2, May 1999.

索引

【ア行】

アジアインフラ投資銀行（AIIB） 10, 200, 223
アジア開発銀行（ADB） 7, 200, 216-7, 224, 232
アジア危機（Asian Crisis） 88, 90, 99, 108
アフリカ開発銀行（AfDB） 200, 217
アラブ通貨基金（AMF） 9
アルゼンチン債券者世界委員会（GCAB） 122
インディカティブ・ターゲット（IT） 41, 162, 182
インドネシア中銀証券証書（SBI） 169
欧州安定メカニズム（ESM） 8, 27, 252
欧州金融安定ファシリティ（EFSF） 8
欧州中央銀行（ECB） 2, 27, 149, 218
欧州投資銀行（EIB） 200

【カ行】

開発政策融資（DPL） 186, 216
拡大クレジット・ファシリティ（ECF） 16, 19, 175, 214
拡大構造調整ファシリティ（ESAF） 5, 15
拡大信用供与措置（EFF） 14, 16, 18, 97, 132, 211, 218
カレンシーボード制（Currency Board） 54, 115, 118
官民連携事業（PPP） 225
（中央銀行）強制準備制度（URR） 167, 233
緊急時外貨準備基金［BRICS］（CRA） 10, 12, 181, 213, 235, 243, 252
金融安定化フォーラム 243
金融安定理事会（FSB） 23, 235, 243
金融開放度指標（KAOPEN〔Chinn-Ito Index〕） 168-9, 172
金融取引税（FTT） 166-7, 236-7

金融取引税［ブラジル］（IOF） 233
クォータ（Quota） 21, 29, 179, 215, 244-5
繰延引出オプション（DDO） 216
国別支援フレームワーク（CPF） 199
グローバル金融システム委員会（CGFS） 255
決済・市場インフラ委員会（CPMI） 255
構造債務再編（SDRM） 22
構造調整ファシリティ（SAF） 5, 15, 38
構造調整融資（SAL） 5, 216
国際会計基準審議会（IASB） 255
国際開発協会（IDA） 193-4, 216
国際協力機構（JICA） 225
国際協力銀行（JBIC） 225
国際金融安定性報告書（GFSR） 176
国際金融公社（IFC） 193-4, 216
国際金融統計（IFS）［IMF］ 3, 95
国際経済調整事会 243-4
国際決済銀行（BIS） 4, 182, 235
国際公認会計士協会（IASB） 255
国際清算同盟（ICU） 234, 244
国際通貨基金（IMF） 1, 5
国際通貨金融委員会（IMFC） 30
国際復興開発銀行（IBRD） 193
国際労働機関（ILO） 217
国連開発計画（UNDP） 217
国連経済社会局（UNDESA） 217
国連工業開発機関（UNIDO） 217
国連食糧農業機関（FAO） 217
コンディショナリティ（Conditionality） 17, 23, 26, 35-42, 45-6, 215, 252

【サ行】

最後の貸手（LLR） 213, 218, 248, 250
サーベイランス（Surveillance） 159, 176
資本移動管理措置（CFMs） 159
資本収支危機（Capital Account Crisis） 1,

4-5, 16, 87, 89, 252
趣意書（LOI） 28, 41, 128, 132, 140
重債務貧困国（HIPC） 202-3
集団行動条項（CAC） 22
主権国家資産ファンド（SWF） 249
出資割当額→クォータ
純国内資産（NDA） 23, 44, 52
純国内信用（NDC） 23
証券監督者国際機構（IOSCO） 255
新開発銀行［BRICS 銀行］（NDB） 9-10, 12, 181, 211, 213, 226, 243
新シルクロード構想 10, 14
人民元国際返済システム（CIPS） 158
スタンドバイ・クレジット・ファシリティ（SCF） 16, 183
スタンドバイ取極（SBA） 14-6, 18, 132, 178, 211, 216, 218, 234
政策支援インストルメント（PSI） 183
世界開発報告（WDR） 204
世界銀行［世銀］（WB） 5, 7, 13, 194
世界金融危機（Global Financial Crisis） 2, 147-8, 215-7
世界経済見通し［IMF］（WEO） 176, 192
世界保健機関（WHO） 217
セントラル・カウンターパーティ（CCP） 243

【タ行】

対象を絞った長期資金供給オペ（TLTRO） 149, 151
多国間投資保証機関（MIGA） 193
ダブルスタンダード 26
弾力的クレジットライン（FCL） 16, 18, 177, 181
チェンマイ・イニシャティブ（CMI） 8, 180, 215, 222
〔マルチ化された〕チェンマイ・イニシャティブ（CMIM） 8, 222
通常資本財源（OCR） 225
適格 ASEAN 銀行（QAB） 226
投資紛争解決国際センター（ICSID） 193
東南アジア諸国連合（ASEAN） 8
投票権［IMF/世銀］（Voice） 6, 180, 215

特別引出権（SDR） 158, 239, 241
独立評価グループ［世銀］（IEG） 185, 196
独立評価室［IMF］（IEO） 28, 160, 185

【ハ行】

バーゼル銀行監督委員会（BCBS） 255
パフォーマンス・クライテリア（基準） 23, 41, 182
バンコク・オフショア市場（BIBF） 91
貧困削減支援融資（PRSC） 203
貧困削減・成長トラスト（PRGT） 183, 203
貧困削減・成長ファシリティ（PRGF） 16, 21, 78, 175, 202, 214
貧困削減戦略文書（PRSP） 21, 78, 139, 183, 201
ファイナンシャル・プログラミング（FP） 48, 58, 63
ブレイディ・プラン 109
米州開発銀行（IDB） 7, 200, 217
保険監督者国際機構（IAIS） 255
香港上海銀行（HSBC） 158

【マ行】

南の銀行（Banco del Sur, Bank of the South） 181
ミレニアム開発目標（MDGs） 194
メキシコ危機（Mexican Crisis） 87

【ヤ行】

ユーラシア安定成長基金（EFSD） 9
予防的クレジット・ライン（CCL） 177
予備的流動性枠（PLL） 16, 178

【ラ行】

ラテンアメリカ準備基金（FLAR） 9, 252
ラピッド・クレジット・ファシリティ（RCF） 16, 181, 183
リザーブ・オーグメンテーション・ライン（RAL） 177
量的（金融）緩和政策（QE） 2, 4, 149, 151
量的金融緩和［FRB］（QE2, QE3） 2, 148-9, 157, 219
量的・質的緩和［政策］（QQE） 149, 152, 219,

238
連邦準備理事会（FRB）　2, 151, 218

【ワ行】

ワシントン・コンセンサス（Washington Consensus）　4-5

【アルファベット】

ADB →アジア開発銀行
AfDB →アフリカ開発銀行
AIIB →アジアインフラ投資銀行
AMF →アラブ通貨基金
AMRO → ASEAN＋3マクロ経済調査事務局
ASEAN →東南アジア諸国連合
ASEAN 銀行統合フレームワーク　226
ASEAN＋3債券共通発行フレームワーク　226
ASEAN＋3マクロ経済調査事務局（AMRO）　8, 213, 215, 222-3, 243, 250, 252
BIBF →バンコク・オフショア市場
BCBS →バーゼル銀行監督委員会
BIS →国際決済銀行
BRICs（ブラジル，ロシア，インド，中国）　149
BRICS（ブラジル，ロシア，インド，中国，南アフリカ）　9-10, 12
BULOG →食糧調達庁（インドネシア）
CAC →集団行動条項
CAS →国別援助戦略
CCP →セントラル・カウンターパーティ
CCL →予防的クレジット・ライン
CFMs →資本移動管理措置
CGFS →グローバル金融システム委員会
CIPS →人民元国際返済システム
CLRs →完了・教訓レビュー
CMI →チェンマイ・イニシャティブ
CMIM →(マルチ化された)チェンマイ・イニシャティブ
CPF →国別支援フレームワーク
CPMI →決済・市場インフラ委員会
CRA (BRICS)→緊急時外貨準備金基金
DDO →繰延引出オプション
DPL →開発政策融資

ECB →欧州中央銀行
ECF →拡大クレジット・ファシリティ
EFF →拡大信用供与措置
EFSD →ユーラシア安定成長基金
EFSF →欧州金融安定ファシリティ
EIB →欧州投資銀行
ESAF →拡大構造調整ファシリティ
FCL →弾力的クレジット・ライン
FAO →国連食糧農業機関
FLAR →ラテンアメリカ準備基金
FP →ファイナンシャル・プログラミング
FRB →連邦準備理事会
FSB →金融安定理事会
ESM →欧州安定メカニズム
FSF →金融安定化フォーラム
FTT →金融取引税
GAB →一般借入取極
GCAB →アルゼンチン債券保有者委員会
GFSR →国際金融安定性報告書
GIIPS（ギリシャ，イタリア，アイルランド，ポルトガル，スペイン）　137
HIPC →重債務貧困国
HSBC →香港上海銀行
IAIS →保険監督者国際機構
IASB →国際会計基準審議会
IBRD →国際復興開発銀行
ICSID →投資紛争解決国際センター
ICU →国際清算同盟
IDA →国際開発協会
IDB →米州開発銀行
IEG →独立評価グループ（世銀）
IEO →独立評価室（IMF）
IFC →国際金融公社
IFS →国際金融統計（IMF）
IT →インディカティブ・ターゲット
ILO →国際労働機関
IMF →国際通貨基金
IMFC →国際通貨金融委員会
IOF →金融取引税(ブラジル)
JICA →国際協力機構
JBIC →国際協力銀行
IOSCO →証券監督者国際機構
KAOPEN(Chinn-Ito Index) →金融開放度指

標
LLR →最後の貸手
LOI →趣意書
MDGs →ミレニアム開発目標
MIGA →多国間投資保証機関
NDA →純国内資産
NDB →新開発銀行
NDC →純国内信用
OCR →通常資本財源
PC →パフォーマンス・クライテリア
PLL →予備的流動性枠
PRGF →貧困削減・成長ファシリティ
PRGT →貧困削減・成長トラスト
PRSC →貧困削減支援融資
PRSP →貧困削減戦略文書
PPP →官民連携事業
PSI →政策支援インストルメント
QAB →適格ASEAN銀行
QE →量的（金融）緩和政策
QE2, QE3 →量的金融緩和(FRB)
QQE →量的・質的緩和（政策）
RAL →リザーブ・オーグメンテーション・ライン
RCF →ラピッド・クレジット・ファシリティ
RMSM 68
RMSM-X 71
SAL →構造調整融資
SAF →構造調整ファシリティ
SBI →インドネシア中銀証券証書
SBA →スタンドバイ取極
SCF →スタンドバイ・クレジット・ファシリティ
SDR →特別引出権
SDRM →構造債務再編
SWIFT →国際銀行間通信協会

SWF →主権国家資産ファンド
TLTRO →長期資金供給オペ
UNDESA →国連経済社会局
UNDP →国連開発計画
UNIDO →国連工業開発機関
URR →（中央銀行）強制準備制度
WB →世界銀行
WDR →世界開発報告
WEO →世界経済見通し（IMF）

【人名】

よく知られた名前などはカタカナ表記しているが，下記は原則英語表記．
Easterly, William （イースタリー） 78, 84
Fernandez, Christina （フェルナンデス） 122
Wolfenssohn, James （ウォルフェンソン） 204
Strauss-Kahn, Dominique（ストロス=カーン）131
Lagarde, Christian （ラガルド） 180, 191
Keynes, John Maynard （ケインズ） 234, 244
Kim, Jim Yong （ジム・ヨン・キム） 13, 197
Krugman, Paul （クルーグマン） 137
Krueger, Anne O. （クルーガー） 256
Fischer, Stanley （フィッシャー） 22
Ocampo, Jose Antonio （オカンポ） 232, 239
Polak, Jacque J. （ポラク） 59, 84
Rajan, Raghuram （ラジャン） 28, 192, 206
Rogoff, Kenneth （ロゴフ） 28
Stiglitz, Joseph E. （スティグリッツ） 17, 137, 232, 246, 248
Tobin, James （トービン） 236
Williamson, John （ウィリアムソン） 4, 79

著者紹介

大田 英明（おおた ひであき）

立命館大学国際関係学部・研究科教授．1955年生まれ．東京大学経済学部経済学科卒業．ストックホルム大学国際大学院（IGS）修了．ケンブリッジ大学大学院 MPhil (Master of Philosophy) Course 修了．国際連合工業開発機関（UNIDO）本部職員，野村総合研究所主任研究員，上席エコノミスト，愛媛大学法文学部総合政策学科教授を経て2013年より現職．MPhil（ケンブリッジ大学），博士（経済学，京都大学）．著書に，『「新」国際金融システムの課題』(2008) 東京経済情報出版，『市場経済下の苦悩と希望：21世紀のおける課題』(2008) (第7章，第8章) 彩流社，『IMF（国際通貨基金）：使命と誤算』(2009) 中央公論新社，『資本規制の経済学』(2012) 日本評論社，"Capital Market and Rating Agencies in Asia: Structuring a Credit Risk Rating Model" (2012) Ch.4 (India), 7 (Pakistan), 10 (Philippines), Nova Science Publishers,「資本取引・金融自由化と安定的経済発展」(2007)『経済セミナー』No. 627，日本評論社，「欧州移行諸国における金融危機の影響：IMF支援と資本自由化」(2010)『比較経済研究』第47巻第1号，「資本流入と経済成長」(2012)『国際開発研究』第21巻第1・2号，「先進国金融政策の新興国への影響」(2016)『国際経済』第67巻, The Effects of International Capital Flows on Domestic Savings, Investment and Growth: Facts on 'F-H Puzzle' in OECD and Emerging Economics, Ritsumeikan Aunnual Review of International Studies, Vol.14 2015, 等．

IMFと新国際金融体制

2016年8月15日　第1刷発行

定価（本体4900円＋税）

著　者　大　田　英　明
発行者　柿　﨑　　　均
発行所　株式会社 日本経済評論社

〒101-0051 東京都千代田区神田神保町3-2
電話 03-3230-1661／FAX 03-3265-2993
E-mail: info8188 @ nikkeihyo.co.jp
振替 00130-3-157198

装丁＊渡辺美知子　　　藤原印刷／高地製本所

落丁本・乱丁本はお取替いたします　　Printed in Japan

Ⓒ OHTA Hideaki 2016
ISBN978-4-8188-2438-6

・本書の複製権・翻訳権・上映権・譲渡権・公衆送信権（送信可能化権を含む）は，㈱日本経済評論社が保有します．

JCOPY〈㈳出版者著作権管理機構委託出版物〉
本書の無断複写は著作権法上での例外を除き禁じられています．複写される場合は，そのつど事前に，㈳出版者著作権管理機構（電話 03-3513-6969, FAX 03-3513-6979, e-mail: info @ jcopy.or.jp）の許諾を得てください．

IMF と世界銀行の誕生 英米の通貨協力とブレトンウッズ会議	牧野裕	6,400 円
アジア通貨危機と IMF 〔オンデマンド版〕グローバリゼーションの光と影	荒巻健二	3,500 円
現代国際通貨体制	奥田宏司	5,400 円
国際通貨体制と世界金融危機 地域アプローチによる検証	上川孝夫編	5,700 円
実証国際経済学	吉田裕司	4,000 円
グローバリゼーションと国際通貨	紺井博則・上川孝夫編	4,700 円
金融危機と政府・中央銀行	植林茂	4,400 円
金融危機と革新 歴史から現代へ	伊藤正直・靎見誠良・浅井良夫編著	4,200 円
通貨統合の歴史的起源 資本主義世界の大転換とヨーロッパの選択	権上康男	10,000 円
シリーズ 社会・経済を学ぶ 通貨・貿易の問題を考える 現代国際経済体制入門	野崎久和	3,000 円
IMF 8 条国移行 貿易・為替自由化の政治経済史	浅井良夫	7,600 円
EU 経済・通貨統合とユーロ危機	星野郁	5,600 円

表示価格は本体価（税別）です

日本経済評論社